ŒUVRES COMPLÈTES

DE

LAMARTINE

PUBLIÉES ET INÉDITES

SOUVENIRS, IMPRESSIONS, PENSÉES ET PAYSAGES

PENDANT

UN

VOYAGE EN ORIENT

1832—1833

OU

NOTES D'UN VOYAGEUR

LE DÉSERT, OU L'IMMATÉRIALITÉ DE DIEU

MÉDITATION POÉTIQUE

III

TOME HUITIÈME

PARIS

CHEZ L'AUTEUR, RUE DE LA VILLE-L'ÉVÊQUE, 43

M DCCC LXI

ŒUVRES COMPLÈTES

DE

LAMARTINE

TOME HUITIÈME

SOUVENIRS, IMPRESSIONS

PENSÉES ET PAYSAGES

PENDANT

UN VOYAGE EN ORIENT

1832—1833

OU

NOTES D'UN VOYAGEUR

III

SOUVENIRS, IMPRESSIONS

PENSÉES ET PAYSAGES

NOTES SUR LA SERVIE

<small>Semlin, **12 septembre 1833**, au lazaret.</small>

A peine sorti de ces forêts où germe un peuple neuf et libre, on regrette de ne pas le connaître plus à fond; on aimerait à vivre et à combattre avec lui pour son indépendance naissante; on recherche avec amour d'où il est éclos, et quelle destinée ses vertus et la Providence lui préparent. Je me souviens toujours de la scène de Iagodina; nous admirions dans une cabane de Serviens une jeune mère qui allaitait deux jumeaux, et dont le troisième enfant jouait à terre à ses pieds avec le yatagan de son père. Le pope du village et quelques-uns des principaux habitants étaient en cercle autour de nous, et nous parlaient avec simplicité et enthousiasme du bien-être croissant de la nation sous ce gouvernement de liberté, des forêts que l'on défrichait, des maisons de bois qui se multipliaient dans les vallées, des écoles nombreuses et pleines d'enfants qui s'ouvraient dans tous les villages : chacun de ces hommes, avançant la tête entre les épaules de ceux qui le précédaient, avait l'air fier et heureux de l'admiration que nous témoignions nous-mêmes; leur œil était animé, leur front rougissait d'émotion pour leur patrie, comme si la gloire et la liberté de tous avait été l'orgueil de chacun. A ce moment, le mari de la belle Servienne chez qui nous étions logés rentra des champs, s'approcha de nous, nous salua avec ce respect et en même temps avec cette noblesse de manières naturelle aux peuples sauvages; puis il se confondit dans le cercle des villageois, et écouta, comme les autres, le récit que le pope nous faisait des combats de l'indépendance. Quand le pope en fut à la bataille de Nissa et aux trente drapeaux enlevés à quarante mille Turcs par trois mille montagnards, le père s'élança hors du cercle, et, prenant des bras de sa femme ses deux beaux enfants qu'il éleva vers le ciel : « Voilà des soldats de Milosch! s'écria-t-il. Tant que les femmes seront fécondes, il y aura des Serviens libres dans les forêts de la Schumadia! »

L'histoire de ce peuple n'est écrite qu'en vers populaires, comme toutes les premières histoires des peuples héroïques. Ces chants de l'enthousiasme national, éclos sur le champ de bataille, répétés de rang en rang par les soldats, apportés dans les villages à la fin de la campagne, y sont conservés par la tradition. Le curé ou le maître d'école les écrivent ; des airs simples, mais vibrants comme le cœur des combattants, ou comme la voix du père de famille qui salue de loin la fumée du toit de ses enfants, les accompagnent ; ils deviennent l'histoire populaire de la nation : le prince Milosch en a fait imprimer deux recueils répandus dans les campagnes. L'enfant slave apprend à lire dans ces récits touchants des exploits de ses pères, et le nom du libérateur de la Servie se trouve imprimé dans ses premiers souvenirs. Un peuple nourri de ce lait ne peut jamais redevenir esclave.

J'ai rencontré souvent au milieu de ces forêts vierges, dans des gorges profondes où l'on ne soupçonnait d'autres habitants que des bêtes féroces, des groupes de jeunes garçons et de jeunes filles qui cheminaient en chantant ensemble ces airs nationaux, dont nos interprètes nous traduisaient quelques mots. Ils interrompaient un moment leurs chants pour nous saluer et nous regarder défiler ; puis, quand nous avions disparu, ils reprenaient leur route et leurs airs ; et les sombres voûtes de ces chênes séculaires, les rochers qui bordaient le torrent, frémissaient et résonnaient longtemps de ces chants à larges notes et à refrains monotones, qui promettent une longue félicité à cette terre. « Que disent-ils ? demandai-je un jour au drogman qui comprenait leur langue. — Hospodar, me répondit-il, ils disent des choses si niaises, que cela ne vaut pas la peine d'être répété à des Francs. — Mais enfin, voyons, traduisez-moi les paroles mêmes qu'ils chantent en ce moment. — Eh bien ! ils disent : « Que Dieu bénisse les eaux de la Morawa, car elles ont noyé les ennemis des Serviens! que Dieu multiplie le gland des chênes de la Schumadia, car chacun de ces arbres est un Servien ! » — Et que veulent-ils dire par là? — Hospodar, ils veulent dire que, pendant la guerre, les Serviens trouvaient un rempart derrière le tronc de ces chênes; leurs forêts étaient et sont encore leurs forteresses, chacun de ces arbres est pour eux un compagnon de combat; ils les aiment comme des frères : aussi, quand le prince Milosch, qui les gouverne actuellement, a fait couper tant d'arbres pour tracer, à travers ces forêts, la longue route que nous suivons, les vieux Serviens l'ont bien souvent maudit. « Abattre des chênes, disaient-ils, c'est tuer des hommes. » En Servie les arbres et les hommes sont amis.

En traversant ces magnifiques solitudes, où, pendant tant de jours de marche, l'œil n'aperçoit, quelque part qu'il se porte, que l'uniforme et sombre ondulation des feuilles de chênes qui couvrent les vallées et les montagnes, véritable océan de feuillage que ne perce pas même la pointe aiguë d'un minaret ou d'un clocher; en descendant de temps en temps dans des gorges profondes où mugissait une rivière, où la forêt s'écartait un peu pour laisser place à quelques champs bien cultivés, à quelques jolies maisons de bois neuves, à des scieries, à des moulins qu'on bâtissait sur les bords des eaux; en voyant d'immenses troupeaux, conduits par de jeunes et belles filles élégamment vêtues, sortir des colonnades de grands arbres, et revenir le soir aux habitations; les enfants sortir de l'école, le pope assis sur un banc de bois à la porte de sa jolie maison, les vieillards entrer dans la maison commune ou dans l'église pour délibérer, je me croyais au milieu des forêts de l'Amérique du Nord, au moment de la naissance d'un peuple ou de l'établissement d'une colonie nouvelle. Les figures des hommes témoignaient de la douceur des mœurs, de la politesse d'une civilisation antique, de la santé et de l'aisance de ce peuple ; la liberté est écrite sur leurs physionomies et dans leurs regards. Le Bulgare est bon et simple, mais on sent que, prêt à s'affranchir, il porte encore un reste du joug ; il y a dans la pose de sa tête et dans l'accent de sa langue, et dans l'humble résignation de son regard, un souvenir et une appréhension sensible du Turc ; il rappelle le Savoyard, ce bon et excellent peuple des Alpes, à qui rien ne manque que la dignité de physionomie et de parole, qui ennoblit toutes les autres vertus. Le Servien, au contraire, rappelle le Suisse des petits cantons, où les mœurs pures et patriarcales sont en harmonie parfaite, sur la figure du pasteur, avec la liberté qui fait l'homme, et le courage calme qui fait le héros. — Les jeunes filles ressemblent aux belles femmes des cantons de Lucerne et de Berne ; leur costume est à peu près le même : des jupons très-courts de couleur éclatante, et leurs cheveux tressés en longues cordes, traînant jusque sur leurs talons. Les mœurs sont pures comme celles des peuples pasteurs et religieux. Leur langue, comme toutes celles qui dérivent du slave, est harmonieuse, musicale et cadencée ; il y a entre eux peu d'inégalité de fortune, mais une aisance générale ; le seul luxe est celui des armes ; leur gouvernement actuel est une sorte de dictature représentative. Le prince Milosch, libérateur de la Servie, a conservé le pouvoir discrétionnaire qui s'était résumé en lui, par nécessité, pendant la guerre. Proclamé prince des Serviens (1829), le peuple lui a juré fidélité à lui et à ses successeurs. Les Turcs, qui ont encore une part dans l'administration et dans les garnisons des forteresses, ont reconnu aussi le prince Milosch, et traitent directement avec lui; il a constitué un sénat et des assemblées délibérantes de district, qui concourent à la discussion et à la décision des affaires générales; le sénat est convoqué tous les ans; les députés des villages se rassemblent aux environs de la demeure du prince; ils tiennent, comme les hommes des temps héroïques, leurs assemblées délibérantes sous de grands arbres. Le prince descend du siége où il est placé, s'avance vers chacun des députés, l'interroge, écoute ses réponses, prend note de ses griefs ou de ses conseils, lui parle des affaires, lui explique avec bonté sa politique, se justifie des mesures qui ont pu paraître sévères ou abusives : tout se passe avec la familiarité noble et grave d'hommes des champs conversant avec leurs seigneurs. Ce sont des patriarches laboureurs et armés. L'idée de Dieu préside à leurs conseils comme à leurs combats : ils combattent, ils gouvernent pour leurs autels comme pour leurs forêts; mais les prêtres bornent ici leur influence aux choses de la religion. L'influence principale est aux chefs militaires, à cette noblesse de sang qu'ils appellent les weyvodes. La domination sacerdotale ne commence jamais que lorsque l'état de guerre a cessé, et que le sol de la patrie appartient sans contestation au peuple. Jusque-là, la patrie honore avant tout ceux qui la défendaient, elle n'honore qu'après ceux qui la civilisent.

La population servienne s'élève maintenant à environ un

million d'hommes, et elle s'accroît rapidement : la douceur du climat, pareil à celui de la France entre Lyon et Avignon; la fertilité de la terre vierge et profonde qui se couvre partout de la végétation des prairies de la Suisse; l'abondance des rivières et des ruisseaux qui descendent des montagnes, circulent dans les vallées, et forment çà et là des lacs au milieu des bois; des défrichements de forêts qui fourniront, comme en Amérique, de l'espace à la charrue, et des matériaux inépuisables aux constructions; les mœurs douces et pures du peuple; des lois protectrices, éclairées déjà d'un vif reflet de nos meilleures lois européennes; les droits des citoyens, garantis par des représentations locales et par des assemblées délibératives; enfin, le pouvoir suprême, concentré, dans une proportion suffisante, entre les mains d'un homme digne de sa mission, le prince Milosch, se transmettant à ses descendants : tous ces éléments de paix, de civilisation et de prospérité promettent de porter la population servienne à plusieurs millions d'hommes avant un demi-siècle. Si ce peuple, comme il le désire et l'espère, devient le noyau d'un nouvel empire slave par sa réunion avec la Bosnie, une partie de la Bulgarie et les hordes belliqueuses des Monténégrins, l'Europe verra un nouvel État surgir des ruines de la Turquie, et couvrir ces vastes et belles régions qui règnent entre le Danube, l'Adriatique et les hauts Balkans. Si les différences de mœurs et de nationalité résistent trop à cette fusion, on verra, du moins dans la Servie, un des éléments de cette fédération d'États libres sous des protectorats européens.

23 septembre 1833.

L'histoire de ce peuple devrait se chanter et non s'écrire. C'est un poëme qui s'accomplit encore. J'ai recueilli les principaux faits, sur les lieux, de la bouche de nos amis de Belgrade, qui viennent nous visiter à la grille du lazaret. Assis sous un tilleul, sur l'herbe où flotte le beau et doux soleil de ces contrées, au murmure voisin des flots rapides du Danube, à l'aspect des beaux rivages et des vertes forêts qui servent de remparts à la Servie du côté de la Hongrie, ces hommes, au costume semi-oriental, au visage mâle et doux des peuples guerriers, me racontent simplement les faits auxquels ils ont pris tant de part [1]. Quoique jeunes encore et couverts de blessures, ils semblent avoir oublié entièrement la guerre, et ne s'occupent que d'instruction publique, d'écoles pour le peuple, d'améliorations rurales et administratives, de progrès à faire dans la législation; modestes et zélés, ils profitent de toutes les occasions qui se présentent pour perfectionner leurs institutions naissantes: ils interrogent les voyageurs, les retiennent le

---

[1] J'ai eu depuis des détails plus circonstanciés et plus authentiques sur l'histoire moderne de la Servie, et je dois à l'obligeance d'un voyageur qui m'a précédé et que j'avais rencontré à Jaffa en Palestine, M. Adolphe de Caraman, la communication de ces notes sur la Servie, notes recueillies par lui pendant un séjour chez le prince Milosch. Ces notes bien plus dignes que les miennes de fixer l'attention du public par le talent et la conscience avec lesquels elles sont rédigées, étaient accompagnées d'une traduction de l'histoire des Serviens par un Servien.

plus longtemps possible parmi eux, et recueillent tout ce que disent ces hommes venus de loin, comme les envoyés de la Providence. Voici ce que j'ai recueilli sur leurs dernières années. Ce fut vers 1804 qu'à la suite de longs troubles suscités d'abord par Passwanoglou, pacha de Widni, et qui s'étaient terminés par la domination des janissaires ; ce fut déjà vers 1804 que les Serviens se révoltèrent contre leurs tyrans. Trois chefs se réunirent dans cette partie centrale de la Servie qu'on nomme la Schumadia, région immense, et couverte d'impénétrables forêts. Le premier de ces chefs était Kara-George ; les deux autres, Tanko-Kalisch et Wasso-Tcharapitsch. Kara-George avait été heiduk. Les heiduks étaient pour la Servie ce que les Klephtes étaient en Grèce, une race d'hommes indépendants et aventuriers, vivant dans des montagnes inaccessibles, et descendant au moindre signal de guerre pour se mêler aux luttes des factions, et s'entretenir dans l'habitude du sang et du pillage. Tout le pays s'insurgea, à l'exemple de la Schumadia ; chaque canton se choisit pour chef le plus brave et le plus considérable de ses weyvodes : ceux-ci, réunis en conseil de guerre, donnèrent à Kara-George le titre de généralissime. Ce titre lui conférait peu d'attributions ; mais le génie, dans les temps de troubles, donne bien vite à un homme audacieux la souveraineté de fait. Le danger ne marchande jamais avec le courage. L'obéissance est l'instinct des peuples envers l'audace et le talent.

George Petrowitsch, surnommé Kara ou Zrin, c'est-à-dire George le Noir, était né, vers 1765, dans un village du district de Kragusewats ; son père était un simple paysan laboureur et pasteur, nommé Pétroni. Une autre tradition fait naître Kara-George en France, mais elle n'a rien de vraisemblable. Pétroni emmena son fils, encore enfant, dans les montagnes de Topoli. L'insurrection de 1787, que l'Autriche devait appuyer, ayant eu un succès funeste, les insurgés, poursuivis par les Turcs et les Bosniaques, furent obligés de prendre la fuite. Pétroni et George son fils, qui avaient déjà vaillamment combattu, rassemblèrent leurs troupeaux, leur seule richesse, et se dirigèrent vers la Save ; ils touchaient déjà à cette rivière, et allaient trouver leur salut sur le territoire autrichien, quand le père de Kara-George, vieillard affaibli par les années, et plus enraciné que son fils dans le sol de la patrie, se retourna, regarda les montagnes où il laissait toutes les traces de sa vie, sentit son cœur se fendre à l'idée de les quitter à jamais pour passer chez un peuple inconnu, et, s'asseyant sur la terre, conjura son fils de se soumettre, plutôt que de passer en Allemagne. Je regrette de ne pouvoir rendre de mémoire les touchantes et pittoresques supplications du vieillard, telles qu'elles sont chantées dans les strophes populaires de la Servie. C'est une de ces scènes où les sentiments de la nature, si vivement éprouvés et si naïvement exprimés par le génie d'un peuple enfant, surpassent tout ce que l'invention des peuples lettrés peut emprunter à l'art. La Bible et Homère ont seuls de ces pages.

Cependant Kara-George, attendri d'abord par les regrets et les prières de son père, avait fait rebrousser chemin à ses serviteurs et à ses troupeaux. Dévoué à ce devoir rigoureux d'obéissance filiale, seconde religion des Orientaux, il courbait la tête sous la voix de son père, et allait reprendre tristement la route de l'esclavage, pour que les os de Pétroni ne fussent pas privés de la ter reservienne, quand la voix et les coups de fusil des Bosniaques lui annoncèrent l'approche de leurs ennemis, et le supplice inévitable que leur vengeance allait savourer. « Mon père, dit-il, décidez-vous ; nous n'avons plus qu'un instant. Levez-vous, jetez-vous dans le fleuve : mon bras vous soutiendra, mon corps vous couvrira contre les balles des Osmanlis; vous vivrez, vous attendrez de meilleurs jours sur le territoire d'un peuple ami. » Mais l'inflexible vieillard, que son fils s'efforçait en vain d'emporter, résistait à tous ses efforts, et voulait mourir sur le sol de la patrie. Kara-George, désespéré, et ne voulant pas que le corps de son père tombât entre les mains des Turcs, se mit à genoux, demanda la bénédiction du vieillard, le tua d'un coup de pistolet, le précipita dans la Save, et, se jetant dans le fleuve, passa lui-même à la nage sur le territoire autrichien.

Peu de temps après, il rentra en Servie comme sergent-major d'un corps franc. Mécontent de n'avoir pas été compris dans une distribution de médailles d'honneur, il quitta ce corps, et se jeta, comme heiduk, dans les montagnes. S'étant réconcilié avec son chef, il l'accompagna en Autriche quand la paix fut conclue, et obtint une place de garde forestier dans le monastère de Krushedal. Bientôt, las de ce genre d'existence, il rentra en Servie, sous le gouvernement de Hadgi-Mustapha. Il redevint pasteur; mais il reprit les armes toutes les fois qu'une émotion nouvelle souleva une partie du pays.

Kara-George était d'une haute stature, d'une constitution robuste, d'une figure noble et ouverte. Silencieux et pensif quand il n'était animé ni par le vin, ni par le bruit des coups de fusil, ni par la contradiction dans les conseils, on le voyait souvent rester une journée entière sans proférer une parole.

Presque tous les hommes qui ont fait ou qui sont destinés à faire de grandes choses, sont avares de paroles. Leur entretien est avec eux-mêmes plus qu'avec les autres; ils se nourrissent avec leurs propres pensées, et c'est dans ces entretiens intimes qu'ils puisent cette énergie d'intelligence et d'action qui constitue les hommes forts. Napoléon ne devint causeur que quand son sort fut accompli, et que sa fortune fut à son déclin. Inflexible défenseur de la justice et de l'ordre, Kara-George fit pendre son propre frère, qui avait attenté à l'honneur d'une jeune fille.

Ce fut en janvier 1806 que plusieurs armées pénétrèrent à la fois en Servie. Békir, pacha de Bosnie, et Ibrahim, pacha de Scutari, reçurent de la Porte l'ordre d'y porter toutes leurs forces. Békir y envoya deux corps d'environ quarante mille hommes. Ibrahim s'avança du côté de Nissa à la tête d'une armée formidable. Kara-George, avec des forces très-inférieures en nombre, mais animées d'un invincible patriotisme, pleines de confiance dans leurs chefs, et protégées par les forêts qui couvraient leurs mouvements, repoussa toutes les attaques partielles de Békir et d'Ibrahim. Après avoir culbuté Hadgi-Bey près de Petzka, il marcha sur l'armée principale qui se retirait sur Schabaz, l'atteignit, et la défit complétement à Schabaz, le 8 août 1806. Kulmi et le vieux Méhémet furent tués. Les débris de leur armée se sauvèrent à Schabaz. Les Bosniaques qui voulurent repasser la Drina furent faits prisonniers. Kara-George, qui n'avait avec lui que sept mille hommes d'infanterie et deux mille hommes de cavalerie, se porte rapidement sur Ibrahim-Pacha qui assiégeait Daligrad, ville servienne, défendue par un autre chef nommé Dobrinyas. A son approche, Ibrahim demanda à entrer en pourparler. Des conférences eurent lieu à Smaderewo ; il s'ensuivit une pacification momentanée de la Servie, à des conditions favorables au pays. Ce ne fut qu'un de ces entr'actes qui laissent respirer l'insurrection, et accoutument insensiblement les nations à cette demi-indépendance qui se change bientôt en impatience de liberté. Peu de temps après, Kara-George, qui n'avait pas licencié ses troupes parce que les décisions du muphti n'avaient pas ratifié les conditions de Smaderewo, marcha sur Belgrade, capitale de la Servie, ville forte sur le Danube, avec une citadelle et une garnison turque ; il s'en empara. Guscharez-Ali, qui commandait la ville, obtint de Kara-George la permission de se rendre à Widin, en descendant le Danube. Soliman-Pacha resta dans la citadelle ; mais, au commencement de 1807, s'étant mis en marche avec deux cents janissaires qui lui restaient pour rejoindre les Turcs, il fut massacré avec eux par l'escorte même que Kara-George lui avait donnée pour protéger sa retraite. On n'accusa pas Kara-George de cette barbarie. Elle fut l'effet de la vengeance des Serviens contre la race des janissaires, dont la domination féroce les avait accoutumés à de pareilles exécutions.

Ces succès de la guerre de l'indépendance valurent à la Servie sa constitution toute municipale. Les chefs militaires, nommés weyvodes, s'étaient substitués partout aux pouvoirs civils. Ces weyvodes étaient soutenus par une cavalerie formée de jeunes gens des plus riches familles, qui ne recevaient pas de solde, mais qui vivaient aux frais des weyvodes, et partageaient avec eux le butin. Quelques-uns des weyvodes avaient autour d'eux jusqu'à cinquante de ces jeunes cavaliers. Les plus marquants de ces chefs étaient alors Jacob Nenadowitsch, Milenko, Dobrinyas, Ressava, et, au-dessus de tous, Kara-George.

Un sénat, composé de douze membres élus par chacun des douze districts, devait présider aux intérêts généraux de cette espèce de fédération armée, et servir de contre-poids à ces pouvoirs usurpés. Ce sénat se montra digne de ses fonctions. Il régularisa les finances, régla l'impôt, consacra la dîme à la solde des troupes, et s'occupa de l'enseignement du peuple avec un zèle et une intelligence qui indiquaient dès lors un profond instinct de civilisation. Ils substituèrent à l'enseignement routinier des cloîtres et des couvents, des écoles populaires dans chaque ville chef-lieu des districts. Malheureusement ces sénateurs, au lieu de tenir leur mandat du pays tout entier, ne représentaient que les weyvodes, et étaient par conséquent soumis à leur seule influence.

Un autre corps politique délibérant, composé de weyvodes et des hospodars eux-mêmes, retenait les affaires les plus importantes, et la souveraineté disputée se partageait entre ce corps et Kara-George. Tous les ans, vers Noël, les weyvodes qui le composaient se réunissaient à Belgrade, et y traitaient, sous les yeux de ce chef et au milieu des intrigues qui les enveloppaient, de la paix, de la guerre, de la forme du gouvernement, de la quotité de l'impôt. Ils y rendaient leurs comptes, et faisaient des règlements pour l'administration et la justice. L'existence et les prétentions de ce corps aristocratique furent un obstacle à l'affranchissement complet et au développement plus rapide des destinées de la Servie. L'unité est la condition vitale d'un peuple armé en présence de ses ennemis; l'indépendance veut un despote pour s'établir; la liberté civile veut des corps délibérants. Si les Serviens eussent été mieux inspirés alors, ils auraient élevés Kara-George au-dessus de tous ses rivaux, et concentré les pouvoirs dans la même main. Les hospodars sentaient bien qu'un chef unique était nécessaire; mais chacun d'eux désirait que ce chef fût faible, pour avoir l'espérance de le dominer. Les choix des sénateurs se ressentirent de cette pensée secrète. Ils espérèrent que ce corps leur servirait contre George; George espérait qu'il lui servirait contre les hospodars. Les guerres sourdes commencèrent entre les libérateurs de la Servie.

Le plus éloquent des sénateurs, Mladen Milowanowitsch, avait conquis, par l'influence de sa parole, la discussion principale des affaires dans le sénat. Enrichi par le pillage de Belgrade, et maître du commerce extérieur par les douanes du Danube, dont il avait pris la ferme, il faisait ombrage à Kara-George et à ses partisans. Le sénat, remué par eux, se souleva contre Milowanowitsch, qui se retira, plein de pensées de vengeance, à Doligrad. Il dénonça secrètement à George les sourdes intrigues de la Russie et des Grecs contre lui. Kara-George le crut, le rappela à Belgrade, résolut la guerre contre les Bosniaques, et ouvrit la campagne de 1809 en entrant en Bosnie.

Le même chant national slave, qui célèbre le commencement de l'insurrection, prédit des malheurs pour le jour où l'on tentera de passer la Drina et d'envahir la Bosnie. La prédiction du poëte fut l'oracle de la Providence. Cette campagne fut une série de fautes, de désastres et de ruines. Kara-George, assisté d'un corps russe, combattit en vain avec son héroïsme habituel : ses soldats, découragés, faiblirent. Battu par les Turcs à Komenitza, il vint protéger Tagodina et la rive gauche de la Morawa, et ne dut même qu'à une importante diversion des Russes la conservation de cette partie du territoire.

Les revers accrurent la jalouse inimitié des weyvodes contre lui. On osa attenter à son pouvoir, le jour où ce pouvoir ne fut plus défendu par le prestige de la victoire. Jacob Nenadowitsch fut le premier qui ébranla sa fortune. Il parut au sénat le 1ᵉʳ janvier 1810, à la tête de six cents jeunes gens à cheval, sous ses ordres, et fut nommé président du sénat. L'influence de la Russie maintint seule pendant quelque temps l'autorité de Kara-George. Il s'avança contre Curchid, pacha de Nissa, qui n'avait pas moins de trente mille hommes. La plaine de Wawarin fut le théâtre d'une bataille sanglante, où trois mille Serviens, animés par la voix et par l'exemple de leur général, refoulèrent cette masse de Turcs, les forcèrent à se retrancher, et bientôt à rentrer dans Nissa. Kara-George se porta aussitôt vers Lonitza, dont quarante mille Ottomans faisaient le siége. La ville, qui résistait depuis douze jours à une formidable artillerie, allait tomber au pouvoir des assiégeants, quand l'apparition de Kara-George et la bravoure de ses Serviens força l'armée turque à repasser la Drina. Ce fut l'apogée de la gloire de Kara-George. Grâce à lui, la Servie, entièrement délivrée, étendait ses frontières depuis l'île de Poretsch, sur le Danube, jusqu'au confluent de ce fleuve et de la rivière Timok. Mais la paix, toujours plus funeste aux libérateurs de leur patrie que la guerre, vit fermenter de nouvelles intrigues et de nouvelles dissensions entre des chefs que le péril commun réunissait. Les hospodars voulurent diminuer l'autorité de Kara-George, pour le déposséder entièrement plus tard. Ce complot lui fut révélé à temps. Il profita de cette tentative, réprimée avec énergie, pour opérer en sa faveur une réaction définitive à la diète de 1811. Il porta une atteinte mortelle à l'influence des hospodars et des weyvodes, en subdivisant les districts et en multipliant les chefs, qui, trop faibles pour agir seuls, devinrent dès lors des instruments faciles à manier, et qui, jaloux d'ailleurs de l'ancienne supériorité des weyvodes, s'appuyèrent contre eux sur l'autorité du chef suprême, et attachèrent leur fortune à la sienne. Les attributions du sénat furent altérées. Ce corps, au lieu de concentrer tous les pouvoirs, fut partagé en deux assemblées, dont l'une, composée des membres les moins influents, devint une espèce de magistrature judiciaire, et dont l'autre eut les fonctions administratives, et devint une sorte de ministère de Kara-George. On ne peut s'empêcher d'admirer dans ce grand homme un instinct politique aussi habile que son coup d'œil guerrier était sûr et vaste. En appelant et en retenant ainsi auprès de lui, par des fonctions lucratives et honorables, ses amis et ses ennemis même, il les séparait des populations trop accoutumées à leur obéir, et ruinait leur oligarchie séditieuse. Une loi prononça le bannissement contre tout Servien qui résisterait à cette constitution des pouvoirs. Dobrinyas et Milenko la subirent, et se réfugièrent en Russie. Nenadowitsch se rallia au parti de George, par suite du mariage de sa fille avec un des partisans les plus puissants du dictateur, Mladen.

Le sultan proposa à Kara-George de le reconnaître comme hospodar de Servie, sous la garantie de la Russie. Les Turcs devaient conserver les forteresses et les armes des Serviens. Des négociations compliquées traînèrent sans résultat jusqu'en 1813, où Kara-George, n'ayant pu s'entendre avec la Porte, rappela aux armes ses compatriotes. « Vous avez, leur dit-il, vaincu vos ennemis pendant neuf ans avec moi; vous avez combattu sans armes et sans places de guerre; vous avez maintenant des villes, des remparts, des fleuves entre les Turcs et vous; cent cinquante pièces de canon, sept forteresses, quarante portes fortifiées, et vos forêts, inexpugnable asile de votre liberté; les Russes vont marcher à votre aide : pouvez-vous hésiter? »

Cependant les Turcs, commandés par le capitan-pacha de Widin, se mettaient en mouvement. Le grand vizir, profitant de la victoire des Français à Lutzen, pressait les pachas de terminer d'un coup cette longue lutte, si humiliante pour la Porte. Dix-huit mille Turcs s'avançaient contre Weliko, qu'ils assiégeaient dans Negotin. Weliko, atteint d'un boulet de canon, restait sur la place. Son armée débandée se sauvait par les marais jusqu'à l'île de Poretsch. Au sud, Curchid-Pacha, à la tête d'une nombreuse armée, chassait devant lui Mladen et Sima, deux généraux serviens; et venait camper jusque sous les murs de Schabaz. Jamais la Servie n'avait été réduite à de pareilles extrémités.

L'enthousiasme de l'indépendance semblait étouffé sous tant de revers, et peut-être aussi sous trois années de paix et de dissensions intestines. Sa nationalité et sa gloire s'éclipsèrent à la fois; et Kara-George lui-même, manquant à sa fortune et à sa patrie, soit qu'il prévît une catastrophe inévitable et voulût se conserver pour de meilleurs jours, soit qu'il fût au bout de son héroïsme et désirât sauver sa vie et ses trésors, passa sur le territoire autrichien avec son secrétaire Jainki et trois de ses confidents. Ainsi s'éclipsa à jamais ce héros de la Servie pour aller mourir dans une citadelle autrichienne, au lieu de trouver parmi les siens, et sur le sol de cette patrie qu'il avait réveillée le premier, une mort qui l'eût immortalisé! En apprenant sa fuite, l'armée se débanda, et Smaderewo et Belgrade retombèrent au pouvoir des Turcs. La Servie devint un pachalik, et Soliman, son vainqueur, devint son maître et son pacha. Les sénateurs s'étaient enfuis; un seul homme, presque enfant, le weyvode Milosch Obrenowitsch, resta fidèle à la cause désespérée de l'indépendance. Il souleva les districts du sud, et voulut occuper Osehiza; mais, abandonné par ses troupes, il fut contraint d'accepter les propositions des Turcs. Soliman, à qui il fut présenté, l'accueillit avec distinction. Les Serviens, désarmés, furent employés à élever de leurs propres mains les fortifications qui devaient surveiller le pays. La tyrannie des spahis dépossédés se vengea, par une oppression plus insolente, de neuf ans d'exil, où la bravoure des Serviens les avait relégués. Cependant le caractère national se retrempait dans cette dure et honteuse servitude. Le feu de l'insurrection couvait. Milosch, qui observait d'un œil attentif le moment favorable, et qui ne le croyait pas venu, réprimait énergiquement lui-même les tentatives prématurées de ses amis. La barbare déloyauté du kiaia de Soliman-Pacha fut plus puissante enfin sur lui que les conseils de la prudence. Milosch avait obtenu une amnistie pour les insurgés de Iagodina ; au lieu de tenir leur parole, les Turcs firent venir les chefs de cette insurrection à Belgrade, en firent fusiller cent cinquante, et en empalèrent trente-six. Milosch, qui était lui-même à Belgrade, eut la douleur de voir le supplice de ses compatriotes. Leur sang se leva contre lui, et cria dans son cœur. Les Turcs s'aperçurent de sa rage; ils craignirent sa vengeance, et le firent prisonnier; mais il s'échappa à peine arrêté, franchit les remparts, se réfugia dans les montagnes de Ruduik, y rallia ses partisans, et l'insurrection se répandit comme le feu dans toutes les forêts de la Servie.

Milosch était né en 1780; sa mère, Wischnia, s'était mariée deux fois. Son premier mari se nommait Obren; elle eut un fils nommé Milan. Son second mari s'appelait Tescho; elle en eut plusieurs enfants. L'un de ces enfants fut Milosch. Ses parents n'ayant aucune fortune, il fut obligé d'abord de conduire les troupeaux de bœufs que les riches marchands du pays envoyaient aux marchés de la Dalmatie. Il entra ensuite au service de Milan, son frère maternel, qui faisait le commerce de bétail. Les deux frères s'aimaient si tendrement, que Milosch prit aussi le nom d'Obrenowitsch, qui était celui du père de Milan. Le commerce des deux frères prospéra. Riches et influents déjà à l'époque de la première insurrection, ils y prirent part, chacun selon la nature de son caractère. Milan, paisible et doux, restait à la maison et pourvoyait à l'administration du district; Milosch, remuant et intrépide, combattait sous Kara-George.

Lorsque Kara-George changea la constitution du pays, Milan, ayant pris parti contre lui dans le sénat, fut fusillé par ses ordres. Milosch dut en partie sa fortune et sa gloire actuelle à cette mort de son frère. La vengeance le jeta dans les rangs des mécontents. Il ne suivit pas les chefs qui s'enfuirent en 1813. Les regards se portèrent alors naturellement sur le seul qui fût resté dans le pays.

Le dimanche des Rameaux 1815, Milosch, fugitif de Belgrade, entre dans l'église de Takowo, où un peuple nombreux était assemblé. Il harangue ce peuple avec cette éloquence naturelle que possède le Slave, et avec cette toute-puissance d'un sentiment désespéré, partagé d'avance par ceux qui l'écoutent.

Les hostilités commencèrent. Milosch, à la tête de quelques jeunes cavaliers de son district et de mille hommes des montagnes, enlève une porte aux spahis, et leur prend deux pièces de canon. Au bruit de ce succès, les émigrés rentrent, les fugitifs sortent des forêts, les heiduks descendent des montagnes. On attaque le kiaia du pacha, qui, à la tête de dix mille Turcs, était venu imprudemment camper dans les plaines de la Morawa. Le kiaia est tué dans le combat; sa mort porte la terreur dans son camp : les Turcs fuient vers Sienitza. Là, une nouvelle bataille est livrée; Milosch remporte la victoire : le butin, les femmes, l'artillerie du kiaia, tombent au pouvoir des Serviens. Ali-Pacha sort de Belgrade avec ce qui lui reste de troupes, et marche au-devant de Milosch ; il est défait, et se retire à Kiupra, à la faveur d'une escorte donnée par le vainqueur. Adem-Pacha capitule aussi honteusement, se renferme dans Novibazar, et reçoit les présents de Milosch. Le pacha de Bosnie descend de ses montagnes avec une armée fraîche et nombreuse ; il envoie Ali-Pacha, un de ses lieutenants, combattre Milosch dans le Matschwaï ; Ali-Pacha est fait prisonnier, et renvoyé comblé de présents au grand vizir. Les Serviens se montraient dignes déjà, par leur générosité, de cette civilisation au nom de laquelle ils combattaient, et Milosch traitait d'avance ses ennemis comme des amis futurs : il sentait que l'indépendance complète n'était pas encore venue pour sa patrie, et lui ménageait des traités, au lieu de la déshonorer par des massacres. Sur la frontière de la Morawa, Maraschli-Ali-Pacha s'avançait à son tour. La division régnait heureusement entre ce général et Curchid-Pacha, l'ancien grand vizir et pacha de Bosnie ; ils ne concertaient pas leurs plans, et chacun d'eux désirait secrètement les revers de l'autre pour se ménager à lui seul l'honneur de la victoire ; tous deux voulaient négocier, et briguaient l'honneur de terminer la guerre. Milosch, informé de ces intrigues, sut en profiter ; il osa se rendre de sa personne auprès du grand vizir, au milieu du camp des Turcs ; il eut une entrevue avec Curchid. On ne put s'entendre : Milosch voulait que la Servie conservât ses armes ; le pacha acceptait toutes les conditions, excepté celle-là, qui rendait toutes les autres incertaines. Milosch, irrité, se lève pour remonter à cheval ; Curchid ordonne qu'on l'arrête : les janissaires se jettent sur lui ; mais Ali-Pacha, ce lieutenant de Curchid que Milosch avait vaincu et renvoyé avec des présents au vizir, s'interpose courageusement entre les spahis et Milosch : il représente à Curchid que Milosch est venu au camp sur la foi de sa parole ; qu'il s'est engagé par serment à l'en faire sortir sain et sauf ; qu'il mourra plutôt que de souffrir qu'on porte atteinte à la liberté de l'homme auquel il a dû la vie. La fermeté d'Ali-Pacha impose au vizir et à ses soldats ; il reconduit Milosch hors du camp. « Milosch, lui dit-il en le quittant, puissiez-vous désormais ne vous fier à personne, pas même à vous ! Nous avons été amis ; nous nous séparons aujourd'hui, et pour toujours. » Milosch s'éloigna. Des négociations ouvertes avec Maraschli-Ali-Pacha furent plus heureuses : les armes furent accordées. Des députés serviens allèrent à Constantinople, et revinrent, au bout d'un mois, porteurs d'un firman de paix conçu en ces termes : « De même que Dieu a » confié ses sujets au sultan, de même le sultan les confie à » son pacha. » Le pacha rentra dans Belgrade, et les chefs serviens vinrent faire leur soumission par l'entremise de Milosch. Les forteresses restaient entre les mains des Turcs ; les Serviens s'imposaient eux-mêmes ; l'administration était partagée entre les deux partis : un sénat national se rendait à Belgrade auprès du pacha ; Ali, aimé des Serviens, remplaçait à Belgrade Soliman-Pacha, leur ennemi, qui fut rappelé par le Grand Seigneur. Un tel état de choses ne pouvait durer ; les collisions étaient inévitables. Milosch, toujours chef de sa nation, demeurait à Belgrade auprès d'Ali-Pacha comme une sentinelle vigilante, toujours prêt à donner à son peuple le signal de la résistance ou de l'attaque.

Ali chercha à obtenir par l'adresse le désarmement qu'il n'avait pu obtenir par la force : il s'adressa à Milosch, en le conjurant d'obtenir les armes du peuple. Il répondit que lui et ses amis étaient prêts à déposer leurs armes, mais qu'il lui était impossible de les arracher aux paysans. Le pacha, indigné, suscita contre lui le président de la chancellerie servienne, Moler, et le métropolitain Nikschwitz; mais les gardes de Milosch s'emparèrent de ces deux conspirateurs en plein conseil, et forcèrent le pacha lui-même, en vertu de son pouvoir exécutif, à les mettre à mort. L'audace des Serviens s'accrut par cette faiblesse du pacha. Milosch sortit de Belgrade, et, pour échapper aux piéges de tout genre dont les Turcs et ses rivaux parmi les Serviens l'environnaient, se renferma dans le village fortifié de Topschidor, à une demi-lieue de Belgrade. En 1821, une tentative nouvelle eut lieu contre l'autorité et la vie de Milosch. Les deux weyvodes qui l'avaient dirigée furent exécutés. On soupçonna le pacha d'en avoir été l'instigateur, et l'animosité s'accrut entre les deux nations. Cependant les révoltes de l'Albanie et la guerre de l'indépendance de la Grèce occupaient et énervaient les Turcs. Les circonstances étaient favorables à la concentration du pouvoir national en Servie. Les peuples ne conquièrent jamais leur liberté qu'en se personnifiant dans un chef militaire. L'intérêt et la reconnaissance leur font naturellement consacrer l'hérédité du pouvoir dans celui qui a su le créer et le défendre. La monarchie est l'instinct des nations qui naissent : c'est un tuteur qu'elles donnent à leur indépendance encore attaquée. Cet instinct était plus fort en Servie, où les formes républicaines étaient inconnues. Milosch le partageait et devait en profiter. Il étendit son autorité, et rétablit à peu près la constitution de Kara-George. Il jeta entre le peuple et lui l'aristocratie des knevens, chargés de l'administration du pays. Chaque kneven a son knev ou province, et la plupart des districts ont leur obar-kneven. Milosch les nomme, fixe à son gré leur territoire et leurs attributions. Pour éviter tout prétexte aux exactions de ces knevens, ils reçoivent une solde du trésor public. Des tribunaux de première instance sont établis dans les villes et dans les villages. Un tribunal supérieur siége à Kraguzewatz. Milosch les nomme. La coutume sert de loi jusqu'à la rédaction du code que l'on prépare. Le droit de prononcer la peine de mort est réservé au chef suprême du gouvernement. Le léger subside payé par la Servie à la Porte, reste de rançon qui n'est plus qu'un souvenir de leur ancienne dépendance, passe par les mains du chef suprême, qui le délivre au pacha. Le pacha, vaine ombre d'une autorité qui n'existe plus, n'est qu'une sentinelle perdue de la Porte pour observer le Danube, et donner des ordres aux Turcs qui y occupent des forteresses. En cas de guerre de la Turquie contre l'Autriche, les Serviens doivent fournir un contingent de quarante mille hommes. Le clergé, dont l'influence pouvait balancer celle de Milosch, a perdu toute prépondérance en perdant l'administration de la justice, remise à des tribunaux civils. Les popes et les moines sont soumis, comme le reste du peuple, à des châtiments corporels; ils payent les taxes communes. Les biens des évêques sont remplacés par un traitement fixe de l'État. Tout pouvoir est ainsi concentré entre les mains du chef suprême. La civilisation de la Servie ressemble à la discipline régulière d'un vaste camp, où une seule volonté est l'âme d'une multitude d'hommes, quels que soient leurs fonctions et leurs grades. En présence des Turcs, cette attitude est nécessaire. Le peuple est toujours debout et armé : le chef doit être un soldat absolu. Cet état de demi-indépendance de la Servie est encore contesté par les Turcs. Le traité d'Akerman n'a rien résolu en 1827. Une diète eut lieu à Kraguzewatz ; on devait y prendre connaissance du traité d'Akerman. Milosch se leva, et dit :

« Je sais qu'il s'est trouvé des gens mécontents du châ-
» timent infligé par mes ordres à quelques perturbateurs.
» On m'a accusé d'être trop sévère et trop avide de pou-
» voir, tandis que je n'ai d'autre but que de maintenir la
» paix et l'obéissance qui sont exigées avant tout par les deux
» cours impériales. On m'impute aussi à crime les impôts
» que le peuple paye, sans songer combien coûte la liberté
» que nous avons conquise, et combien l'esclavage coûte
» plus cher encore ! Un homme faible succomberait aux
» difficultés de ma situation. Ce n'est qu'en m'armant pour
» votre salut d'une infaillible justice que je puis remplir les
» devoirs que j'ai contractés vis-à-vis du peuple, des em-
» pereurs, de ma conscience, et de Dieu lui-même. »

Après ce discours, la diète rédigea un acte qui fut présenté à Milosch et envoyé à la Porte, acte par lequel les Serviens, par l'organe de leurs chefs, juraient obéissance éternelle à Son Altesse le prince Milosch Obrenowitsch et à ses descendants. La Servie avait payé sa dette à Milosch : il paye maintenant la sienne à la Servie. Il donne à sa patrie des lois simples comme les mœurs, mais des lois imprégnées des lumières de l'Europe. Il envoie, comme autrefois les législateurs des peuples nouveaux, de jeunes Serviens voyager dans les grandes capitales de l'Europe, et recueillir des renseignements sur la législation et l'administration, pour les approprier à la Servie. Quelques étrangers font partie de sa cour, et lui servent d'intermédiaires avec les langues et les arts des nations voisines. La population, pacifiée et rendue aux travaux de l'agriculture et du commerce, comprend le prix de la liberté qu'elle a conquise, et grandit en nombre, en activité, en vertus publiques. La religion, seule civilisation des peuples qui n'en ont pas dans leurs forêts, a perdu de ses abus sans rien perdre de son heureuse influence; l'éducation populaire est le principal objet des soins du gouvernement. Le peuple se prête, avec un instinct fanatique, à cet effort de Milosch pour le rendre digne d'une forme de gouvernement plus avancée : on dirait qu'il comprend que les peuples éclairés ont seuls la faculté de devenir des peuples libres, et qu'il a hâte d'arriver à ce terme. Les pouvoirs municipaux, jetés dans les districts comme un germe de liberté, l'y préparent. Quelques exilés, bannis par les Turcs après la fuite de Kara-George, ou bannis par Milosch pour avoir conspiré avec les Turcs contre lui, sont encore privés de leur patrie; mais chaque jour, en consolidant l'ordre, et en confondant les opinions dans un patriotisme unanime, amène le moment où ils pourront rentrer, et reconnaître l'heureuse influence du héros qu'ils ont combattu.

Dix mille Turcs occupent encore aujourd'hui les forteresses. Le prince les en chasserait aisément; tout le pays se lèverait à sa voix. Mais la présence des Turcs dans ces forteresses et leur souveraineté nominale n'ayant plus aucune influence fâcheuse sur la Servie, et pouvant au contraire la préserver des agitations intérieures et des intrigues du dehors, qui surgiraient inévitablement si elle était complétement détachée de l'empire ottoman, le prince, par une politique habile, préfère cet état de choses à une guerre nouvelle et prématurée. Le peuple lui sait gré de cette paix, qui lui permet tous les développements de la civilisation intérieure. Il ne craint rien pour son indépendance réelle. Tous les habitants sont armés, et occupent l'intérieur du pays, les villes et les villages. Le pacha réside à Belgrade; Milosch, quelquefois à Belgrade, quelquefois dans son château à un mille de cette ville, plus souvent à Kraguzewatz. Là, il est isolé des Turcs, et occupe le point le plus central de la Servie. La nature du pays et son attitude guerrière le mettent à l'abri de toute surprise.

Le prince Milosch est âgé de quarante-neuf ans. Il a deux fils, dont l'aîné a douze ans.

Les destinées futures de l'empire ottoman décideront de l'avenir de cette famille et de ce peuple; mais la nature semble l'appeler à une puissante participation aux grands événements qui se préparent dans la Turquie d'Europe comme dans l'empire d'Asie. Les chants populaires, que le prince fait répandre parmi le peuple, lui font entrevoir, dans un prochain avenir, la gloire et la force de la Servie, et de son ancien roi héroïque Étienne Duschan. Les exploits aventureux de ses heiduks passent de bouche en bouche, et font rêver au Servien la résurrection d'une nation slave, dont il a conservé le germe, la langue, les mœurs et les vertus primitives, dans les forêts de la Schumadia.

Le voyageur ne peut, comme moi, s'empêcher de saluer ce rêve d'un vœu et d'une espérance; il ne peut quitter, sans regrets et sans bénédictions, ces immenses forêts vierges, ces montagnes, ces plaines, ces fleuves, qui semblent sortir des mains du Créateur, et mêler la luxuriante jeunesse de la terre à la jeunesse d'un peuple, quand il voit ces maisons neuves des Serviens sortir des bois, s'élever au bord des torrents, s'étendre en longues lisières jaunes au fond des vallées; quand il entend de loin le bruit des scieries et des moulins, le son des cloches nouvellement baptisées dans le sang des défenseurs de la patrie, et le chant paisible ou martial des jeunes hommes et des jeunes filles rentrant du travail des champs; quand il voit ces longues files d'enfants sortir des écoles ou des églises de bois, dont les toits ne sont pas encore achevés, l'accent de la liberté, de la joie, de l'espérance, dans toutes les bouches, la jeunesse et l'élan sur toutes les physionomies; quand il réfléchit aux immenses avantages physiques que cette terre assure à ses habitants; au soleil tempéré qui l'éclaire, à ses montagnes qui l'ombragent, et la protégent comme des forteresses de la nature; à ce beau fleuve du Danube qui se recourbe pour l'enceindre, pour porter ses produits au nord et à l'orient; enfin à cette mer Adriatique qui lui donnerait bientôt des ports et une marine, et la rapprocherait ainsi de l'Italie : quand le voyageur se souvient de plus qu'il n'a reçu, en traversant ce peuple, que des marques de bienveillance et des saluts d'amitié; qu'aucune cabane ne lui a demandé le prix de son hospitalité; qu'il a été accueilli partout comme un frère, consulté comme un sage, interrogé comme un oracle, et que ses paroles, recueillies par l'avide curiosité des popes ou des knevens, resteront comme un germe de civilisation dans les villages où il a passé; il ne peut s'empêcher de regarder pour la dernière fois avec amour les falaises boisées et les mosquées en ruine, aux dômes percés à jour, dont le large Danube le sépare, et de se dire en les perdant de vue : « J'aimerais à combattre, avec ce peuple naissant, pour la liberté féconde! » et de répéter ces strophes d'un des chants populaires que son drogman lui a traduits :

« Quand le soleil de la Servie brille dans les eaux du Da-
» nube, le fleuve semble rouler des lames de yatagans et les
» fusils resplendissants des Monténégrins ; c'est un fleuve
» d'acier qui défend la Servie. Il est doux de s'asseoir au
» bord, et de regarder passer les armes brisées de nos
» ennemis.

» Quand le vent de l'Albanie descend des montagnes et
» s'engouffre sous les forêts de la Schumadia, il en sort des
» cris, comme de l'armée des Turcs à la déroute de la Mo-
» rawa. Il est doux ce murmure à l'oreille des Serviens
» affranchis! Mort ou vivant, il est doux, après le combat,
» de reposer au pied de ce chêne qui chante sa liberté comme
» nous! »

Je joins ici, comme commentaire de mes notes sur la Servie, quelques fragments de ses chants populaires. Nos lecteurs nous sauront gré de leur faire connaître cette littérature héroïque. C'est une poésie équestre qui chante, le pistolet au poing et le pied sur l'étrier, l'amour et la guerre, le sang et la beauté, les vierges aux yeux noirs, et les Turcs mordant la poussière. Son caractère est la grâce dans la force, et la volupté dans la mort. S'il me fallait trouver à ces chants une analogie ou une image, je les comparerais à ces sabres orientaux trempés à Damas, dont le fil coupe des têtes et dont la lame chatoie comme un miroir.

C'est à la traduction de madame Élisa Voiart que nous empruntons ces fragments. Cette traduction n'est que le transvasement d'une poésie dans une autre poésie. La main délicate d'une femme pouvait seule cueillir et transplanter sans les flétrir, dans une langue étrangère, ces fleurs sauvages du Danube.

CHANTS SERVIENS

LE COUTEAU D'OR

LE COUTEAU D'OR

Une fois deux sapins croissaient l'un près de l'autre;
Au milieu d'eux s'élevait la cime élégante d'un mélèze;
Mais ce n'étaient point deux sapins verts,
Ce n'était point un élégant mélèze :
C'étaient deux frères nés d'un même sein,
L'un nommé Paul, l'autre Radul,
Et entre eux la dame Jélitza leur sœur.
Ils l'aimaient tendrement, les deux frères,
Et lui donnaient de fréquents gages d'amitié;
L'un tantôt plus, l'autre tantôt moins.

Ils lui donnèrent enfin un beau couteau
A lame, enfermé dans un étui d'argent.
Quand la jeune épouse de Paul vit ceci,
L'envie s'alluma dans son cœur,
Et, courroucée, elle dit à l'épouse de Radul :
« Belle-sœur, ma belle sœur,
Dis, ne connais-tu pas quelque herbe haineuse,
Dont je puisse diviser cet amour de frère? »
Et l'épouse de Radul lui répondit :

« Pour Dieu! que dis-tu là, ma belle-sœur?
Je ne connais aucune plante haineuse;
Et j'en connaîtrais, que je ne te les nommerais pas!...
Ma sœur m'aime, et plus d'une fois
Elle m'a donné des marques de tendresse. »
Quand l'épouse de Paul ouït ce discours,
Elle alla auprès des chevaux dans la prairie,
Et traîtreusement elle donna un coup au coursier;
Et, courant vers son époux et maître, elle s'écria :

« Pour ton malheur, tu as aimé ta sœur!
Pour ton malheur, tu l'as gratifiée!
Sur la prairie, elle vient de percer le flanc de ton coursier. »

Paul alors questionnant sa sœur :
« Pourquoi cela? Sœur, que Dieu t'en punisse!... »

La sœur jura par tout ce qui lui était cher:

« Ce n'est pas moi, frère! sur ma vie;
Oui, sur ma vie aussi bien que sur la tienne! »
Et le frère crut aux serments de sa sœur.
Quand la jeune épouse de Paul vit ceci,
Elle alla pendant la nuit dans la fauconnerie;
Elle coupa la tête au gris faucon de Paul,
Et, se présentant le lendemain devant son époux :

« Pour ton malheur, tu as aimé ta sœur!
Pour ton malheur, tu l'as gratifiée d'un couteau!
Voici qu'elle a coupé la tête à ton faucon. »

Paul, irrité, questionna Jélitza sa sœur :
« Pourquoi cela? Sœur, que Dieu te punisse! »

La sœur jura par tout ce qui lui était cher :
« Mon frère, ce n'est pas moi! sur ma vie,
Sur ma vie comme sur la tienne! »
Et le frère crut encore aux serments de sa sœur.
Lorsque la jeune épouse de Paul vit ceci,
Elle se glissa le soir, après le souper,
Près de la belle-sœur, et, lui dérobant le couteau d'or,
Elle en frappa son propre enfant au berceau.
Mais quand l'aube du matin parut,
Elle se précipita en criant vers son époux,
Criant et se déchirant le visage :

« Oh! pour ton malheur, tu as aimé cette sœur!

Pour un plus grand encore, tu l'as gratifiée!
Dans le berceau elle a égorgé ton enfant!...
Mais ne veux-tu pas me croire?
Visite toi-même le couteau qu'elle porte à sa ceinture! »
Paul s'élança comme saisi de fureur :
Il monta vers les chambres hautes,
Où dormait sa sœur étendue sur ses coussins.
Sous sa tête était placé le couteau d'or ;
Le frère le prit alors,
Il le tira hors de l'étui d'argent...
Et le couteau était baigné de sang!...

Quand le noble Paul vit ceci,
Il saisit la main de sa sœur :
« Ma sœur, que Dieu te foudroie!
Que tu m'eusses tué mon coursier aux champs,
Mon noble faucon dans la fauconnerie :
Mais pourquoi tuer mon doux enfant au berceau? »

Sa sœur jura par tout ce qui lui était cher :
« Non, frère, ce ne fut pas moi! sur ma vie,
Sur ma vie aussi bien que sur la tienne!
Mais ne veux-tu pas me croire?
Conduis-moi aux champs, en rase campagne;
Là, attache-moi à la queue de tes coursiers,
Et qu'ils me déchirent de quatre côtés! »

Mais cette fois le frère ne crut point sa sœur;

Plein de fureur, il la prit par ses blanches mains,
Il l'entraîna aux champs, en rase campagne;
Il l'attacha à la queue de ses coursiers,
Et les lâcha tous quatre sur la vaste plaine.
Là où tomba une goutte de son sang,
Crûrent des immortelles et des basilics;
Mais à l'endroit où elle tomba morte,
S'éleva subitement une église.

Peu de temps s'était écoulé depuis ceci,
Lorsque la jeune épouse de Paul tomba malade.
Gravement malade elle demeura durant neuf années;
Le corruption se mit dans ses os;
Des vers venimeux fourmillaient dans ses plaies,
Et en secret rongeaient ses chairs.
Pleine de douleur et de désespoir, elle gémit,
Et parle ainsi à son époux et maître :

« Écoute-moi, ô mon époux et seigneur !
Conduis-moi à l'église de ta sœur,
Pour essayer de me réconcilier avec elle. »
Quand Paul eut entendu ces paroles,
Il conduisit son épouse à l'église merveilleuse;
Mais quand elle fut devant ses murs,
Une voix menaçante sortit de la blanche église :
« N'avance point, épouse de Paul !
Rien ne peut te réconcilier avec l'église ! »
La jeune femme entendit ceci avec épouvante,
Et implora ainsi son seigneur :

« Oh ! pour Dieu, mon Paul, mon époux et maître,
Ne me ramène point vers notre blanche demeure,
Mais attache-moi aussi à la queue de tes coursiers !
Chasse-les vers la vaste campagne,
Et qu'ils me déchirent toute vivante ! »

Paul obéit aux paroles de la jeune femme ;
Il l'attacha à la queue de ses coursiers,
Et les chassa tous quatre sur la vaste plaine.
Là où tomba une goutte de son sang,
Crûrent des ronces et des épines ;
Mais à l'endroit où elle tomba morte,
La terre ébranlée enfanta un lac profond.
Sur le lac voguait un coursier noir ;
A ses côtés voguait un berceau d'or ;
Sur le berceau perchait un gris faucon ;
Dans le berceau reposait un enfant endormi ;
Tout près de son cou, la main de sa propre mère
Armée du fatal couteau d'or !

L'ENLÈVEMENT

DE

LA BELLE IKONIA

L'ENLEVEMENT

DE

LA BELLE IKONIA

Dans son château au bord de la Morawa,
Théodore de Stalatsch buvait un vin doré,
Un vin doré que lui versait sa vieille mère ;
Et quand le vin commença à lui monter à la tête,
Alors la vieille mère lui parla ainsi :
« O mon cher fils Théodore de Stalatsch,
Dis, pourquoi ne t'es-tu jamais marié,
Jamais, dans la fleur de ta jeunesse et de ta beauté?
Que ta vieille mère, affranchie des travaux,
Ne se puisse réjouir au logis dans ses enfants?»

Et Théodore de Stalatsch lui répondit :
« Dieu m'est témoin, ô ma vieille mère,
Que j'ai longtemps parcouru le pays et les villes,
Et que nulle part je n'ai trouvé une épouse.
Quand je trouvais pour moi une jeune fille,
La parenté ne t'eût peut-être pas convenu ;
Et où la parenté eût été convenable,
La jeune fille, à mon tour, ne m'eût pas plu.
Mais vois-tu, hier, après midi,
Je passai les froides ondes de la Ressawa,
Et j'aperçus là trente vierges fleuries
Occupées à blanchir leur fil et leur toile.
Parmi ces filles était la belle Ikonia,
L'aimable fille du prince Milutine,
Milutine, le prince des Ressaviens.
Celle-là, chère mère, serait une épouse pour moi,
Et pour toi aussi serait convenable la parenté.
Mais elle est déjà fiancée à un autre ;
Elle a été demandée par Iréné, fils de George,
Pour Sredoj, parent de George.
Mais je veux la posséder, ô ma mère !
La posséder, ou ne plus vivre ! »

Là-dessus la sage mère le reprit :
« Quitte cette idée, fils, si la jeune fille est fiancée !
Ce n'est pas raillerie ! la parente du roi !... »
Mais Théodore n'écouta point sa mère.
Il appela son serviteur Dobriwoj :
« Dobriwoj, toi mon fidèle serviteur,
Amène-moi mon brave alezan ;

Sangle-le-moi de sangles d'argent,
Et bride-le d'une bride tissue de soie et d'or. »
Quand le coursier fut harnaché,
Théodore sortit, et, s'élançant en selle,
Il galope le long des rives de la paisible Morawa,
Et il descend jusque dans la plaine Ressawa.
En arrivant au torrent de la Ressawa,
Il retrouva les trente vierges,
Et parmi elles la belle Ikonia.
Alors, contrefaisant le malade, le héros les appelle,
Les salue, et leur souhaite l'aide de Dieu :
« L'aide de Dieu soit avec vous, belles vierges ! »
Et elles répondirent avec politesse :
« Que Dieu te soit aussi favorable, guerrier étranger ! »

« Belles filles, pour l'amour du Seigneur,
Donnez-moi donc une coupe pleine d'eau !
Je suis travaillé d'une fièvre ardente,
Et je ne puis descendre de mon alezan ;
Car ce coursier a la mauvaise habitude
De ne jamais se laisser monter deux fois. »

Ikonia le plaignit de tout son cœur,
Et lui répondit d'une voix douce :
« Oh ! pour Dieu, ne fais point cela, guerrier étranger !
La Ressawa a des eaux froides et malsaines ;
Elles ne sont point bonnes même pour un guerrier en santé,
Encore moins pour celui qui a la fièvre.
Mais attends un peu, je vais te chercher du vin. »

Elle courut aussitôt vers sa blanche demeure;
Elle apporta du vin précieux dans une coupe d'or,
Et le présenta à Théodore de Stalatsch.
Mais celui-ci, voyez! il ne saisit point la coupe;
Il saisit rapidement la blanche main de la vierge,
La tire à lui sur son alezan,
Et, l'attachant trois fois de sa ceinture,
Et quatre fois de la courroie de son sabre,
Il l'emporta vers sa maison.

STOJAN JANKOWITSCH

STOJAN JANKOWITSCH

Il n'était encore nul soupçon de l'aurore,
Lorsque les portes d'Udbinja s'ouvrirent;
Et une troupe de guerriers en sortit,
Trente-quatre compagnons turcs :
A leur tête était Mustaj-Beg de Lika.
Le beg se dirige vers les montagnes de Kunar,
Pour mener la chasse dans ses vertes forêts;
Là, il erre pendant trois jours et quatre en vain ;
Le beg ne trouve rien à chasser ni à prendre.
Alors il retourne vers Lika d'Udbinja.

En traversant une forêt de sapins,
Il se dirige vers les eaux de la citerne,
Pour boire et se rafraîchir.
Voyez! là brillait quelque chose à travers les rameaux.
Il s'approche d'un vert sapin,
Et il voit dessous, Mustaj-Beg de Lika,
Il voit un guerrier ivre endormi,
Et tout vêtu de soie et d'or.
Son front portait bonnet et tschelenka;
Sur le bonnet neuf aigrettes brillantes,
Et près de celles-ci un ornement précieux
(Mille pièces d'or vaut ce joyau);
Sur les épaules un dolman vert;
Sur le dolman trente superbes boutons :
Chaque bouton vaut une mesure d'or,
Celui du col en vaut trois,
Et telle est sa dimension,
Que l'eau-de-vie du matin pourrait être servie dedans.
Sur le dolman sont trois agrafes,
Trois agrafes d'or, du poids de deux onces;
Deux sont ciselées, la troisième est moulée.
Aux pieds du héros sont des chaussures à crochets;
Jaunes d'or en sont les jambes jusqu'aux genoux,
De manière à ressembler à celles des faucons;
Des crochets partent des chaînes d'or,
De longues chaînes en délicate orfévrerie,
Telles que les jeunes filles en portent au cou.
Précieuse est la ceinture qui l'entoure;
Dans la ceinture sont neuf pistolets,
Tous les neuf enrichis d'or pur.
Aux flancs du héros est un sabre damasquiné;

Au sabre sont trois poignées d'or,
Sur lesquelles brillent trois pierres précieuses :
Trois villes de tzar vaut bien cette épée...
Sur les genoux du héros est une longue carabine;
Trente anneaux d'or y sont attachés;
Chaque anneau vaut bien dix pièces d'or;
Celui de la batterie en vaut trente.
Il y a dans cette arme plus d'or que de fer.

Comme le héros sommeillait dans l'herbe,
Voici que les rameaux du pin s'agitent.
Mustaj-Beg presse le guerrier sur la terre;
Près de lui sont les trente-quatre compagnons,
Et ils le dépouillent de ses armes brillantes.
Alors le héros sort de son profond sommeil.
Lorsque de ses yeux noirs il eut vu
Comme les Turcs l'avaient surpris,
Et qu'il n'avait plus ses armes,
Son cœur généreux fut près de se briser.
De ses deux mains il saisit ce qui se trouve autour de lui.
Et il entraîne jusqu'à terre et tue
Sept compagnons du beg de Lika,
Jusqu'à ce que les autres, ayant lié ses fortes mains,
Le chassent prisonnier devant eux,
Après lui avoir attaché ses armes sur le dos;
Et petits et grands de s'émerveiller
Qu'avec toutes ces magnifiques armes,
Mustaj-Beg eût vaincu le guerrier.
Ils s'avancèrent ainsi vers Udbinja.

Quand ils furent en rase campagne,
Mustaj-Beg commença ainsi :

« Pour Dieu, guerrier inconnu, dis-moi,
D'où es-tu, et de quelle contrée?
Qui es-tu? Quel est ton nom?
Où avais-tu intention de te rendre?
Et où sont tes compagnons? »

Et le guerrier étranger lui répondit :
« Pourquoi ces questions, Mustaj-Beg de Lika?
As-tu jamais entendu parler des côtes latines,
Des côtes de Kotari la chrétienne,
Et de Stojan Jankowitsch?
Je suis ce Stojan, et point d'autre.
Je n'ai ni compagnons ni suivants :
Dieu seul marche avec moi!

Quant au projet qui m'amène ici,
Je voulais me rendre vers ta demeure,
Et de là attirer Hajkuna, la jeune fille;
Je voulais l'emmener vers Kotari.
Mais Dieu ne me l'a pas permis :
Un maudit breuvage m'a trahi... »

Là-dessus Mustaj-Beg de Lika répondit :
« Bravo! bravo! Stojan Jankowitsch!

Tu es justement tombé sous la main
Qui te peut fiancer, mon garçon! »

Parlant ainsi, ils arrivèrent devant Udbinja,
Sous les tours de Mustaj-Beg de Lika.
Grands et petits regardent la troupe de guerriers.
Hajkuna aussi, l'aimable sœur de Mustaj,
Regarde du haut de sa blanche tour;
Assise à son métier de corail,
Et dans les mains des aiguilles de cristal,
Elle couvre d'un or brillant une blanche étoffe.
Quand elle vit revenir les chasseurs
Conduisant un guerrier chargé de liens,
Malgré l'éclat de ses puissantes armes,
Curieuse, elle poussa le métier loin d'elle,
Et si vivement, que deux pieds s'en rompirent;
Et, surprise, elle se dit ces paroles, la belle fille :

« Bon Dieu... quelle merveilleuse aventure!...
Que ce guerrier me semble fier et vaillant!
Comment a-t-on pu le surprendre?...
Ce n'est pas sans faire beaucoup de blessures
Que ses mains ont été ainsi garrottées? »

Mais lorsqu'elle compta les guerriers,
Voyez! sept compagnons manquaient au nombre!
Elle se rendit auprès de son frère.
Le beg débarrassa le chrétien de ses armes;

Hajkuna les porta dans la salle du trésor.
Mais le beg jeta lui-même le guerrier en prison,
A trois cents pieds de profondeur,
Où l'eau et la fange lui montaient jusqu'aux genoux,
Et les ossements des morts jusqu'aux épaules.

Alors le beg se rendit dans la nouvelle hôtellerie;
Il s'y rendit pour boire avec ses compagnons,
Et pour se vanter, devant les Turcs d'Udbinja,
De la riche proie qu'il avait faite.
Aussitôt lestement se lève la belle Hajkuna;
Elle se glisse sans bruit vers l'entrée du cachot;
Elle porte avec elle une cruche de vin,
La fait descendre avec des cordes dans la geôle,
Et crie à plein gosier au prisonnier :

« Guerrier étranger, que Dieu te protége !
D'où es-tu? De quelle contrée?
Qui es-tu? Quel est ton nom?
Comment as-tu été surpris par les Turcs,
Qu'ils t'aient captivé malgré tes armes? »

Stojan prit la cruche de vin et but.
Ensuite il répondit ainsi à la jeune fille :
« Qui m'appelle ainsi dehors?
Hélas! l'ivresse m'avait lié les membres!
Fais descendre la corde plus bas;

Tire-moi jusqu'à la moitié de mon cachot,
Et je te dirai tout ce que tu demandes. »

Lorsque la jeune Turque entendit ceci,
Elle laissa tomber la corde jusqu'au fond.
Il y avait des crochets et des boucles à la corde ;
Elle le tira jusqu'à la moitié de la hauteur,
Et le prisonnier demanda encore une fois :
« Qui m'appelle ainsi hors du cachot? »
Et la jeune Turque se faisant connaître :
« C'est moi qui t'appelle, ô guerrier étranger !
Moi, la sœur de Mustaj-Beg de Lika. »

Là-dessus Stojan Jankowitsch repartit :
« Hajkuna! oh! que Dieu te bénisse!...
Je suis Stojan Jankowitsch, et pas d'autre.
C'est pour l'amour de toi que me voici captif!...
Le Turc m'a surpris dans l'ivresse,
Et m'a lié les mains. »

La jeune Turque lui répondit :
« Maintenant écoute-moi, Stojan Jankowitsch!
Les Turcs veulent ta mort, infortuné!...
Demain ils viendront te proposer
De te faire Turc, pour sauver ta vie...
Deviens un Turc! deviens-le, brave Stojan!
Et je serai pour toi une fidèle épouse!
Vois! mon frère Mustaj-Beg

A deux tours pleines d'or et d'argent;
L'une est sienne, mais mienne est l'autre;
Et si la mort doit suivre son cours,
Nous les posséderons un jour toutes deux. »

Il répondit ainsi, Stojan Jankowitsch :
« Jeune Hajkuna, ne parle point si follement.
A Dieu ne plaise que je devienne Turc;
Dussé-je obtenir Lika et Udbinja !
J'ai des biens assez dans Kotari ;
Par le Tout-Puissant! plus de biens que les Turcs !
Et je suis aussi un plus vaillant héros qu'eux !
S'il plaît à Dieu, belle fille,
Demain, avant que la moitié du jour soit écoulée,
Les cavaliers de Kotari accourront;
Ils assiégeront Udbinja,
Et ils me délivreront de ma prison. »

Et la fille turque lui répondit :
« Stojan Jankowitsch, ne parle pas si follement.
Avant qu'ils soient ici, les guerriers de Kotari,
Les Turcs t'auront déjà fait mourir !...
Mais es-tu, ô chrétien, fidèle de parole?
Si tu me veux prendre pour ton épouse,
Moi-même je te délivrerai de ta prison. »

Là-dessus Stojan Jankowitsch repartit :
« Reçois ma fidèle promesse, ô belle fille,

Que je te prendrai pour mon épouse.
En vérité, je ne te tromperai jamais. »

Quand la belle fille entendit ceci,
Elle laissa redescendre Stojan dans son cachot,
Et remonta dans sa tour élevée.

Peu de temps s'était passé depuis ceci,
Quand le beg revint de la nouvelle hôtellerie.
Elle marche à lui en chancelant, la sœur.
Alors Mustaj-Beg l'interroge :
« Parle : que te manque-t-il, ma sœur chérie ? »

« Ne me le demande point, Mustaj-Beg, mon frère !
Je sens me douloir et la tête et le cœur !...
Les frissons de la fièvre parcourent mon corps.
Dieu ! mon frère, je me sens mourir !...
Sieds-toi sur ce moelleux divan.
Que j'appuie ma tête sur ton sein,
Et que j'y puisse exhaler ma pauvre âme !... »

Ces paroles firent mal à Mustaj-Beg :
Rien ne lui était plus cher que sa sœur.
Des larmes baignaient son visage,
Et, contristé, il s'assit sur le divan.
La jeune fille appuya sa tête sur le sein de son frère,
Glissa une de ses mains dans sa poche,

Et l'autre dans sa ceinture,
Et furtivement lui déroba les clefs de la prison,
Des écuries, et de la chambre aux trésors et aux armes;
Ensuite elle retomba sur sa couche moelleuse.
Alors Mustaj-Beg lui dit:
« Chère Hajkuna, ô sœur bien-aimée!
Dieu le veuille! ton mal s'apaise-t-il? »
« Oui, mon frère! grâce à Dieu, je suis mieux. »
Alors Mustaj-Beg la quitta,
Il monta sur la verte terrasse,
Pour convenir avec ses compagnons d'Udbinja.
De la manière dont ils feraient mourir le prisonnier.

Cependant la jeune fille se relève lestement;
Elle ouvre la chambre des trésors et des armes;
Elle en tire celles de Stojan,
Et remplit de ducats un sac à avoine;
Ensuite elle descend dans la prison,
Conduit en hâte Stojan hors du cachot,
Et l'amène devant les blanches écuries.
Là, ils en tirent deux coursiers;
Ils prennent la blanche haquenée du beg,
Qui lui sert de destrier un jour de bataille,
Et le coursier noir de l'épouse de Mustaj,
Qu'aucun dans la contrée n'égale en rapidité.

La belle fille monte la blanche haquenée;
Sur le coursier noir monte Stojan.
Tous deux rapidement s'élancent dans la campagne.

Bientôt, atteignant la forêt Ogorjélitza,
Ils entrent dans les montagnes de Kunar,
Et de Kunar ils atteignent les campagnes de Kotari.

Maintenant Stojan parle ainsi à la jeune fille :
« Hajkuna, ô belle vierge turque,
Le sommeil me domine trop fort !
Descends de ton blanc coursier ;
Je veux dormir ici et me reposer un peu. »
Et la jeune Turque lui répondit :
« Ne le fais point ! au nom de ton héroïque valeur !
Chasse le coursier noir à travers les plaines de Kotari !
Là, il sera temps de dormir ;
Car je crains que les Turcs ne nous poursuivent ! »

Mais Stojan n'écouta point la jeune fille.
Tous deux descendirent de leurs coursiers.
Stojan se jeta sur la verte pelouse,
Posa sa tête sur les genoux de la belle,
Et s'endormit comme un innocent agneau.
Mais elle ne pouvait dormir, la jeune Turque.

Au matin, lorsque l'aube parut,
Se leva l'épouse de Mustaj-Beg ;
Elle veut monter vers la jeune fille,
Laquelle est, dit-on, très-malade depuis la veille.
Mais la jeune fille n'est point dans sa tour ;
Les ducats manquent dans la chambre aux trésors ;

Stojan n'est plus dans la prison,
Et les coursiers ne sont plus à l'écurie.
En toute hâte la dame retourne sur ses pas,
Fait tirer le canon d'alarme,
Afin que le beg l'entende de la terrasse.
A l'instant le pressentiment d'un malheur le saisit :
Il porte la main à ses poches,
Les clefs n'y sont plus!...
Alors il s'écrie à haute voix, Mustaj-Beg :
« Mes compagnons, mes frères!...
De mes mains s'est enfui Stojan de Kotari;
Il a enlevé ma sœur Hajkuna.
Debout, mes frères, si vous craignez Dieu!... »

Les Turcs ont le singulier usage
D'avoir toujours leurs coursiers sellés.
A l'instant les guerriers montent à cheval;
Ils chevauchent à travers les vastes campagnes,
Jusqu'à ce qu'ils atteignent les montagnes de Kunar,
Et de Kunar les champs de Kotari.

Hajkuna, au-dessus des hautes herbes,
Souvent regarde vers les montagnes.
Voilà qu'elle aperçoit de loin un nuage
Formé par l'haleine des coursiers et des hommes :
Elle reconnaît son frère Mustaj,
Et derrière lui trente guerriers d'Udbinja.
Elle n'ose éveiller Stojan :
Des larmes brûlantes jaillissent de ses yeux,

Et tombent sur les joues et le front du chrétien.
Alors, éveillé par ces larmes, Stojan
S'étonne, et dit à la jeune Turque :
« Parle : qu'as-tu, belle fille?
Pourquoi ces larmes coulent-elles de tes yeux?...
Regrettes-tu ton frère Mustaj?
Regrettes-tu ses grands trésors!
Ou bien ne suis-je pas à ton gré? »

Et la jeune Turque lui répondit :
« Stojan Jankowitsch, malheur à ta mère!
Ce n'est point pour mon frère que je pleure;
Ce n'est point ses trésors que je regrette;
N'en ai-je pas moi-même pris ma part?
Je te chéris du plus profond de mon cœur.
Mais vois, infortuné! Vois-tu Mustaj-Beg,
Et les trente guerriers qui le suivent?...
A cheval donc! fuyons vers Kotari!
Autrement c'en est fait de nous deux!... »

Quand Stojan Jankowitsch entendit ceci,
Il répondit ainsi à la jeune fille :
« Jamais, belle Turque, je ne ferai ceci!
Ils m'ont cruellement offensé, les Turcs,
Quand ils me surprirent endormi par l'ivresse,
Et me garrottèrent et dépouillèrent indignement :
Maintenant je veux joliment gratifier le beau-frère!...
Monte à ton tour le coursier noir,
Et laisse-moi monter le blanc destrier,

Qui est un peu meilleur que l'autre.
Je veux aller au-devant du cher beau-frère ! »

Stojan s'élança sur le bon coursier ;
Sur le petit noir monta la jeune fille ;
Elle fuit en hâte, la vierge, vers Kotari ;
Jankowitsch s'avance à la rencontre du beg.

Qui l'eût pu voir eût frémi d'épouvante
A la vue de cette merveille,
Comme, sur un seul les trente s'élançant,
Aucun ne dut revoir sa demeure !
Trente têtes furent séparées des troncs ;
Stojan saisit le beg de Lika,
Lui lia les mains derrière le dos,
Et, le chassant ainsi vers sa sœur,
Il tira son sabre tranchant, affilé :
« Hajkuna, ô sœur de Mustaj-Beg,
Vois comme nous gratifions le beau-frère !...

Et il balançait déjà le sabre damasquiné,
Quand la vierge étendit ses bras suppliants :
« Ne le fais point ! au nom de ton héroïque valeur,
Ne laisse point une sœur sans son frère, Stojan !
Tu aurais bientôt à regretter la sœur !...
Renvoie-le à Udbinja ! »

Stojan laissa retomber son sabre.

Il resserra plus fortement les liens du beg,
Le renvoya vers Udbinja, et, en partant,
Avertit ainsi le beau-frère :
« Quand tu seras de nouveau à Udbinja,
A boire du vin avec tes compagnons,
Ne te vante plus, et dis la vérité en toutes choses.
Adieu! reçois la vie pour mon présent de noces! »

Le beg, garrotté, s'en retourna seul à Udbinja.
Stojan reprit le chemin de Kotari,
Emmenant avec lui la fille turque;
Il la fit baptiser, et l'épousa,
L'aima fidèlement, et la rendit heureuse.

MARKO, FILS DE ROI, ET LA WILA

MARKO, FILS DE ROI, ET LA WILA

———

Un jour, deux frères adoptifs chevauchaient
A travers la belle forêt de Mirotsch.
L'un était Marko, fils de roi,
Et l'autre le weyvode Milosch.
L'un près de l'autre leurs bons coursiers,
L'un près de l'autre leur lance de bataille,
Et tous deux se baisaient le visage
Avec l'affection de deux frères d'adoption.
Mais Marko sommeillait à demi sur le Scharatz,
Et il dit à son frère adoptif :

« O weyvode Milosch, frère chéri,
Le sommeil pèse sur mes yeux :
Chante, mon frère, pour me réveiller!... »
Et le weyvode Milosch lui répondit :
« O mon frère, Marko, fils de roi,
Volontiers je chanterais, mon frère ;
Mais j'ai beaucoup bu de vin naguère
Avec la Wila de la verte forêt ;
Et en me menaçant la Wila m'avertit
Que si jamais elle m'entendait chanter,
Elle me percerait de ses flèches,
Non-seulement la gorge, mais le cœur. »
Toutefois Marko, fils de roi, répondit :
« Chante, frère ; ne crains pas la Wila ;
Non, tant que Marko, fils de roi, vivra,
Moi, mon bon cheval le Scharatz,
Et ma rapide et pesante massue dorée,
Ne crains point la Wila, frère ! »
Alors le weyvode commença à chanter ;
Et ce fut un beau chant que celui qu'il commença
Sur nos pères et nos héros,
Lorsque jadis ils possédaient un royaume,
Et que dans la glorieuse Macédoine
Ils fondaient de pieux monastères pour se sanctifier.
Mais, quelque agréable que fût le chant à Marko,
Il tomba endormi sur le pommeau de sa selle.

Marko dormait, Milosch chantait ;
Voilà que la Wila Rawjolila l'entendit,
Et elle commença un double chant avec Milosch.

Milosch chantait, la Wila répondait;
Mais plus beau était le chant de Milosch,
Plus belle était sa voix que celle de la Wila.
Alors, courroucée, la Wila Rawjolila
S'élança dans la forêt de Mirotsch,
Tendit son arc, prit deux blanches flèches,
Dirigea l'une dans la gorge de Milosch,
Et l'autre vers le cœur du héros.
Alors Milosch s'écria : « Malheur à moi, ma mère!
Malheur à moi, ô mon frère d'adoption!...
Malheur, Marko! la Wila m'a blessé!...
Ne te l'avais-je pas dit d'avance,
Que je ne devais point chanter dans la forêt? »

Aussitôt Marko s'arracha au sommeil;
Il sauta à bas de son cheval tacheté,
Resserra les sangles du brave Scharatz,
Et caressant et flattant le coursier :
« Scharatz, dit-il, mon aile rapide,
Si tu m'attrapes la Wila Rawjolila,
Je te ferrerai de pur argent,
De pur argent et d'or bruni;
Je te couvrirai de soie jusqu'aux genoux,
Et de franges depuis les genoux jusqu'aux pieds;
J'entremêlerai ta crinière de fils d'or,
Et je l'ornerai de perles fines.
Mais si tu n'atteins pas la Wila,
Je t'arracherai les deux yeux du front,
Je briserai tes quatre pieds,
Et je t'abandonnerai seul ici,

Mourant et chancelant d'arbre en arbre,
Parce que Marko n'aura plus de frère. »

Et il s'élança sur les épaules du Scharatz,
Et se mit à galoper à travers la forêt.
Sur le sommet de la montagne volait la Wila.
Le Scharatz se mit à gravir la montagne
Du côté d'où la Wila ne pouvait ni le voir ni l'entendre.
Quand le beau cheval aperçut la Wila,
Il fit un bond en l'air de trois longueurs de lance,
Et un saut en avant de quatre lances,
Et soudainement atteignit la Wila.
Quand la pauvrette se vit dans cette extrémité,
Elle s'envola dans les nuages ;
Mais Marko saisit sa massue,
La lança vers elle, et l'arme noueuse
Atteignit la blanche Wila à l'épaule,
Et la rejeta sur la terre humide.
Alors Marko accourant commença à la frapper ;
En vain elle se tournait à droite, à gauche,
Il la frappait avec l'arme pesante et dorée.
« Pourquoi, Wila (que Dieu t'en punisse!),
Pourquoi perces-tu le cœur de mon frère ?...
A l'instant cherche-moi des herbes pour le guérir,
Ou tu ne porteras pas ta tête plus loin ! »
Alors la Wila pour l'apaiser lui dit :
« Toi, mon frère en Dieu, Marko,
Au nom du Dieu tout-puissant et de saint Jean,
Accorde-moi la vie dans la montagne !
Je chercherai des plantes ici dans la forêt,

Afin de guérir les plaies du héros!... »
Et Marko, au nom de Dieu, pitoyable
Et touché de compassion dans son cœur,
Accorda la vie à la Wila de la montagne.
Et la Wila se mit à cueillir des herbes;
En les cueillant, elle répondait aux cris de Marko :
« Attends, attends, frère d'adoption, je reviens. »
Et la Wila ayant rassemblé les plantes de la forêt,
Elle en guérit les blessures du héros.
Plus beau devint le royal Milosch,
Plus douce devint sa voix;
La blessure de son cœur se ferma,
Et le cœur du héros fut plus fort qu'auparavant...
Alors la Wila s'enfonça sous les ombrages de Mirotsch,
Et Marko avec son frère d'adoption
Chevauchèrent vers les frontières de Oretsche;
Ils traversèrent à gué les eaux de Timock
Près de Brégowo le grand village,
Et allèrent jusqu'aux frontières de Widin.
Cependant la Wila disait à ses sœurs :
« Écoutez bien, Wilas, mes sœurs!
Ne me lancez pas après les guerriers dans la forêt,
Quand Marko, fils de roi, est dans la contrée,
Lui et son bon coursier le Scharatz,
Et sa massue rapide et dorée.
Comme il m'a frappée de cette arme pesante!
A peine ai-je pu sauver ma vie ! »

MARKO, FILS DE ROI, ET LE MORE

MARKO, FILS DE ROI, ET LE MORE

―

Un méchant More a bâti une tour,
Une tour haute de vingt étages;
Il l'a bâtie tout au bord de la mer bleue et profonde.
Quand la bâtisse fut terminée,
Le More y fit faire des fenêtres,
Et tendre l'intérieur de velours et de soie;
Puis il se prit ainsi à parler :
« Tour, que fais-tu là, seule sur le rivage,
Isolée et sans maître? car personne ne t'habite.
Je n'ai point de mère, point de sœur,

Et ne me suis jamais marié de ma vie !
Par le Dieu vivant ! il faut que, non ma mère,
Mais une cavale, m'ait enfanté,
Si je ne demande point la fille du sultan en mariage!
Oui, il faut que le sultan me donne sa fille,
Ou qu'il vienne à moi sur le champ de bataille ! »

Quand le More eut parlé ainsi,
Il écrivit une lettre en fins caractères
Au sultan de la blanche Stamboul.
« Sultan, écrivait-il, seigneur de la blanche Stamboul,
J'ai bâti une tour près de la mer,
Mais elle est déserte et inhabitée ;
Car je ne me suis jamais marié.
Donne-moi ta fille pour épouse !
Mais si tu ne veux point me l'accorder,
Sors de ton palais, et viens te battre ! »

La lettre parvint à l'illustre sultan ;
Et quand il vit ce qui lui était demandé,
Il commença à chercher un champion
Pour combattre le More à outrance.
On promit à cet homme un prix considérable,
S'il pouvait tuer le méchant More.
Il se trouva de braves guerriers en nombre,
Mais aucun ne revint vers Stamboul.
Le sultan tomba bientôt en grand souci.
Il n'avait plus de champion à opposer :
Le sombre More les avait tous tués.

Mais sa misère devait monter plus haut encore,
Car le More s'arma un jour en guerre,
Il se vêtit de riches habits,
Ceignit son cimeterre damasquiné,
Et sella lui-même sa grise jument arabe;
Il la sangla de sept courroies,
Il la brida d'une bride tressée d'or,
Il attacha sur ses flancs une blanche tente,
Et de l'autre côté sa forte massue.
Il monta sur le dos de la cavale,
Et, tenant en main sa lance de bataille,
Il prit le chemin de la blanche Stamboul.
Quand il arrive devant les portes,
Il plante en terre sa forte lance,
Attache à la hampe la jument arabe,
Dresse devant les murs sa blanche tente,
Et impose un tribut à la ville :
Pour chaque nuit un veau gras,
Une fournée de pain blanc,
Un muid d'eau-de-vie brûlée,
Deux muids de vin pourpré,
Et, de plus, une belle vierge
Qui pendant le repas lui servira à boire,
Pendant la nuit baisera son noir visage,
Et qu'ensuite il vendra,
Et dont il tirera de nombreux sequins.

Il demeura là trois longs mois;
Mais la misère devait monter encore.
Chaque jour, sur sa svelte et grise cavale arabe,

Le More chevauchait hardiment par la ville;
Il chevauchait jusque dans la cour du palais,
Et criait au sultan à tue-tête :
« Eh ! vieux fou de sultan, donne-moi ta fille ! »
Et, balançant avec fureur sa pesante massue,
Il en frappait les murailles,
Et mettait les vitres en pièces.
Lorsque le sultan se vit dans cette nécessité,
Il promit honteusement de lui donner sa fille.

Le More commença alors à parler des noces :
« Quinze longs jours s'écouleront, dit-il,
Jusqu'à ce que je revienne de la côte,
Et que j'aie invité les convives parés de fleurs. »
Alors il monta sa svelte cavale,
Et retourna au bord de la mer
Pour inviter les convives aux noces.

Quand la fille du sultan eut appris ceci,
Elle pleura. L'infortunée au désespoir s'écriait :
« Malheur à moi ! malheur à moi !
Ai-je donc tant soigné mon visage
Pour qu'enfin un vilain noir le caresse ! »
Mais quand la nuit commença à noircir,
Voilà que la sultane en dormant fit un rêve,
Et, dans son rêve, une voix d'homme lui dit :
« Noble dame, il est dans ton pays
Une plaine nommée Amsel;
La ville de Prilip s'élève sur cette plaine;

C'est la demeure de Marko, fils de roi.
Ce Marko est un vaillant héros!
Envoie une lettre à ce fils de roi,
Nomme-le ton fils en Dieu, ce héros;
Et promets-lui d'innombrables trésors,
S'il délivre ton enfant du méchant More. »

Lorsque l'aube du matin parut,
La sultane courut vers son seigneur,
Et lui confia ce qu'un songe lui avait révélé.
Quand le sultan l'eut entendue,
Il écrivit promptement un firman,
Et l'envoya à Prilip la blanche forteresse,
Aux genoux de Marko, fils de roi.

« Mon fils en Dieu, royal rejeton, Marko,
Viens à mon secours dans la blanche Stamboul;
Viens; délivre-moi du méchant More!
Si tu tues le More qui veut me ravir ma fille,
Je te donnerai trois charges d'or. »

Le message arriva à Marko, fils de roi.
Lorsque le héros eut reçu le firman
Et qu'il eut vu ce qu'il contenait,
Il parla ainsi au messager, au Tartare :
« Dieu te protége, Tartare, messager du sultan!
Salue pour moi Sa Hautesse mon vénérable père,
Mais dis-lui que je ne dois point affronter le More;

Car c'est un fort héros sur le champ de bataille.
Et s'il m'abat la tête des épaules,
De quoi me serviront trois charges d'or?... »

Et le Tartare revint sur ses pas.
Il rapporta au sultan ces mots pour message.
Là-dessus, la sultane, entendant ceci,
Écrivit une autre lettre,
Et l'envoya à Marko, fils de roi :
« Mon fils en Dieu, ô royal rejeton, Marko,
N'abandonne point ma fille au More!
Vois, je te donnerai six charges d'or. »

Cette lettre parvint aussi à Marko.
Quand le héros vit ce qu'elle annonçait,
Il dit au messager, au Tartare :
« Retourne, Tartare, ô toi, messager du sultan,
Va ; et dis à ma noble mère la sultane :
« Marko ne peut aller défier le More,
» Car c'est un rude jouteur sur le champ de bataille ;
» Il abattra mon chef de mes épaules,
» Et ma blonde tête m'est bien plus chère
» Que tout l'or de la cour du sultan. »

Et le Tartare revient vers Stamboul,
Et rapporte à la sultane ces mots pour message.
Quand la fille du sultan eut entendu ceci,
Elle s'élança, la vierge, d'un pied léger,

Et, prenant la plume et le vélin,
Elle se piqua le visage avec la plume,
Et, recueillant le sang qui coulait de sa joue,
Elle écrivit avec ce sang au héros Marko :

« O toi, mon frère en Dieu, noble Marko;
Frère, je te conjure au nom du Dieu vivant;
Parrain, je t'adjure par le même Dieu,
Et par la tête sacrée de votre saint Jean,
Ne m'abandonne point au More farouche!
Vois! je te donnerai sept charges d'or;
J'y joindrai sept différents vêtements
Qui ne seront ni tissus ni filés,
Mais composés de pur or.
Je te donnerai aussi une coupe d'or,
Et autour de cette coupe s'entrelace un serpent
Qui, tenant sa tête élevée,
Montre, au lieu de ses dents, des pierres précieuses,
De façon qu'à minuit comme à midi,
A son éclat tu pourras prendre ton repas.
De plus, je te décorerai d'une épée
Dont la poignée est d'or ciselé,
Et enrichie de trois pierres précieuses.
Enfin, je te donnerai un acte signé et scellé
Comme quoi le vizir n'osera jamais te mettre à mort
Sans l'ordre de Sa Hautesse le sultan, mon père. »

Le message fut porté par le Tartare à Marko.
Mais quand Marko l'eut reçu,

Et qu'il eut vu de quoi il s'agissait,
Il commença à se parler ainsi :
« Malheur à moi, sœur d'adoption,
Malheur, si je vais vers toi !
Mais plus grand malheur, si je reste !
Je ne crains point le sultan ni ta mère,
Mais je crains Dieu et saint Jean.
J'irai donc, dussé-je y laisser ma vie ! »

Alors il renvoya le Tartare,
Mais sans lui dire ce qu'il avait résolu ;
Et il se rendit dans la tour élevée,
Pour revêtir ses habits de voyage.
Sur ses épaules il jeta sa pelisse de peau de loup,
Mit sur sa tête un bonnet pareil,
Suspendit à sa ceinture son sabre damasquiné,
Et tira du râtelier sa plus forte lance.
Ensuite il descendit près de son Scharatz,
Le sangla de sept fortes courroies,
Attacha une outre remplie de vin
Au côté droit du Scharatz,
Au côté gauche sa pesante massue,
De façon que la selle ne penche ni deçà ni delà ;
Et, se jetant enfin sur le dos de son coursier,
Il prit au grand trot la route de Stamboul.

Lorsqu'il arriva devant ses blanches murailles,
Il n'alla point chez le sultan ni chez le vizir ;
Il préféra l'hôtellerie nouvellement bâtie,

Et, passant de ce côté, il y fit son entrée;
Et quand le soir commença à s'obscurcir,
Il conduisit son coursier au bord de la mer,
Afin de le désaltérer aux fraîches eaux.
Mais le Scharatz ne veut point boire.
Il regarde attentivement autour de lui;
Et voici qu'une vierge turque descend le chemin,
Tout enveloppée d'un voile tissu d'or.

Et lorsque la vierge fut sur la rive,
Elle se pencha sur les vertes ondes,
Et commença à parler ainsi :
« Dieu soit avec vous, flots verdoyants!
Dieu soit avec vous, ma dernière demeure!
Je veux finir ma vie avec vous désormais.
O mer profonde, j'aime mieux me marier
A toi, hélas! qu'au détestable More! »

Alors le fils de roi, Marko, s'avançant :
« Arrête, ô noble vierge de Turquie!
Qui te porte à te précipiter dans le sein des flots?
Pourquoi veux-tu te marier avec la mer?
Dis, quel grand malheur est donc tombé sur toi? »

Et la vierge turque lui répondit :
« Éloigne-toi de ces lieux, bon derviche.
Pourquoi demander, quand tu ne peux aider? »

Et, du commencement jusqu'à la fin,
Elle conta ce qui l'amenait au bord de la mer.
« Enfin, dit-elle, j'avais entendu parler de Marko,
De Marko de Prilip, la blanche forteresse;
Et j'avais entendu dire qu'il était un héros, ce Marko,
Et que lui seul pourrait vaincre le More.
Alors je l'implorai au nom de frère en Dieu,
Je le nommai parrain au nom de saint Jean?
Et lui promis de beaux et nobles dons.
Mais en vain! Marko me refusa son aide.
Puisse celle de Dieu lui manquer à son tour! »

Et Marko, fils de roi, lui répondit :
« Veúille ne point me maudire, ma sœur!
Vois, je suis devant toi, moi-même Marko. »

Quand la belle fille l'eut entendu,
Elle se jeta dans les bras du héros.
« O mon frère, royal rejeton Marko,
Ne m'abandonne pas au méchant More. »
Et le noble Marko lui répondit :
« Ma sœur, noble vierge de Turquie,
Non, aussi longtemps que ma tête tiendra là,
Je ne t'abandonnerai point au More!
Mais veuille ne dire à nul autre tout ceci,
Excepté à tes vénérables parents. Dis-leur aussi
De m'envoyer quelque chose pour manger,
Et que surtout le vin n'y manque point.
Envoyez le tout à la nouvelle hôtellerie.

Quand le More arrivera avec les convives,
Qu'on le reçoive et le traite bien;
Et toi aussi, accueille le More,
Et garde qu'il ne s'élève aucune querelle dans la cour.
Je sais bien le temps que je prendrai pour t'enlever,
Si Dieu et la fortune des héros le permettent. »

Là-dessus, Marko retourne à son hôtellerie,
Et la vierge au palais de son père;
Et elle dit en hâte à ses nobles parents
Que Marko de Prilip était arrivé.
Le sultan et la sultane, ayant entendu cela,
Firent préparer un magnifique repas,
Bien pourvu de vin rouge et précieux,
Et l'envoyèrent à Marko dans l'auberge.

Marko se mit à table, et il savourait son vin,
Lorsque dans Stamboul chaque porte se ferma,
Et l'hôte lui-même vint pour tout fermer.
Et le fils de roi, Marko, lui demanda :
« Pourquoi donc fermez-vous si tôt les portes? »
Sur quoi l'hôte lui fit pour réponse :
« Eh! par le ciel! guerrier étranger,
Ignorez-vous que le More a demandé la princesse en mariage?
Et cela, pour la honte et la douleur de notre maître?
Aujourd'hui soir, il vient pour la chercher;
Et comme nous avons grand'peur de lui,
Nous fermons de bonne heure les portes et les boutiques. »

Marko s'opposa à ce qu'il fermât la porte ;
Il se plaça de manière à voir passer le More,
Et tous les convives parés de fleurs.
Mais voici un grand tumulte dans Stamboul :
Voyez ! le sombre More arrive monté
Sur sa svelte jument arabe,
Et avec lui cinq cents convives,
Et tous les cinq cents noirs comme lui !
Noir est le conducteur, et noir est le héraut,
Et le fiancé lui-même est un noir Africain.
Fougueuse et bondissante, la cavale sautait ;
Les pierres roulaient sous ses pieds,
Et allaient fracasser les boutiques.
Quand le cortége arriva devant l'hôtellerie,
Le More dit en lui-même :
« Juste ciel, quelle merveille !
Tout est fermé dans la blanche Stamboul,
Tout fuit devant moi, de crainte et d'épouvante ;
Et la porte de cette seule hôtellerie est ouverte ?
Il n'y a peut-être personne dans cette auberge :
Ou seraient-ils assez fous
Pour n'avoir pas peur de mon approche ? »

En disant cela, le More continua sa route.
Arrivé devant le palais du sultan,
Il campa dans ce lieu, et y passa la nuit ;
Et quand l'aube du matin parut,
Le sultan lui remit la jeune vierge,
Et le riche trousseau de la mariée,
Dont douze chevaux étaient pesamment chargés.

A travers la ville le More reprit sa route
Avec la vierge et tout le cortége des noces.
Mais quand ils arrivèrent devant l'hôtellerie,
De nouveau la porte en était ouverte.
Le More pousse vivement sa cavale;
Il veut voir qui est dans l'auberge.
Marko était assis au milieu de la cour;
Assis, il se délectait à boire un vin pourpré;
Mais il ne buvait point comme il est coutume de boire:
Dans un bassin qui contenait douze mesures
Il buvait d'abord, puis donnait le reste au Scharatz.
Une envie de querelle saisit le More;
Mais à la porte, et bien attaché,
Le coursier du héros lui barrait le passage,
Et donnait des coups de pied à la cavale.
Alors le More retourna vers sa suite,
Et tous se dirigèrent vers le marché.

A cet instant Marko se lève;
Il jette à l'envers sa pelisse fourrée,
Il retourne son bonnet de peau de loup,
Il rattache les sangles de son coursier,
Suspend son outre à demi vide aux flancs du Scharatz,
Assujettit sa pesante et forte massue,
Prend en main sa lance de guerre,
S'élance sur le dos du coursier,
Et, l'éperonnant, il vole sur la place de Stamboul.

Marko atteint le cortége des noces,

Et aussitôt commence la querelle ;
Il chasse depuis les derniers jusqu'aux premiers,
Et quand il arrive auprès de la mariée,
Il frappe à mort le parrain et le conducteur.
Le bruit en arrive jusqu'au More.

« Malheur à toi, vaillant More! voici un héros
Qui a bouleversé le cortége de tes noces.
Il monte un coursier qui ne ressemble point aux autres coursiers,
Il est tacheté et luisant comme un taureau.
Ce n'est point un héros comme les autres héros :
Il porte une pelisse de peau de loup,
Sur la tête un bonnet semblable,
Quelque chose de noir entre ses dents,
Comme un jeune agneau de six mois.
En approchant il a commencé la querelle ;
Il a chassé depuis les derniers jusqu'aux premiers ;
Il a tué le parrain et le conducteur de la mariée. »

Aussitôt le More retourne sa jument,
Et, s'avançant vers Marko, il lui dit :
« Malheur à toi, guerrier inconnu !
Quel est le diable qui te conduit ?
Et pourquoi viens-tu disperser mon cortége,
Et tuer mes parrains et conducteurs ?
Es-tu imbécile! et ne sais-tu pas qui je suis ?
Ou bien es-tu puissant, mais devenu fou ?
Ou la vie t'est-elle devenue à charge ?

Écoute! sur ma foi je te le jure,
Si je tourne vers toi la bride de ma cavale,
Sept fois je veux te fouler aux pieds,
Sept fois deci, sept fois delà...
Et ensuite je te trancherai la tête. »

Et le fils de roi, Marko, lui répondit :
« Ne le tente point, ô More farouche!
Car, si Dieu et la fortune des héros le permettent,
Non-seulement tu ne me fouleras point,
Mais tu ne pourras pas seulement m'atteindre. »

Voyez comme il écume de rage, le More!
Il tourne la bride de sa cavale arabe,
Il lui déchire les flancs à coups d'éperons,
Il veut écraser sous ses pieds le héros ;
Mais c'est ce que ne souffre point le destrier Scharatz.
Il se dresse sur ses deux pieds de derrière,
Et avec ceux de devant il attaque la cavale,
Et, la saisissant violemment avec les dents,
Il lui arrache de la tête l'oreille droite,
De telle sorte qu'elle nage bientôt dans son sang.

Voyez quel terrible combat commence !
Comme héros et héros s'attaquent violemment,
Le fils de roi, Marko, et le sombre More !
Mais ni estoc ni taille ne peut abattre Marko,
Et d'aucun coup ne se laisse atteindre le More.

Ils combattent, et pendant quatre heures
Retentit le son aigu des sabres tranchants.
Enfin, le sombre More voit arriver l'instant
Où Marko doit le vaincre.
Soudain il tourne la bride à sa svelte cavale,
Et il fuit en hâte dans les rues de Stamboul.
Marko le poursuit par derrière;
Mais la rapide cavale fuit;
Elle fuit, légère et rapide comme la Wila des forêts,
Et s'efforce d'échapper au vigoureux Scharatz.
Tout à coup Marko songe à sa massue;
Il l'arrache du pommeau de la selle,
Il la lance, et en atteint le More à l'épaule.
Voyez! il est jeté bas le More! et d'un coup de sabre
Marko tranche sa noire tête.

Puis, saisissant rapidement la bride de la svelte cavale,
Il retourne avec elle sur la place de Stamboul.
Tous les convives aux noces se sont dispersés,
Et toute seule l'attend la belle fille;
Autour d'elle sont les coursiers, au nombre de douze,
Qui portent le riche trousseau de la princesse.
Alors Marko reprend avec lui la jeune vierge;
Il la conduit à la cour du sultan son père,
Et parle en ces termes à l'illustre sultan:
« Vois, sultan! ici est ta fille, la belle vierge.
Voici la noire tête du More redouté;
Voici les coursiers, au nombre de douze,
Qui portaient le trousseau de la belle fille. »
Cela dit, il tourne en arrière la tête du Scharatz,
Et reprend le chemin de la blanche Prilip.

Mais lorsque l'aube matinale parut,
Le sultan prit sept charges d'or,
Et la jeune vierge sept vêtements
Qui n'étaient ni tricotés, ni filés,
Ni même tissus à la navette,
Mais travaillés d'or pur.
Elle y joignit la coupe merveilleuse
Autour de laquelle se roulait un serpent d'or,
Dont la tête redressée
Montrait, au lieu de dents, des pierres précieuses,
De telle sorte qu'à minuit comme à midi,
Leur éclat pouvait éclairer un festin.
Elle y joignit le sabre damasquiné
Qui portait trois poignées de pur or,
Et à chaque poignée trois pierres précieuses;
Et de plus l'écrit scellé du sceau royal,
Afin que nul vizir ne puisse le faire mourir
Sans l'ordre du sublime sultan.
Elle envoya le tout à Marko.
« Reçois, ô Marko, ce peu d'or et de biens;
Mais quand tu commenceras à en manquer,
Adresse-toi avec confiance à ton père
Le sultan, et à ta sœur en Dieu, sa fille. »

L'ANNEAU VRAI GAGE DE FOI

L'ANNEAU VRAI GAGE DE FOI

Dans la prairie, sous l'aubépine, ruisselle une source ;
Là se rend chaque jour une fillette pour puiser de l'eau ;
Elle porte cette eau sous les blanches murailles de Belgrade.
Une pomme d'or en main, vers elle s'avance Mirko :
« Prends, ô jeune fille, prends cette pomme, et deviens mienne ! »
La jeune femme prend la pomme, la lui jette au nez :
« Je ne veux ni de toi ni de ta pomme ; va, retire-toi ! »

Dans la prairie, sous l'aubépine, ruisselle une source;
Là vient une jeune fille pour puiser de l'eau;
Elle porte cette eau sous les blanches murailles de Belgrade.
Une chaîne d'or en main, vers elle s'avance Mirko :
« Prends, ô jeune fille, prends ce collier, et deviens mienne! »
La jeune fille prend la chaîne, la lui jette au nez :
« Je ne veux ni de toi ni de ton collier; va, éloigne-toi. »

Dans la prairie, sous l'aubépine, ruisselle une source;
Là se rend chaque jour une fillette pour puiser de l'eau;
Elle porte cette eau sous les blanches murailles de Belgrade.
Un anneau d'or en main, vers elle s'avance Mirko :
« Prends, ô jeune fille, prends cet anneau d'or, et deviens mienne! »
Alors la fillette prit la bague, la mit à son doigt :
« Je veux de toi; rassemble tes amis; je suis maintenant à toi. »

L'ÉPREUVE

L'ÉPREUVE

Trente Zétinjaners buvaient du vin
Aux bords frais et tranquilles du fleuve Zétinja;
Une seule jeune fille les sert.
Quand elle présente à chacun le breuvage,
Ils ne tendent point les mains vers la coupe ;
Chacun d'eux, enivré d'amour, veut l'embrasser.
Mais elle leur parle ainsi, la jeune Zétinjanérine :
« Pour Dieu, écoutez-moi, ô trente Zétinjaners !
Je suis, il est vrai, la servante de tous,
Mais je n'en suis pas la bien-aimée.

Je ne serai l'amie que du héros
Qui traversera la Zétinja à la nage,
Couvert de son accoutrement de guerre,
Et sur ses épaules le manteau de conseiller.
Celui qui de vous traversera ainsi la Zétinja
Et nagera jusqu'à l'autre bord,
De celui-là je serai la fidèle épouse. »

Tous les héros se regardèrent,
Et tous baissèrent les yeux vers la terre ;
Tous, hors le jeune Radoïza.
Sur ses pieds légers le jeune homme s'élance ;
Il attache autour de lui son arme brillante,
Revêt son attirail de guerre,
Jette par-dessus le vaste manteau,
Et se précipite dans les eaux de la Zétinja.

Il fend les flots, le jeune héros,
Il nage à travers, et atteint l'autre bord ;
Mais lorsqu'il s'apprête à revenir,
Il plongea un peu dans le fleuve.
Il ne plongeait pas parce qu'il s'affaiblissait ;
Il plongeait ainsi pour éprouver sa belle,
Et connaître si elle l'aimait sincèrement.
Quand elle vit ceci, la belle Zétinjanérine,
Elle courut au fleuve pour se précipiter dans les ondes.
Alors le jeune Radoïza
S'élança du fleuve au rivage ;

Il sortit sain et sauf des eaux de la Zétinja,
Et reçut dans ses bras la généreuse fille.
Il la prit par sa main blanche,
Et la conduisit dans sa riche demeure.

LE ROSSIGNOL CAPTIF

LE ROSSIGNOL CAPTIF

Le rossignol chantait gracieusement
Là-bas dans le vert bocage,
Là-bas dans le vert bocage,
Sur les souples rameaux.

Voilà que viennent trois chasseurs
Pour prendre le rossignol ;
Il implore les chasseurs :
« Ne me tuez point, ô chasseurs !

« Ne me tuez point, ô chasseurs !
Je vous chanterai une chanson
Dans le jardin vert,
Une chanson sur le rosier rose. »

Mais les chasseurs le prennent ;
Ils emportent le pauvre oiseau,
Ils l'enferment dans une cage,
Pour réjouir leur belle.

Le rossignol ne veut plus chanter,
Il se tait, et penche sa petite tête ;
Les chasseurs le reprennent,
Et le portent dans le jardin.

Alors le rossignol commence ainsi :
« Malheur ! trois fois malheur
A l'ami sans son ami,
Au rossignol sans son bocage ! »

RÉCIT DU SÉJOUR

DE

FATALLA SAYEGHIR

CHEZ LES ARABES ERRANTS DU GRAND DÉSERT

AVANT-PROPOS

Nous étions campés au milieu du désert qui s'étend de Tibériade à Nazareth. Nous causions des tribus arabes que nous avions rencontrées dans la journée, de leurs mœurs, de leurs rapports entre elles et avec les grands peuples qui les environnent. Nous cherchions à percer le mystère de leur origine, de leur destinée, et de cette étonnante persévérance de l'esprit de races qui sépare ces peuplades de toutes les autres familles humaines, et les tient, comme les

Juifs, non pas en dehors de la civilisation ; mais dans une civilisation à part, aussi inaltérable que le granit. Plus j'ai voyagé, plus je me suis convaincu que les *races* sont le grand secret de l'histoire et des mœurs. L'homme n'est pas aussi éducable que le disent les philosophes. L'influence des gouvernements et des lois est bien loin d'agir aussi radicalement qu'on le pense sur les mœurs et les instincts d'un peuple ; tandis que la constitution primitive, le sang de la race, agit toujours et se manifeste après des milliers d'années dans les formes physiques et dans les habitudes morales de la famille ou de la tribu. Le genre humain coule par fleuves et par ruisseaux dans le vaste océan de l'humanité ; mais il n'y mêle que bien lentement ses eaux, souvent jamais ; et il ressort, comme le Rhône du lac de Genève, avec le goût et la couleur de son onde. Il y a là un abîme de pensées et de méditations. Il y a aussi un grand secret pour les législateurs. Tout ce qu'ils font dans le sens de l'esprit des races réussit ; tout ce qu'ils tentent contre cette prédisposition naturelle échoue. La nature est plus forte qu'eux.

Cette idée n'est pas celle des philosophes du temps, mais elle est évidente pour le voyageur ; et il y a plus de philosophie dans cent lieues de caravane que dans dix ans de lectures et de méditations. Je me sentais heureux ainsi errant à l'aventure, sans autre route que mon caprice, au milieu de déserts et de pays inconnus. Je disais à mes amis et à M. Mazoyer, mon drogman, que si j'étais seul et sans affections de famille, je mènerais cette vie pendant des années et des années. J'aimerais à ne me jamais coucher où je me serais réveillé, à promener ma tente depuis les rivages d'Égypte jusqu'à ceux du golfe Persique; à n'avoir pour but, le soir, que le soir même; à parcourir du pied, de l'œil et du cœur, toutes ces terres inconnues, toutes ces races d'hommes si diverses de la mienne; à contempler l'humanité, ce plus bel ouvrage de Dieu, sous toutes ses formes. Que faut-il pour cela? Quelques esclaves ou serviteurs fidèles, des armes, un peu d'or, deux ou trois tentes, et des chameaux. Le ciel de ces contrées est presque toujours tiède et pur, la vie facile et peu chère, l'hospitalité certaine et pittoresque. Je préférerais cent fois des années ainsi écoulées sous des cieux différents, avec des hôtes et des amis toujours nouveaux, à la stérile et bruyante monotonie de la vie de nos capitales. Il y a certainement plus de peine à mener à Paris ou à Londres la vie d'un homme du monde, qu'à parcourir l'univers en voyageur. Le résultat des deux fatigues est cependant bien différent. Le voyageur meurt, ou revient avec un trésor de pensées et de sagesse. L'homme casanier de nos capitales vieillit sans connaître et sans voir, et meurt aussi entravé, aussi emmaillotté d'idées fausses, que le jour où il est venu au monde. « Je voudrais, disais-je à mon drogman, passer ces montagnes, descendre dans le grand désert de Syrie, aborder quelques-unes de ces grandes tribus inconnues qui le sillonnent, y recevoir l'hospitalité pendant des mois, passer à d'autres, étudier les ressemblances et les différences, les suivre des jardins de Damas aux bords de l'Euphrate, aux confins de la Perse, lever le voile qui couvre encore toute cette civilisation du désert, civilisation d'où la chevalerie nous est née, et où l'on doit la retrouver encore : mais le temps nous presse, nous ne verrons que les bords de cet océan dont personne n'a parcouru l'étendue. Nul voyageur n'a pénétré parmi ces tribus innombrables qui couvrent de leurs tentes et de leurs troupeaux les champs des patriarches : un seul homme l'a tenté, mais il n'est plus, et les notes qu'il avait pu recueillir pendant dix ans de séjour parmi ces peuples ont été perdues avec lui. » Je voulais parler de M. de Lascaris ; or, voici ce que c'est que M. de Lascaris.

Né en Piémont, d'une de ces familles grecques venues en Italie après la conquête de Constantinople, M. de Lascaris était chevalier de Malte lorsque Napoléon vint conquérir cette île. M. de Lascaris, très-jeune alors, le suivit en Égypte, s'attacha à sa fortune, fut fasciné par son génie. Homme de génie lui-même, il comprit, un des premiers, les grandes destinées que la Providence réservait à un jeune homme trempé dans l'esprit de Plutarque, à une époque où tous les caractères étaient usés, brisés ou faussés. Il comprit plus : il comprit que le plus grand œuvre à accomplir par son héros n'était peut-être pas la restauration du pouvoir en Europe, œuvre que la réaction des esprits rendait nécessaire et par conséquent facile; il pressentait que l'Asie offrait un plus vaste champ à l'ambition régénératrice d'un héros; que là il y avait à conquérir, à fonder, à rénover par masses cent fois plus gigantesques; que le despotisme, court en Europe, serait long et éternel en Asie; que le grand homme qui y apporterait l'organisation et l'unité ferait bien plus qu'Alexandre, bien plus que Bonaparte n'a pu faire en France. Il paraît que le jeune guerrier d'Italie, dont l'imagination était lumineuse comme l'Orient, vague comme le désert, grande comme le monde, eut à ce sujet des conversations confidentielles avec M. de Lascaris, et lança un éclair de sa pensée vers cet horizon que lui ouvrait sa destinée. Ce ne fut qu'un éclair, et je m'en afflige; il est évident que Bonaparte était l'homme de l'Orient, et non l'homme de l'Europe.

On rira en lisant ceci : cela paraîtra paradoxal pour tout le monde; mais demandez aux voyageurs. Bonaparte, dont on prétend faire aujourd'hui l'homme de la révolution française et de la liberté, n'a jamais rien compris à la liberté, et a fait avorter la révolution française. L'histoire le prouvera à toutes ses pages, quand elle aura été écrite sous d'autres inspirations que celles qui la dictent aujourd'hui. Il a été la réaction incarnée contre la liberté de l'Europe, réaction glorieuse, bruyante, éclatante, et voilà tout. Que voulez-vous pour preuve? Demandez ce qu'il reste aujourd'hui de Bonaparte dans le monde, si ce n'est une page de bataillon et une page de restauration malhabile? Mais une pierre d'attente, un monument, un avenir, quelque chose qui vive après lui, hormis son nom, rien qu'une immense mémoire. En Asie, il aurait remué des hommes par millions, et, homme d'idées simples lui-même, il aurait, avec deux ou trois idées, élevé une civilisation monumentale qui durerait mille ans après lui. Mais l'erreur fut commise : Napoléon choisit l'Europe; seulement il voulut lancer un explorateur derrière lui, pour reconnaître ce qu'il y aurait à faire, et jalonner la route des Indes, si sa fortune devait la lui ouvrir.

M. de Lascaris fut cet homme. Il partit avec des instructions secrètes de Napoléon, reçut des sommes nécessaires à son entreprise, et vint s'établir à Alep pour s'y perfectionner dans la langue arabe. Homme de mérite, de talent et de lumière, il feignit une sorte de monomanie, pour se faire excuser son séjour en Syrie, et ses relations obstinées avec tous les Arabes du désert qui arrivaient à Alep. Enfin, après quelques années de préparations, il tenta sa grande et périlleuse entreprise. Il parcourut avec des chances diverses, et sous des déguisements successifs, toutes les tribus de la Mésopotamie, de l'Euphrate, et revint à Alep, riche des connaissances qu'il avait acquises, et des relations politiques qu'il avait préparées pour Napoléon. Mais pendant qu'il accomplissait ainsi sa mission, la fortune renversait son héros, et il apprenait sa chute le jour même où il venait lui rapporter le fruit de sept années de périls et de dévouement. Ce coup imprévu du sort fut mortel à M. de Lascaris. Il passa en Égypte, et mourut au Caire, seul, inconnu, abandonné, laissant ses notes pour unique héritage. On dit que le consul anglais recueillit ces précieux documents qui pouvaient devenir si nuisibles à son gouvernement, et qu'ils furent détruits ou envoyés à Londres.

« Quel dommage, disais-je à M. Mazoyer, que le résultat de tant d'années et de tant de patience ait été perdu pour nous! — Il en reste quelque chose, me répondit-il; j'ai été lié à Latakieh, ma patrie, avec un jeune Arabe qui a accompagné M. de Lascaris pendant tous ses voyages. Après sa mort, dénué de ressources, privé même des modiques appointements arriérés que lui avait promis M. de Lascaris, il est rentré pauvre et dépouillé chez sa mère. Il vit maintenant d'un petit emploi chez un négociant de Latakieh. Là je l'ai connu, et il m'a parlé bien souvent d'un recueil de notes qu'il écrivait, à l'instigation de son patron, dans le cours de sa vie nomade. — Pensez-vous, disais-je à M. Mazoyer, que ce jeune homme consentît à me les vendre? — Je le crois, reprit-il; je le crois d'autant plus, qu'il m'a souvent témoigné le désir de les offrir au gouvernement français. Mais rien n'est si facile que de nous en assurer; je vais écrire à Fatalla Sayeghir : c'est le nom du jeune Arabe. Le Tartare d'Ibrahim-Pacha lui remettra ma lettre, et nous aurons la réponse en rentrant à Saïde. — Je vous charge, lui dis-je, de négocier cette affaire, et de lui offrir deux mille piastres de son manuscrit. »

Quelques mois se passèrent avant que la réponse de Fatalla Sayeghir me parvînt. Rentré à Bayruth, j'envoyai mon interprète négocier directement l'acquisition du manuscrit à Latakieh. Les conditions acceptées et la somme payée, M. Mazoyer me rapporta les notes arabes. Pendant le cours de l'hiver, je les fis traduire, avec une peine infinie, en langue franque ; je les traduisis plus tard moi-même en français, et je pus faire jouir ainsi le public du fruit d'un voyage de dix ans, qu'aucun voyageur n'avait encore accompli. L'extrême difficulté de cette triple traduction doit faire excuser le style de ces notes. Le style importe peu dans ces sortes d'ouvrages : les faits et les mœurs sont tout. J'ai la certitude que le premier traducteur n'a rien altéré ; il a supprimé seulement quelques longueurs et des circonstances qui n'étaient que des répétitions oiseuses, et qui n'éclaircissaient rien.

Si ce récit a de l'intérêt pour la science, la géographie et la politique, il me restera un vœu à former : c'est que le gouvernement français, que de si grands périls et de si longs exils étaient destinés à éclairer et à servir, témoigne une tardive reconnaissance au malheureux Fatalla Sayeghir, dont les services pourraient aujourd'hui lui être si utiles. Ce vœu, je le forme aussi pour le jeune et habile interprète M. Mazoyer, qui a traduit ces notes de l'arabe, et qui m'a accompagné pendant mes voyages de dix-huit mois dans la Syrie, lá Galilée et l'Arabie. Versé dans la connaissance de l'arabe, fils d'une mère arabe, neveu d'un des scheiks les plus puissants et les plus vénérés du Liban, ayant parcouru déjà avec moi toutes ces contrées, familier avec les mœurs de toutes ces tribus, homme de courage, d'intelligence et de probité, dévoué de cœur à la France, ce jeune homme pourrait être de la plus grande utilité au gouvernement dans nos échelles de Syrie. La nationalité française ne finit pas à nos frontières : la patrie a des fils aussi sur ces rivages, dont elle connaît à peine le nom. M. Mazoyer est un de ces fils. La France ne devrait pas l'oublier. Nul ne pourrait la mieux servir que lui dans des contrées où notre action civilisatrice, protectrice, politique même, doit inévitablement se faire bientôt sentir.

Voici le récit littéralement traduit de Fatalla Sayeghir.

RÉCIT

DE

FATALLA SAYEGHIR

A l'âge de dix-huit ans, je partis d'Alep, ma patrie, avec un fonds de marchandises, pour aller m'établir en Chypre. Ayant été assez heureux la première année dans mes opérations commerciales, j'y pris goût, et j'eus la fatale idée de faire pour Trieste un chargement des productions de l'île. En peu de temps mes marchandises furent embarquées. Elles consistaient en coton, soie, vins, éponges et coloquintes. Le 18 mars 1809, mon bâtiment, commandé par le capitaine Chefalinati, mit à la voile. Déjà je calculais les avantages de ma spéculation, et me réjouissais à l'idée de gros bénéfices, lorsqu'au milieu de ces douces illusions me parvint la funeste nouvelle de la prise de mon navire par un vaisseau de guerre anglais, qui l'avait conduit à Malte. Par suite d'une telle perte, forcé de déposer mon bilan, je dus me retirer du commerce, et, totalement ruiné, je quittai Chypre pour revenir à Alep.

Quelques jours après mon arrivée, je dînai chez un de mes amis avec plusieurs personnes, parmi lesquelles se trouvait un étranger fort mal vêtu, mais auquel cependant on témoignait beaucoup d'égards. Après le dîner, on fit de la musique; et cet étranger, s'étant assis près de moi, m'adressa la parole avec affabilité. Nous parlâmes musique, et, à la suite d'une conversation assez longue, je me levai pour aller demander son nom. J'appris qu'il s'appelait M. Lascaris de Vintimille, et qu'il était chevalier de Malte. Le lendemain, je le vis arriver chez moi, tenant en main un violon. « Mon cher enfant, me dit-il en entrant, j'ai remar- » qué hier combien vous aimiez la musique; je vous consi- » dère déjà comme mon fils, et vous apporte un violon, que » je vous prie d'accepter. » Je reçus avec grand plaisir cet instrument, que je trouvai fort à mon goût, et lui en fis mes vifs remercîments. Après deux heures d'une conversation très-animée, pendant laquelle il m'avait beaucoup questionné sur toutes sortes de sujets, il se retira. Le lendemain, il revint, et continua ainsi ses visites pendant quinze jours; ensuite il me proposa de lui donner des leçons d'arabe, d'une heure chaque jour, pour lesquelles il m'offrit cent piastres par mois. J'acceptai avec joie cette proposition avantageuse, et, après six mois de leçons, il commençait à parler et à lire l'arabe passablement. Un jour, il me dit : « Mon cher

» fi s (c'est ainsi qu'il m'appelait toujours), je vois que vous
» avez un grand penchant pour le commerce ; et, comme je
» désire rester quelque temps avec vous, je veux vous occu-
» per d'une manière qui vous soit agréable. Voici de l'ar-
» gent : faites achat des marchandises les plus estimées à
» Homs, à Hama et dans leurs environs. Nous irons faire le
» commerce dans ces contrées les moins fréquentées par les
» marchands. Vous verrez que nous y ferons de bonnes
» affaires. » Le désir de rester auprès de M. Lascaris, et la
persuasion que cette entreprise nous serait avantageuse, me
firent accepter sa proposition sans hésiter ; et je commençai
immédiatement, d'après une note qu'il me remit, à faire les
achats, qui consistaient dans les articles suivants : toile
rouge, ambre, coraux en chapelets, mouchoirs de coton,
mouchoirs de soie noire et de couleur, appelés cafiés, chemises noires, épingles, aiguilles, peignes en buis et en os,
bagues, mors de chevaux, bracelets de verre et différentes
verroteries ; nous y joignîmes des produits chimiques, des
épices et des drogues. M. Lascaris paya ces divers articles
onze mille piastres ou deux mille talaris.

Toutes les personnes d'Alep qui me voyaient acheter ces
marchandises me disaient que M. Lascaris était devenu fou.
Effectivement, son costume et ses manières le faisaient
passer pour tel. Il portait une barbe longue et mal peignée,
un turban blanc fort sale, une mauvaise robe ou *gombaz*,
avec une veste par-dessus, une ceinture en cuir, et des souliers rouges, sans bas. Lorsqu'on lui parlait, il feignait de
ne pas comprendre ce qu'on lui disait. Il passait la plus
grande partie de la journée au café, et mangeait au bazar ;
ce que ne font pas dans le pays les gens comme il faut.

Cette manière d'être avait un but, comme je le sus plus tard; mais ceux qui ne le connaissaient pas lui croyaient l'esprit dérangé. Quant à moi, je le trouvais plein de sens et de sagesse, raisonnant bien sur tous les sujets, enfin un homme supérieur.

Un jour, lorsque toutes nos marchandises furent emballées, il me fit appeler pour me demander ce qu'on disait de lui à Alep. « On dit, lui répondis-je, que vous êtes fou. — » Et qu'en pensez-vous vous-même? reprit-il. — Je pense » que vous êtes plein de sens et de savoir. — J'espère avec » le temps vous le prouver, dit-il; mais pour cela il faut » prendre l'engagement de faire tout ce que je vous com» manderai, sans répliquer et sans m'en demander la rai» son; m'obéir en tout et pour tout; enfin je veux de vous » obéissance aveugle : vous n'aurez pas à vous en repentir. » Puis il me dit d'aller lui chercher du mercure : j'obéis sur-le-champ. Il le mélangea avec de la graisse et deux autres drogues que je ne connaissais pas, et m'assura qu'en s'entourant le cou d'un fil de coton enduit de cette préparation, on se mettait à l'abri de la piqûre des insectes. Je me dis à part moi qu'il n'y avait pas assez d'insectes à Homs ou à Hama pour nécessiter un tel préservatif; qu'ainsi cela devait être destiné pour quelque autre pays. Mais comme il venait de m'interdire toute observation, je me contentai de lui demander quel jour nous partirions, afin de pouvoir arrêter les moukres (conducteurs de chameaux). « Je vous donne, me répondit-il, trente jours pour vous » divertir; ma caisse est à votre disposition : amusez» vous bien, dépensez ce que vous voudrez; n'épargnez » rien. »

Ce sont, pensai-je, des adieux à ce monde qu'il veut que je fasse. Mais l'attachement profond que je ressentais déjà pour lui l'emporta sur cette réflexion; je ne songeai plus qu'au présent, et je profitai du temps qu'il m'avait accordé pour me bien divertir. Mais, hélas! le temps du plaisir passe vite! j'en vis bientôt le terme. M. Lascaris me pressa de partir; je me rendis à ses ordres, et, profitant d'une caravane qui allait à Hama, le jeudi 18 février 1810, nous quittâmes Alep, et arrivâmes au village de Saarmîn après douze heures de marche. Le lendemain, nous repartîmes pour Nuarat-el-Nahaman, jolie petite ville à six heures de là. Elle est renommée pour la salubrité de l'air et la bonté de ses eaux : c'est la patrie d'un célèbre poëte arabe, nommé Abou-el-Hella-el-Maari, aveugle de naissance. Il avait appris à écrire par une singulière méthode. Il restait dans un bain de vapeur pendant qu'avec de l'eau glacée on lui traçait sur le dos le dessin des caractères arabes. On cite de lui plusieurs traits d'une étonnante sagacité, entre autres celui-ci : Se trouvant à Bagdad chez un calife, auquel il vantait sans cesse l'air et l'eau de son pays, ce calife fit venir de l'eau de la rivière de Nuarat, et, sans l'en prévenir, lui en fit donner à boire. Le poëte l'ayant reconnue de suite, s'écria : « Voilà bien son eau limpide; mais où est son air si » pur!... »

Pour en revenir à notre caravane, elle s'était arrêtée deux jours à Nuarat pour assister à une foire qui s'y tenait tous les dimanches. Nous allâmes aussi nous y promener, et, dans le tumulte qu'elle occasionnait, je perdis de vue M. Lascaris, qui avait disparu dans la foule. Après l'avoir cherché longtemps, je finis par le découvrir à l'écart, dans

un endroit solitaire, causant avec un Bédouin tout déguenillé. Je lui demandai avec surprise quel plaisir il trouvait dans la conversation d'un tel personnage, ne pouvant ni comprendre son arabe ni lui faire entendre le sien. « Le jour
» où j'ai eu le bonheur de causer avec un Bédouin, me ré-
» pondit-il, est un des jours les plus heureux de ma vie. —
» En ce cas, repris-je, vous serez souvent au comble du
» bonheur, car nous rencontrerons continuellement des gens
» de cette espèce. »

Il me fit acheter des galettes (pain du pays) et du fromage, et les donna à Hettal (c'était le nom du Bédouin), qui prit congé de nous en nous remerciant. Le 22 février, nous partîmes de Nuarat-el-Nahaman, et, après six heures de marche, nous arrivâmes à Khrau-Cheikhria; puis le lendemain, après neuf heures, à Hama, ville considérable où nous n'étions connus de personne, M. Lascaris n'ayant pas apporté de lettres de recommandation. Nous passâmes la première nuit dans un café, et nous louâmes le lendemain une chambre dans le kan de Asshad-Pacha. Comme je commençais à ouvrir les ballots et à préparer des marchandises pour vendre, M. Lascaris me dit d'un air mécontent : « Vous
» n'avez en tête que votre misérable commerce! Si vous sa-
» viez combien il y a de choses plus utiles et plus intéres-
» santes à faire! » D'après cela, je ne songeai plus à rien vendre, et je fus parcourir la ville. Le quatrième jour, M. Lascaris, se promenant seul, pénétra jusqu'au château, qui tombe en ruine. L'ayant examiné attentivement, il eut l'imprudence de commencer à en prendre les dimensions. Quatre vagabonds qui jouaient secrètement sous un arceau brisé se jetèrent sur lui, le menaçant de le dénoncer comme

voulant enlever des trésors et faire pénétrer des *giaours* dans le château.

Avec quelque argent tout se serait terminé sans bruit; mais M. Lascaris se défendit, et, à grand'peine s'échappant de leurs mains, vint me trouver. Il n'avait pas achevé le récit de son aventure, que nous vîmes entrer deux hommes du gouvernement avec un des dénonciateurs. Ils s'emparèrent de la clef de notre chambre et nous emmenèrent, nous chassant devant eux à coups de bâton comme des malfaiteurs. Arrivés en présence du muezzin Selim-Bey, connu par sa cruauté, il nous interrogea ainsi :

« — De quel pays êtes-vous?

» — Mon compagnon est de Chypre, lui répondis-je, et
» moi d'Alep.

» — Quel motif vous amène dans ce pays?

» — Nous y sommes venus pour faire le commerce.

» — Vous mentez. On a vu votre compagnon occupé dans
» le château à prendre des mesures et à lever des plans :
» c'est ou pour s'emparer d'un trésor, ou pour livrer la place
» aux infidèles. » Puis, se tournant du côté des gardes :
« Conduisez, ajouta-t-il, ces deux chiens au cachot. » Il ne nous fut pas permis de dire un mot de plus. Arrivés à la prison, on nous mit de grosses chaînes aux pieds et au cou, et l'on nous enferma dans un cachot obscur, où nous étions si à l'étroit que nous ne pouvions pas même nous retourner.

Au bout de quelque temps, nous obtînmes de la lumière et du pain, moyennant un talari; mais l'immense quantité de puces et autres insectes qui infestaient la prison nous empêchèrent de fermer l'œil toute la nuit. A peine avions-nous le courage de penser au moyen de sortir de cet horrible lieu. A la fin, je me souvins d'un écrivain chrétien, appelé Selim, que je connaissais de réputation pour un homme serviable. Je gagnai un de nos gardiens, qui fut le trouver; et le lendemain Selim arrangea heureusement cette affaire par un cadeau de soixante talaris au muezzin et d'une cinquantaine de piastres à ses gens. A ce prix nous obtînmes notre liberté.

Cet emprisonnement nous valut l'avantage de connaître Selim et plusieurs autres personnes de Hama, avec lesquelles nous passâmes une vingtaine de jours fort agréablement. La ville est charmante; l'Oronte la traverse, et la rend gaie et animée; ses eaux abondantes entretiennent la verdure d'une multitude de jardins. Les habitants sont aimables, vifs et spirituels; ils aiment la poésie et la cultivent avec succès. On leur a donné le surnom d'oiseaux parlants, qui les caractérise fort bien. M. Lascaris ayant demandé à Selim une lettre de recommandation pour un homme de médiocre condition de Homs, qui pût nous servir de guide, il nous écrivit le billet suivant : « A notre frère Yakoub,
» salut. Ceux qui vous remettront la présente sont colpor-
» teurs, et se rendent chez vous pour vendre leurs marchan-
» dises aux environs de Homs : assistez-les autant que vous
» le pourrez; vos peines ne seront pas perdues : ce sont de
» braves gens. Salut. »

M. Lascaris, très-content de cette lettre, voulut profiter

d'une caravane qui se rendait à Homs. Nous partîmes le 25 mars, et arrivâmes après six heures de marche à Rastain, qui n'est plus aujourd'hui que le reste d'une ancienne ville considérable; on n'y voit rien de remarquable. Nous continuâmes notre route, et au bout de six autres heures nous étions à Homs. Yakoub, à qui nous remîmes notre lettre, nous reçut à merveille et nous donna à souper. Son métier était de faire des manteaux noirs, appelés machlas. Après souper, quelques hommes de sa condition vinrent passer la soirée avec lui, prendre le café et fumer. — Un d'eux, serrurier, nommé Naufal, nous parut fort intelligent. Il nous parla des Bédouins, de leur manière de vivre et de faire la guerre; il nous apprit qu'il passait six mois de l'année dans leurs tribus pour arranger leurs armes, et qu'il avait beaucoup d'amis parmi eux.

Quand nous fûmes seuls, M. Lascaris me dit qu'il avait vu ce soir-là tous ses parents; et comme je lui témoignais mon étonnement d'apprendre qu'il y eût des Vintimille à Homs : « La rencontre de Naufal, me répondit-il, est plus » précieuse pour moi que celle de ma famille entière. »

Il était tard lorsqu'on se retira, et le maître de la maison nous donna un matelas et une couverture pour nous deux. M. Lascaris n'avait jamais couché avec personne; mais par bonté il insista pour me faire partager ce lit. Ne voulant pas le contrarier, je me plaçai près de lui; mais sitôt la lumière éteinte, m'enveloppant dans mon machlas, je me glissai à terre, où je passai la nuit. Le lendemain, en nous réveillant, nous nous trouvâmes tous deux couchés de la même manière, M. Lascaris ayant fait comme moi. Il vint m'embras-

ser en me disant : « C'est un très-bon signe que nous ayons
» eu la même idée, mon cher fils; car j'aime à vous donner
» ce titre, qui vous plaît, j'espère, autant qu'à moi. » Je le
remerciai de l'intérêt qu'il me montrait; et nous sortîmes
ensemble pour aller prier Naufal de nous accompagner par
toute la ville, et de nous montrer ce qu'elle renfermait de
curieux, lui promettant de l'indemniser de la perte de sa
journée.

La population de Homs est de huit mille âmes. Le caractère des habitants est en tout opposé à celui des habitants de Hama. La citadelle, située au centre de la ville, tombe en ruine; les remparts, bien conservés, sont baignés par un bras de l'Oronte. L'air y est très-sain.

Nous achetâmes, pour quarante piastres, deux pelisses de peau de mouton semblables à celles des Bédouins : ces pelisses sont imperméables. Afin d'être plus libres, nous louâmes une chambre dans le kan, et priâmes Naufal de rester avec nous, nous engageant à lui donner ce qu'il aurait gagné en travaillant dans sa boutique, environ trois piastres par jour. Il nous fut de la plus grande utilité; M. Lascaris le questionnait adroitement, et tirait de lui tous les renseignements qu'il désirait, se faisant expliquer les mœurs, les usages et le caractère des Bédouins, leur manière de recevoir les étrangers et d'agir avec eux.

Nous restâmes trente jours à Homs, pour attendre l'époque du retour des Bédouins, qui d'ordinaire quittent les environs de cette ville au mois d'octobre, pour se diriger vers le midi, suivant toujours le beau temps, l'eau et les

pâturages; marchant un jour et se reposant cinq ou six.
Les uns vont ainsi jusqu'à Bassora et Bagdad, les autres
jusqu'à Chatt-el-Arab, où se réunissent le Tigre et l'Euphrate. Au mois de février ils commencent à revenir vers
la Syrie, et à la fin d'avril on les aperçoit dans les déserts
de Damas et d'Alep. Naufal nous donna tous ces renseignements, et nous dit que les Bédouins faisaient un grand
usage de pelisses semblables aux nôtres, de machlas noirs,
et surtout de cafiés. En conséquence, M. Lascaris me fit
acheter vingt pelisses, dix machlas et cinquante cafiés,
dont je fis un ballot. Cet achat montait à douze cents
piastres.

Naufal nous ayant proposé d'aller visiter la citadelle, la
crainte d'une aventure comme celle de Hama nous fit
d'abord hésiter ; mais, sur l'assurance qu'il ne nous arriverait rien de fâcheux et qu'il répondrait de nous, nous acceptâmes, et fûmes avec lui voir ces ruines, situées sur le
sommet d'une petite colline, au milieu de la ville. Ce château est mieux conservé que celui de Hama. Nous y remarquâmes une grotte cachée et profonde, de laquelle sortait
une source abondante ; l'eau s'échappe par une ouverture
de quatre pieds sur deux, et se précipite à travers des barreaux de fer par une seconde ouverture. Elle est excellente.
On nous conta une vieille tradition qui dit qu'une fois, le
passage des eaux ayant été bouché, il arriva, six mois
après, une députation de Perse qui, moyennant une forte
somme donnée au gouvernement, obtint que l'ouverture
serait débouchée, et ne pourrait plus être obstruée à l'avenir. Maintenant l'entrée de cette grotte est défendue, et il
est fort difficile d'y pénétrer.

De retour au logis, Scheik-Ibrahim me demanda si je notais ce que nous avions vu, et ce qui nous était arrivé depuis notre départ d'Alep; et, sur ma réponse négative, il me pria de le faire, m'engageant à me rappeler le passé, et à tenir un journal exact de tout, en arabe, afin qu'il pût lui-même le traduire en français. Depuis je pris des notes qu'il transcrivait soigneusement chaque jour, et qu'il me rendait le lendemain. Je les réunis aujourd'hui dans l'espoir qu'elles pourront être utiles un jour, et m'offrir une légère compensation à mes fatigues et à mes peines.

M. Lascaris s'étant décidé à partir pour le village de Saddad, j'engageai Naufal à nous accompagner; et nous étant réunis à quelques autres personnes, nous partîmes de Homs avec toutes nos marchandises. Après cinq heures de marche, nous traversâmes un large ruisseau qui coule du nord au midi vers le château de Hasné. Ce château, commandé par un aga, sert de halte à la caravane de la Mecque venant de Damas. L'eau de ce ruisseau est excellente à boire; nous en remplîmes nos outres. Cette précaution est nécessaire, car on n'en trouve plus pendant les sept heures de marche qui restent à faire pour arriver à Saddad. Nous y étions rendus au coucher du soleil. Naufal nous conduisit chez le scheik Hassaf-Abou-Ibrahim, vénérable vieillard, père de neuf enfants tous mariés, et habitant sous le même toit. Il nous reçut à merveille, et nous présenta toute sa famille, qui, à notre grand étonnement, se composait de soixante-quatre personnes.

Le scheik nous ayant demandé si nous voulions nous établir dans le village ou voyager dans d'autres pays, nous lui

dîmes que nous étions négociants; que la guerre entre les puissances ayant interrompu les communications par mer avec Chypre, nous avions voulu nous établir à Alep; mais qu'ayant trouvé dans cette ville des négociants plus riches que nous, nous nous étions décidés à porter nos marchandises dans des lieux moins fréquentés, espérant par là en tirer un meilleur parti. Lui ayant ensuite appris en quoi consistaient ces marchandises : « Ces objets, nous dit-il, ne ser-
» vent qu'aux Arabes du désert ; je regrette de vous le dire,
» mais il vous sera impossible de pénétrer jusqu'à eux ; et
» quand même vous pourriez y parvenir, vous courriez
» risque de perdre tout, même la vie. Les Bédouins sont
» cupides et pleins d'audace; ils voudront s'emparer de
» vos marchandises, et si vous faites la moindre résistance,
» ils vous massacreront. Vous êtes des gens pleins d'hon--
» neur et de délicatesse, il vous sera impossible de sup-
» porter leur grossièreté : c'est par intérêt pour vous que
» je parle de la sorte, étant moi-même chrétien. Croyez-
» moi, ouvrez ici vos ballots, vendez tout ce que vous
» pourrez, et retournez ensuite à Alep, si vous voulez
» conserver vos biens et votre vie. »

Il finissait à peine de parler, que les principaux habitants du village, réunis chez lui pour nous voir, commencèrent à nous raconter des histoires effrayantes. L'un nous dit qu'un colporteur, venant d'Alep et allant au désert, avait été dépouillé par les Bédouins, et qu'on l'avait vu repasser tout nu. Un autre avait appris qu'un marchand, parti de Damas, avait été tué. Tous étaient d'accord sur l'impossibilité de pénétrer parmi les hordes de Bédouins, et cherchaient, par tous les moyens possibles, à nous dé-

tourner d'une aussi périlleuse entreprise. Je voyais M. Lascaris se troubler; il se tourna vers moi, et me dit en italien, pour n'être pas compris des autres personnes : « *Cosa dite* » *di questa novita, che mi ha molto scoragito*[1]? — Je ne
» crois pas, lui répondis-je, à toutes ces histoires; et quand
» même elles seraient vraies, il faudrait encore persévérer
» dans notre projet. Depuis que vous m'avez annoncé votre
» intention d'aller chez les Bédouins, je n'ai plus espéré
» revoir ma patrie. J'ai regardé les trente jours que vous
» m'avez donnés à Alep pour me divertir, comme mes
» adieux au monde. Je considère notre voyage comme une
» véritable campagne; et celui qui part pour la guerre, s'il
» est bien déterminé, ne doit pas songer au retour. Ne
» perdons pas courage : quoique Assaf soit un scheik [2],
» qu'il ait de l'expérience, qu'il entende bien la culture des
» terres et les intérêts de son village, il ne peut avoir aucune idée de l'importance de nos affaires. Je serais
» donc d'avis de ne plus lui parler de notre voyage dans le
» désert, et de mettre notre confiance en Dieu, le grand
» protecteur de l'univers. » Ces paroles produisirent leur effet sur M. Lascaris, qui me dit en m'embrassant tendrement : « Mon cher fils, je mets tout mon espoir en Dieu et
» en vous; vous êtes un homme de résolution, je le vois; je
» suis on ne peut plus content de la force de votre carac» tère, et j'espère atteindre mon but à l'aide de votre cou» rage et de votre constance. »

A la suite de cet entretien nous fûmes nous coucher,

---

[1] Que dites-vous de cette nouvelle, qui m'a fort découragé?
[2] Vieillard ou ancien.

également satisfaits l'un de l'autre. Nous employâmes la journée du lendemain à parcourir le village, qui contient environ deux cents maisons et cinq églises. Les habitants, chrétiens syriaques, fabriquent des machlas et des abas noirs, et s'occupent fort peu de culture, pour laquelle le manque d'eau se fait vivement sentir. Il n'y a dans ce village qu'une seule petite source, dont la distribution des eaux est réglée par un sablier. Elle suffit à grand'peine à irriguer les jardins, qui dans ce climat, où il pleut rarement, ne sauraient produire sans arrosement. On voit certaines années où il ne tombe pas même une seule goutte d'eau. Les récoltes du territoire suffisent à peine pour six mois, et le reste de l'année les habitants sont obligés d'avoir recours à Homs.

Au milieu du village s'élève une tour antique d'une hauteur prodigieuse : elle date de la fondation d'une colonie dont le scheik nous raconta l'histoire. Ses fondateurs étaient originaires de Tripoli de Syrie, où leur église existe encore. Dans le temps le plus florissant de l'empire d'Orient, les Grecs, pleins d'orgueil et de rapacité, tyrannisaient les peuples conquis. Le gouverneur de Tripoli accablait les habitants d'avanies et de cruautés ; ceux-ci, trop peu nombreux pour résister, et ne pouvant plus supporter ce joug, se concertèrent ensemble au nombre de trois cents familles ; et, ayant secrètement réuni tout ce qu'ils pouvaient emporter de précieux, ils partirent sans bruit au milieu de la nuit, allèrent à Homs, et de là se dirigeaient vers le désert de Bagdad, lorsqu'ils furent atteints par les troupes grecques que le gouverneur de Tripoli avait envoyées à leur poursuite. Ils soutinrent un combat opiniâtre et sanglant; mais, trop inférieurs en nombre pour vaincre, et ne voulant à aucun prix subir de nouveau la tyrannie des Grecs, ils entrèrent en négociation, et obtinrent la permission de bâtir un village sur le lieu même du combat, s'engageant à rester tributaires du gouverneur de Tripoli. Ils s'établirent donc dans cet endroit qui est à l'entrée du désert, et appelèrent leur village Saddad (obstacle). — Voilà tout ce que la chronique syriaque renferme de remarquable.

Les habitants de Saddad sont braves et d'un caractère doux. Nous déballâmes nos marchandises et passâmes quelques jours avec eux, pour prouver que nous étions véritablement des négociants. Les femmes nous achetèrent beaucoup de toile de coton rouge pour faire des chemises. La vente ne nous occupa pas longtemps; mais nous fûmes obligés d'attendre l'arrivée des Bédouins dans les environs. Un jour, ayant appris qu'il existait, à quatre heures du village, une ruine considérable et fort ancienne, dans laquelle se trouvait un bain de vapeur naturelle, cette merveille excita notre curiosité; et M. Lascaris, voulant la visiter, pria le scheik de nous donner une escorte.

Ayant marché quatre heures vers le sud-est, nous arrivâmes au milieu d'une grande ruine, où il n'existe plus qu'une seule chambre habitable. L'architecture en est simple; mais les pierres sont d'une grosseur prodigieuse. En entrant dans cette chambre, nous aperçûmes une ouverture de deux pieds carrés, d'où sortait une épaisse vapeur; nous y jetâmes un mouchoir, et dans une minute et demie, montre en main, il ressortit et vint tomber à nos pieds. Nous recommençâmes cette expérience avec une chemise, qui, au bout de dix minutes, remonta comme le mouchoir. Nos guides nous assurèrent qu'un machlas, qui pèse dix livres, serait rejeté de même.

Nous étant déshabillés et placés autour de l'ouverture, nous fûmes en peu de temps couverts d'une sueur abondante qui ruisselait de nos corps; mais l'odeur de cette vapeur était tellement insupportable, que nous ne pûmes y rester longtemps exposés. Au bout d'une demi-heure, nous remîmes nos habits, éprouvant un bien-être inexprimable. On nous dit que cette vapeur était effectivement très-salutaire, et guérissait un grand nombre de malades. De retour au village, nous soupâmes avec grand appétit, et jamais peut-être je n'ai joui d'un sommeil plus délicieux.

N'ayant plus rien à voir à Saddad ni dans ses environs, nous résolûmes de partir pour le village de Coriétain. Lorsque nous en parlâmes à Naufal, il nous conseilla de changer de noms, les nôtres pouvant nous rendre suspects aux Bédouins et aux Turcs. Dès lors M. Lascaris prit le nom de Scheik-Ibrahim-el-Cabressi (le Cypriote), et me donna celui de Abdalla-el-Kratib, qui signifie l'Écrivain.

Scheik-Hassaf nous ayant donné une lettre de recommandation pour un curé syriaque nommé Moussi, nous prîmes congé de lui et de nos amis de Saddad, et partîmes de bonne heure. Après quatre heures de marche, nous arrivâmes entre les deux villages Mâhin et Haourin, situés à dix minutes l'un de l'autre; ils n'ont chacun qu'une vingtaine de maisons, la plupart ruinées par les Bédouins, qui viennent de temps à autre les ravager. Au centre de ces villages se trouve une tour élevée, de construction ancienne. Les habitants, tous musulmans, parlent le langage des Bédouins et s'habillent comme eux.

Après avoir déjeuné et rempli nos outres, nous continuâmes notre marche pendant six heures, et vers la nuit nous arrivâmes à Coriétain, chez le curé Moussi, qui nous offrit l'hospitalité ; le lendemain, il nous conduisit chez le scheik Selim-el-Dahasse, homme distingué, qui nous fit un excellent accueil. Ayant appris le motif de notre voyage, il nous fit les mêmes observations que le scheik de Saddad. Nous lui répondîmes que, connaissant toute la difficulté de notre entreprise, nous avions renoncé à nous avancer dans le désert, nous contentant d'aller jusqu'à Palmyre vendre nos marchandises. « Cela est encore trop difficile, reprit-il, » car les Bédouins peuvent vous rencontrer et vous piller. » Alors il se mit à son tour à nous raconter mille choses effrayantes des Bédouins. Le curé confirmant ce qu'il disait, nous étions sur le point de nous décourager, lorsqu'on servit le déjeuner ; ce qui détourna un peu la conversation et nous donna le temps de nous remettre.

Le scheik Selim est un de ceux qui sont tenus de fournir aux besoins de la grande caravane de la Mecque, de concert avec le scheik de Palmyre : ses fonctions lui donnent de l'influence parmi les Arabes ; son contingent consiste en deux cents chameaux et des provisions de bouche. De retour chez nous, Scheik-Ibrahim m'adressant la parole : « Eh » bien ! mon cher fils, que pensez-vous de tout ce que vient » de nous dire le scheik Selim? — Il ne faut pas, lui dis-je,

» faire trop attention à ce que racontent les habitants de
» ces villages, toujours en guerre avec les Bédouins. Il ne
» doit pas exister entre eux une très-grande harmonie ;
» notre position est bien différente : nous sommes com-
» merçants ; nous allons vendre nos marchandises aux Bé-
» douins, et non leur faire la guerre : en agissant honnê-
» tement avec eux, je ne vois pas le moindre danger pour
» nous. » Ces paroles rassurèrent un peu Scheik-Ibrahim.

Quelques jours après notre arrivée, pour soutenir notre
rôle de marchands, nous ouvrîmes nos ballots sur la place,
au milieu du village, devant la porte du scheik. Je vendis
aux femmes quelques objets, qui furent payés en argent.
Les gens désœuvrés se rassemblaient autour de nous pour
causer ; un d'eux, fort jeune, nommé Hessaisoun-el-Kratib,
m'aidait à recevoir l'argent, et à faire les comptes avec les
femmes et les enfants ; il montrait un grand zèle pour mes
intérêts. Un jour, me trouvant seul, il me demanda si j'étais
capable de garder un secret.. « Prenez-y garde, ajouta-t-il ;
» c'est un grand secret qu'il ne faut confier à personne, pas
» même à votre compagnon. » Lui en ayant donné ma parole, il me dit qu'à une heure du village il y avait une
grotte dans laquelle se trouvait une grande jarre remplie de
sequins ; il m'en donna un, m'assurant qu'il ne pouvait pas
se servir de cette monnaie, qui n'avait cours qu'à Palmyre.
« Mais vous, continua-t-il, qui allez de ville en ville, vous
» la changerez aisément ; vous avez mille moyens que je n'ai
» pas de profiter de ce trésor. Cependant je ne veux pas
» vous donner le tout ; mais je laisse le partage à votre gé-
» nérosité. Vous viendrez avec moi reconnaître les lieux.
» Nous transporterons cet or peu à peu en secret, et vous

» m'en donnerez ma part en monnaie courante. » Ayant vu et tenu le sequin, je crus à la vérité de ce récit, et lui donnai rendez-vous hors du village pour le jour suivant, de grand matin.

Le lendemain, il était à peine jour, je me lève, et sors de notre logis comme pour me promener. A quelques pas du village, je trouve Hessaisoun qui m'attendait; il était armé d'un fusil, d'un sabre et de pistolets. Je n'avais, moi, pour toute arme, qu'une longue pipe. Nous marchons une heure environ. Avec quelle impatience je cherchais des yeux la grotte! Enfin je l'aperçois; bientôt nous y entrons; je regarde de tous côtés pour découvrir la jarre; ne voyant rien, je me tourne vers Hessaisoun : « Où est donc la jarre? » lui dis-je. Je le vis pâlir. « Puisque nous y voilà, s'écrie-
» t-il, apprends que ta dernière heure est venue! Tu serais
» déjà mort, si je n'avais craint de souiller tes habits de
» sang. Avant de te tuer, je veux te dépouiller. Ainsi désha-
» bille-toi et donne-moi ton sac d'argent. Je sais que tu le
» portes; il doit renfermer plus de douze cents piastres, que
» j'ai comptées moi-même : c'est le prix des marchandises
» que tu as vendues. Tu ne verras plus la lumière du jour.

» —Fais-moi grâce de la vie, lui dis-je d'un air sup-
» pliant; je te donnerai une plus forte somme que celle qui
» est dans le sac, et ne parlerai à personne de ce qui s'est
» passé ici, je te le jure. — Cela ne se peut, répondit-il;
» cette grotte doit te servir de tombeau : je ne saurais te
» laisser la vie sans exposer la mienne. »

Je lui jurai mille fois de me taire; je lui proposai de faire

un billet pour la somme que lui-même fixerait : rien ne put le détourner de son affreux projet. Enfin, ennuyé de ma résistance, il pose ses armes contre le mur, et fond sur moi, comme un lion en fureur, pour me dépouiller avant de me tuer. Je le supplie de nouveau : « Quel mal t'ai-je fait? lui
» dis-je; quelle inimitié existe entre nous? Tu ne sais donc
» pas que le jour du jugement est proche; que Dieu deman-
» dera compte du sang innocent?... » Mais son cœur endurci n'écoute rien... Je pense alors à mon frère, à mes parents, à mes amis; tout ce qui m'est cher est devant mes yeux; désespéré, je ne demande plus protection qu'à mon Créateur. O Dieu protecteur des innocents, aidez-moi, donnez-moi la force de résister ! Mon assassin, impatient, m'arrache mes habits... Quoiqu'il fût beaucoup plus grand que moi, Dieu me donna la force de lutter contre lui pendant près d'une demi-heure : le sang coulait abondamment de mon visage; mes habits tombaient en lambeaux. Le scélérat, me voyant en cet état, prend le parti de m'étrangler, et lève les bras pour me serrer le cou; je profite de l'instant de liberté que me laisse ce mouvement pour lui donner, de mes deux poings, un coup violent dans l'estomac; je le jette à la renverse, et, saisissant ses armes, je m'élance hors de la grotte en courant de toutes mes forces. Je croyais à peine au bonheur d'être sauvé. Quelques moments après, j'entendis courir derrière moi : c'était mon assassin; il m'appelait, en me priant de l'attendre du ton le plus conciliant. Ayant toutes les armes, je ne craignis pas de m'arrêter un instant, et, me retournant vers lui : « Infâme, lui criai-je, que de-
» mandes-tu? Tu as voulu m'assassiner en secret, et c'est
» toi qui vas être étranglé publiquement. » Il me répondit, en l'affirmant par serment, que tout cela n'avait été qu'un

jeu de sa part; qu'il avait voulu éprouver mon courage, et voir comment je me défendrais. « Mais, ajouta-t-il, je vois » que tu n'es encore qu'un enfant, puisque tu prends la » chose ainsi. » Je répondis, en le couchant en joue, que s'il approchait d'un pas de plus, je tirerais sur lui. Me voyant déterminé à le faire, il s'enfuit à travers le désert, et moi je repris le chemin du village. Cependant Scheik-Ibrahim, le curé et Naufal, ne me voyant pas revenir, commençaient à s'inquiéter. Scheik-Ibrahim surtout, sachant bien que je ne m'éloignais pas ordinairement sans le prévenir, après deux heures d'attente fut chez le scheik, qui, partageant ses inquiétudes, mit tout le village à ma recherche. Enfin Naufal, m'apercevant, s'écrie : « Le voilà ! » Selim prétend qu'il se trompe. J'approche; c'est à peine si l'on me reconnaît. M. Lascaris court à moi, et m'embrasse en pleurant. Je reste sans pouvoir parler; on m'emmène chez le curé; on lave mes blessures et on me met au lit; enfin je retrouvai la force de raconter mon aventure. Selim envoya des cavaliers à la poursuite de l'assassin, chargeant son nègre du cordon qui devait l'étrangler; mais ils revinrent sans avoir pu l'atteindre, et nous apprîmes bientôt qu'il était entré au service du pacha de Damas. Depuis lors, il ne reparut plus à Coriétain.

Au bout de quelques jours, mes blessures commencèrent à se fermer, et j'eus promptement repris mes forces. Scheik-Selim, qui avait conçu pour moi une grande amitié, m'apporta un jour une lunette d'approche dérangée, me disant que je serais un habile homme si je parvenais à la raccommoder. Comme il n'y avait qu'un verre à replacer, je l'arrangeai et la lui reportai. Il fut si content de mon adresse, qu'il me donna le surnom de *l'Industrieux*.

Peu de temps après, nous apprîmes que les Bédouins s'approchaient de Palmyre : on en voyait même déjà dans les environs de Coriétain. Un jour, il en vint un nommé Selame-el-Hassan. Nous étions chez Selim quand il y entra ; on apporta le café, et, pendant que nous le prenions, plusieurs habitants vinrent trouver le scheik, et lui dirent : « Il » y a huit ans, dans tel endroit, Hassan a tué notre parent ; » nous venons vous en demander justice. » Hassan, niant le fait, demanda s'ils avaient des témoins. — « Non, répondi- » rent-ils ; mais on vous a vu passer tout seul par tel chemin, » et peu de temps après nous y avons trouvé notre parent » mort. Nous savons qu'il existait un motif de haine entre » vous deux : il est donc sûr que vous êtes son assassin. » Hassan niait toujours. Le scheik, qui par crainte ménageait beaucoup les Bédouins, et qui d'ailleurs n'avait pas de preuves positives contre lui, prit un morceau de bois, et dit : « Par Celui qui créa cette tige, jurez que vous n'avez pas » tué leur parent. » Hassan prend la tige, la regarde pendant quelques minutes, et baisse les yeux ; puis ensuite relevant la tête vers les accusateurs : « Je ne veux pas, dit-il, » avoir deux crimes sur le cœur : l'un d'être le meurtrier de » cet homme, l'autre de jurer faussement devant Dieu. C'est » moi qui ai tué votre parent : que voulez-vous pour le prix » de son sang [1] ? » Le scheik, par ménagement pour les Bédouins, ne voulut pas agir selon toute la rigueur des lois, et,

---

[1] D'après les lois arabes, on rachète le meurtre à prix d'argent ; la somme en est fixée selon les circonstances.

les personnes présentes s'intéressant à la négociation, il fut décidé que Hassan payerait trois cents piastres aux parents du mort. Lorsqu'on vint à lui demander l'argent, il répondit qu'il ne l'avait pas sur lui, mais qu'il l'apporterait sous peu de jours; et comme on faisait difficulté de le laisser partir sans caution : — « Je n'ai pas de gage à donner, ajouta-t-il ; » mais Celui-là répondra pour moi, dont je n'ai pas voulu » profaner le nom par un faux serment. » Il partit, et quatre jours après il revint, amenant quinze moutons qui valaient plus de vingt piastres chacun. Ce trait de bonne foi et de générosité nous charma et nous surprit en même temps. Nous voulûmes lier connaissance avec Hassan : Scheik-Ibrahim l'invita à venir chez lui, lui fit quelques cadeaux, et par ce moyen nous devînmes amis intimes. Il nous apprit qu'il était de la tribu El-Ammour, dont le chef s'appelle Soultan-el-Brrak. Cette tribu, composée de cinq cents tentes, est considérée comme faisant partie du pays, parce qu'elle ne quitte pas les bords de l'Euphrate, alors que les grandes tribus s'éloignent. Elle vend des moutons, des chameaux et du beurre à Damas, Homs, Hama, etc. Les habitants de ces diverses villes ont souvent un intérêt dans ses troupeaux.

Un jour, nous dîmes à Hassan que nous voulions aller à Palmyre vendre les marchandises qui nous restaient, mais qu'on nous avait effrayés sur les dangers de la route. S'étant offert de nous y conduire, il fit devant le scheik un billet par lequel il répondait de tout ce qui pourrait nous arriver de fâcheux. Persuadés que Hassan était un homme d'honneur, nous acceptâmes sa proposition.

Le printemps était venu : le désert, naguère encore si aride, s'était couvert tout à coup d'un tapis de verdure et de fleurs. Ce spectacle enchanteur nous engagea à hâter notre départ. La veille, nous déposâmes chez le curé Moussi une partie de nos marchandises, afin de n'éveiller ni l'attention ni la cupidité. Naufal désirait retourner à Homs. M. Lascaris le congédia avec une bonne récompense; et, le lendemain, ayant arrêté des moukres avec leurs chameaux, nous prîmes congé des habitants de Coriétain, et, nous étant pourvus d'eau et de provisions pour deux jours, nous partîmes de grand matin, emportant une lettre de recommandation du scheik Selim pour le scheik de Palmyre, nommé Ragial-el-Orouk.

Après dix heures de marche, toujours dans la direction du levant, nous nous arrêtâmes près d'une tour carrée, très-élevée et d'une construction massive, appelée Casser-el-Ourdaan, sur le territoire el-Dawh. Cette tour, bâtie au temps de l'empire grec, servait de poste avancé contre les Persans qui venaient enlever les habitants du pays. Ce rempart du désert a conservé son nom jusqu'à nos jours. Après en avoir admiré l'architecture, qui est d'une bonne époque, nous retournâmes passer la nuit dans notre petit kan, où nous eûmes beaucoup à souffrir du froid. Le matin, comme nous nous disposions à partir, M. Lascaris, encore peu habitué aux mouvements des chameaux, monte sans précaution sur le sien, qui, se relevant subitement, le jette à terre. Nous courons à lui, il nous parut avoir le pied démis; mais, comme il ne voulait pas s'arrêter, après l'avoir pansé de notre mieux, nous le replaçâmes sur sa monture et continuâmes notre route.

Nous marchions depuis deux heures, lorsque nous vîmes au loin s'élever une poussière qui venait à nous, et bientôt nous pûmes distinguer six cavaliers armés. A peine Hassan les a-t-il aperçus, qu'il quitte sa pelisse, prend sa lance, et court à leur rencontre en nous criant de ne pas avancer. Arrivé près d'eux, il leur dit que nous sommes des marchands allant à Palmyre, et qu'il s'est engagé, devant le scheik Selim et tout son village, à nous y conduire en sûreté. Mais ces Bédouins de la tribu el-Hassnné, sans vouloir rien écouter, courent sur nous : Hassan s'élance pour leur barrer le chemin ; ils veulent le repousser, et le combat s'engage. Notre défenseur était connu pour sa vaillance ; mais ses adversaires étaient également braves. Il soutint leur choc pendant une demi-heure ; à la fin, blessé d'un coup de lance qui lui traverse la cuisse, il se retire vers nous, et bientôt tombe de cheval. Les Bédouins se mettent en devoir de nous dépouiller ; alors Hassan, étendu par terre, le sang ruisselant de sa blessure, les apostrophe en ces termes :
« Que faites-vous, ô mes amis ? Voulez-vous donc violer les
» droits des Arabes, les usages des Bédouins ? Ceux que
» vous dépouillez sont mes frères, ils ont ma parole, j'ai
» répondu de tout ce qui pourrait leur arriver de fâcheux,
» et vous les dévalisez ? Est-ce agir d'après l'honneur ? —
» Pourquoi vous êtes-vous engagé à conduire des chrétiens
» à Palmyre ? lui répondirent-ils. Ne savez-vous pas que
» Mehanna-el-Fadel (le scheik de leur tribu) est le chef du
» pays ? Comment n'avez-vous pas demandé sa permission ?
» — Je le sais, reprit Hassan ; mais ces marchands étaient
» pressés ; Mehanna est encore loin d'ici. Je leur ai engagé
» ma parole, ils y ont eu foi ; ils connaissent nos lois et nos
» usages, qui ne changent jamais. Est-il digne de vous de

» les violer en dépouillant ces étrangers, et en me laissant
» blessé de la sorte? ».

A ces paroles, les Bédouins, cessant leur violence, répondirent : « Tout ce que tu dis est vrai et juste; et puisqu'il en est ainsi, nous ne prendrons à tes protégés que ce qu'ils voudront nous donner. »

Nous nous hâtâmes de leur offrir deux machlas, une pelisse et cent piastres. Ils s'en contentèrent, et nous laissèrent libres de continuer notre route. Hassan souffrait beaucoup de sa blessure; et comme il ne pouvait remonter à cheval, je lui donnai mon chameau et pris sa jument. Nous marchâmes encore quatre heures; mais le soleil s'étant couché, nous fûmes obligés de faire halte dans un lieu nommé Waddi-el-Nahr (vallon de la rivière). Cependant on n'y trouvait pas une goutte d'eau, et nos outres étaient vides; l'attaque du matin nous avait retardés de trois heures, et il était impossible d'aller plus loin ce soir-là. Malgré tout ce que nous avions à souffrir, nous nous trouvions encore fort heureux d'avoir échappé aux Bédouins et d'avoir conservé nos habits, qui nous garantissaient un peu d'un vent froid qui se faisait vivement sentir. Enfin, partagés entre le plaisir et la souffrance, nous attendîmes avec impatience les premières heures du jour. Scheik-Ibrahim souffrait de son pied, et Hassan de sa blessure.

Le matin, après avoir arrangé nos malades de notre mieux, nous nous remîmes en route, allant toujours vers le levant. A une heure un quart de Palmyre, nous trouvâmes un ruisseau souterrain dont la source est entièrement inconnue, ainsi que l'endroit où il se perd. On voit couler l'eau à travers des ouvertures d'environ cinq pieds, formant des espèces de bassins. Il est inutile de dire avec quel bonheur nous nous désaltérâmes; l'eau nous parut excellente.

A l'entrée d'un passage formé par la jonction de deux montagnes, nous aperçûmes enfin la célèbre Palmyre. Ce défilé forme pendant un quart d'heure une avenue à la ville; le long de la montagne, du côté du midi, règne, pendant près de trois heures, un rempart très-ancien. En face, sur la gauche, on aperçoit un vieux château appelé *Co Lat Ebn Maâen*, bâti par les Turcs avant l'invention de la poudre. Cet Ebn Maâen, gouverneur de Damas du temps des califes, avait élevé ce château pour empêcher les Persans de pénétrer en Syrie. Nous arrivâmes ensuite à une vaste place appelée Waldi-el-Cabour (vallon des tombeaux). Les sépulcres qui la couvrent apparaissent de loin comme des tours. En approchant, nous vîmes qu'on y avait pratiqué des niches pour y déposer les morts. Chaque niche est fermée par une pierre sur laquelle est gravé le portrait de celui qui l'occupe. Les tours ont trois et quatre étages, communiquant entre eux par un escalier en pierre, généralement très-bien conservé. De là nous entrâmes dans une vaste enceinte habitée par les Arabes, qui l'appellent le Château. Elle renferme en effet les ruines du temple du Soleil. Deux cents familles logent dans ces ruines.

Nous nous rendîmes immédiatement chez le scheik Ragial-el-Orouk, vieillard vénérable, qui nous reçut fort bien, et nous fit souper et coucher chez lui. Ce scheik, comme celui de Coriétain, fournit deux cents chameaux à la grande caravane de la Mecque.

Le lendemain, ayant loué une maison, nous déballâmes nos marchandises. Je pansai le pied de Scheik-Ibrahim, qui en effet était démis. Il eut encore longtemps à en souffrir. Hassan trouva à Palmyre des amis qui prirent soin de lui; et, s'étant promptement rétabli, il vint prendre congé de nous, et partit enchanté de la manière dont nous l'avions récompensé.

Obligés de garder la maison pendant plusieurs jours, à cause du pied de Scheik-Ibrahim, nous nous mîmes à vendre quelques objets pour confirmer notre qualité de marchands; mais, dès que M. Lascaris se trouva en état de marcher, nous fûmes visiter le temple dans tous ses détails. D'autres voyageurs en ont décrit les ruines; ainsi nous ne parlerons que de ce qui a pu échapper à leurs observations sur le pays.

Nous vîmes un jour beaucoup de monde sur une place, occupé à entourer de bois une très-belle colonne de granit. On nous dit que c'était pour la brûler, ou plutôt pour la faire tomber, afin d'avoir le plomb qui se trouve dans les jointures. Scheik-Ibrahim, plein d'indignation, m'adressant la parole : « Que diraient les fondateurs de Palmyre, » s'écria-t-il, s'ils voyaient ces barbares détruire ainsi leur » ouvrage? Puisque le hasard m'a conduit ici, je veux m'op- » poser à cet acte de vandalisme. » Et, s'étant informé de ce que pouvait valoir le plomb, il donna les cinquante piastres qu'on lui demandait, et la colonne devint notre propriété. Elle est du plus beau granit rouge, tacheté de bleu et de blanc; elle a soixante-deux pieds de haut sur dix de circonférence. Les Palmyriens, voyant notre goût pour les monuments, nous indiquèrent un endroit curieux, à une heure et demie de marche, où l'on taillait anciennement les colonnes, et où se trouvent encore de très-beaux fragments. Trois Arabes s'engagèrent à nous y conduire, moyennant dix piastres. Le chemin est parsemé de fort belles ruines, décrites, je présume, par d'autres voyageurs. Pour nous, nous remarquâmes une grotte dans laquelle il y avait une très-belle colonne en marbre blanc taillée et ciselée, et une autre seulement terminée à moitié. On dirait que le temps, qui a détruit de si grandes magnificences, a manqué pour placer la première et achever la seconde.

Après avoir parcouru plusieurs grottes et visité les environs, nous revînmes par un autre chemin. Nos guides nous montrèrent une belle source encombrée de grands blocs de pierre : on l'appelle *Aïn Ournus*. Ce nom frappa Scheik-Ibrahim, qui parut y penser pendant le reste du chemin. A la fin, m'ayant appelé : « J'ai découvert, me dit-il, ce que
» veut dire le nom de *Ournus*. *Aurelianus*, empereur ro-
» main, vint assiéger Palmyre et s'emparer de ses richesses:
» c'est lui, je suppose, qui aura fait creuser cette source
» pour les besoins de son armée pendant le siége, et cette
» source aura pris son nom, devenu, par suite du temps,
» *Ournus*. » Selon mes faibles connaissances de l'histoire, la conjecture de Scheik-Ibrahim n'est pas sans fondement.

Les habitants de Palmyre ne s'occupent guère de culture; leur principal travail est l'exploitation d'une saline, dont ils envoient les produits à Damas et à Homs; ils font aussi beaucoup de soude. La plante qui la fournit est très-abondante; on la brûle, et les cendres sont également expédiées dans ces deux villes pour y faire du savon; on les envoie même quelquefois à Tripoli de Syrie, qui a de nombreuses fabriques de savon et qui expédie pour l'Archipel.

On nous parla un jour d'une grotte très-curieuse, mais dont l'entrée obscure et étroite était presque impraticable; elle se trouvait à trois heures de Palmyre. Nous eûmes le désir de la visiter; mais mon aventure avec Hessaisoun était trop récente pour nous risquer sans une bonne escorte; aussi priâmes-nous Scheik-Ragial de nous faire accompagner par des gens sûrs. Étonné de notre projet : « Vous êtes » bien curieux! nous dit-il. Que vous importe cette grotte? » Au lieu de vous occuper de votre commerce, vous passez » votre temps à de pareilles futilités : jamais je n'ai vu de » négociants comme vous. — L'homme gagne toujours à » voir ce que la nature a créé de beau, » lui répondis-je. Le scheik nous ayant donné six hommes bien armés, je me munis d'un peloton de ficelle, d'un grand clou et de torches, et nous partîmes de bon matin.

Après deux heures de marche, nous arrivâmes au pied d'une montagne. Un grand trou qu'on nous montra formait l'entrée de la grotte. Je plantai mon clou dans un endroit caché; j'y attachai la ficelle par un bout, et, tenant le peloton à la main, je suivis Scheik-Ibrahim et les guides, qui portaient les torches. Nous allions tantôt à droite, tantôt à gauche; nous montions, nous descendions; enfin la grotte est tellement grande, qu'on y logerait une armée tout entière. Nous y trouvâmes beaucoup d'alun; la voûte et les parois du rocher étaient couvertes de soufre, et le terrain rempli de nitre. Nous remarquâmes une espèce de terre rougeâtre, très-fine, qui a un goût acide; Scheik-Ibrahim en mit une poignée dans son mouchoir. Cette grotte est parsemée de cavités taillées au ciseau, dont on a anciennement retiré des métaux. Nos guides nous racontèrent que plusieurs personnes, s'étant égarées, y avaient péri. Un homme y était resté deux jours, en cherchant en vain l'issue, lorsqu'il aperçut un loup; il lui jeta des pierres, et, l'ayant mis en fuite, il le suivit, et parvint de la sorte à l'ouverture.

Mon paquet de ficelle se trouvant au bout, nous ne voulûmes pas aller plus loin, et revînmes sur nos pas. L'attrait de la curiosité nous avait sans doute aplani le chemin, car nous eûmes une peine infinie à regagner l'entrée. Dès que nous fûmes sortis, nous nous hâtâmes de déjeuner, et reprîmes ensuite le chemin de Palmyre. Le scheik, qui nous attendait, nous demanda ce que nous avions gagné à notre course. « Nous avons reconnu, lui dis-je, que les anciens » étaient bien plus habiles que nous; car on voit par leurs » travaux qu'ils entraient et sortaient avec facilité, et nous » avons eu bien de la peine à nous en tirer. »

Il se mit à rire, et nous le quittâmes pour aller nous reposer. Le soir, Scheik-Ibrahim trouva le mouchoir dans lequel il avait mis de la terre rouge tout troué et comme pourri; la terre était répandue dans sa poche; il la mit dans une bouteille[1], et me dit que probablement les anciens avaient

---

[1] Cette bouteille a été prise avec le reste en Égypte.

tiré de l'or de cette grotte : les expériences chimiques prouvent que là où se trouve du soufre, il y a souvent de l'or; et d'ailleurs les grands travaux que nous avions remarqués ne pouvaient avoir été faits uniquement pour extraire du soufre et de l'alun, mais évidemment quelque chose de plus précieux. Si les Arabes avaient pu soupçonner que nous allions chercher de l'or, notre vie n'aurait pas été en sûreté.

De jour en jour on parlait de l'approche des Bédouins, et Scheik-Ibrahim s'en réjouissait, comme s'il eût attendu des compatriotes. Il fut enchanté quand je lui annonçai l'arrivée de Mehanna-el-Fadel, grand prince bédouin. Il voulait aussitôt aller au-devant de lui; mais je lui représentai qu'il serait plus prudent d'attendre une occasion favorable de voir quelqu'un de la famille de cet émir (prince). Je savais qu'ordinairement Mehanna envoyait un messager au scheik de Palmyre pour lui annoncer son approche. En effet, je vis un jour arriver onze cavaliers bédouins, et j'appris que parmi eux se trouvait l'émir Nasser, fils aîné de Mehanna; je courus porter cette nouvelle à Scheik-Ibrahim, qui en parut au comble de la joie. A l'instant même, nous nous rendîmes chez Scheik-Ragial pour nous faire présenter à l'émir Nasser, qui nous fit bon accueil. « Ces étrangers, lui dit Ra
» gial, sont d'honnêtes négociants qui ont des marchandises
» à vendre à l'usage des Bédouins; mais on les a tellement
» effrayés, qu'ils n'osent se hasarder dans le désert, à moins
» que vous ne les preniez sous votre protection. »

L'émir Nasser se tournant vers nous : « Espérez, nous
» dit-il, toutes sortes de prospérités; vous serez les bienve-

» nus, et je vous promets qu'il ne vous arrivera rien que la
» pluie qui tombe du ciel. » Nous lui fîmes beaucoup de re
mercîments, en lui disant : « Puisque nous avons eu l'avan-
» tage de faire votre connaissance et que vous voulez bien
» être notre protecteur, il faut que vous nous fassiez l'hon-
» neur de manger avec nous. »

Les Arabes en général, et particulièrement les Bédouins, regardent comme un engagement de fidélité inviolable d'avoir mangé avec quelqu'un, seulement même d'avoir rompu le pain avec lui. Nous l'invitâmes donc avec toute sa suite, ainsi que le scheik; nous fîmes tuer un mouton, et notre dîner, préparé à la manière des Bédouins, leur parut fort bon. Au dessert, nous leur présentâmes des figues, des raisins secs, des amandes et des noix, ce qui fut pour eux un grand régal. Après le café, comme on vint à parler de diverses choses, nous racontâmes à Nasser notre aventure avec les six cavaliers de sa tribu. Il voulait les punir, et nous faire restituer nos effets et notre argent. Nous le conjurâmes instamment de n'en rien faire, l'assurant que nous ne tenions nullement à ce que nous avions donné. Nous aurions voulu partir avec lui le lendemain; mais il nous engagea à attendre l'arrivée de son père, qui était encore avec sa tribu à huit jours de distance. Il promit de nous envoyer une escorte et des chameaux pour porter nos marchandises. Pour plus de sûreté, nous le priâmes de nous faire écrire par son père; il s'y engagea.

Le surlendemain, arriva à Palmyre un Bédouin de la tribu El-Hassnné, nommé Bani; et quelques heures après, sept autres Bédouins de la tribu El-Daffir, qui est en guerre avec celle de Hassnné. Ceux-ci ayant appris qu'il se trouvait en ville un de leurs ennemis, résolurent d'aller l'attendre hors de Palmyre pour le tuer. Bani en ayant été averti vint chez nous, attacha sa jument à notre porte, et nous pria de lui prêter un feutre. Nous en avions plusieurs qui enveloppaient nos marchandises; je lui en apportai un. Il le mit à tremper dans l'eau pendant une demi-heure, et le plaça ensuite tout mouillé sur le dos de sa jument, la selle par-dessus. Deux heures après, elle eut une diarrhée très-forte, qui dura toute la soirée; et le lendemain elle semblait n'avoir rien dans le corps. Alors Bani ôta le feutre, qu'il nous rendit, sangla fortement sa monture et partit.

Sur les quatre heures après midi, nous vîmes revenir sans butin les Bédouins de la tribu El-Daffir. Quelqu'un leur ayant demandé ce qu'ils avaient fait de la jument de Bani ; « Voici, dirent-ils, ce qui nous est arrivé. Ne voulant pas
» faire insulte à Ragial, tributaire de Mehanna, nous nous
» sommes abstenus d'attaquer notre ennemi dans la ville;
» nous aurions pu l'attendre dans un passage étroit; mais
» nous étions sept contre un : nous résolûmes donc de rester
» en rase campagne. L'ayant aperçu, nous avons couru sur
» lui; mais, lorsqu'il s'est trouvé au milieu de nous, il a
» poussé un grand cri, disant à sa cavale : « Jah Hamra,
» c'est aujourd'hui ton tour. » Et il est parti comme un
» éclair. Nous l'avons poursuivi jusqu'à sa tribu sans pou-
» voir l'atteindre, émerveillés de la vitesse de sa jument,
» qui ressemblait à un oiseau fendant l'air avec ses ailes. »
Je leur contai alors l'histoire du feutre, qui les étonna beaucoup, n'ayant, disaient-ils, aucune idée d'une pareille sorcellerie.

Huit jours après, trois hommes vinrent nous trouver de la part de Mehanna-el-Fadel; ils venaient nous chercher avec des chameaux. Ils nous remirent une lettre de lui; en voici le contenu :

« Mehanna-el-Fadel, fils de Melkhgem, à Scheik-Ibrahim
» et à Abdalla-el-Kratib, salut. Que la miséricorde de Dieu
» soit sur vous! A l'arrivée de notre fils Nasser, nous avons
» été instruit du désir que vous avez de nous visiter : soyez
» les bienvenus, vous répandrez la bénédiction sur nous. Ne
» craignez rien, vous avez la protection de Dieu et la pa-
» role de Mehanna; rien ne vous touchera que la pluie du
» ciel.

» *Signé* MEHANNA-EL-FADEL. »

Un cachet était apposé à côté de sa signature. Cette lettre fit le plus grand plaisir à Scheik-Ibrahim : nos préparatifs furent bientôt terminés, et le lendemain de très-bonne heure nous étions hors de Palmyre. Arrivés dans un village qu'arrose une source abondante, nous y remplîmes nos outres pour le reste de la route. Ce village, appelé Arak, est à quatre heures de Palmyre; nous rencontrions un grand nombre de Bédouins qui, après avoir questionné nos conducteurs, continuaient leur chemin. Après dix heures de marche, la plaine nous apparut couverte de quinze cents tentes; c'était la tribu de Mehanna. Nous entrâmes dans la tente de l'émir, qui nous fit servir du café à trois reprises différentes, ce qui, chez les Bédouins, est la plus grande preuve de considération. Après la troisième tasse on servit le souper, qu'il nous fallut manger à la turque; c'était la première fois que cela nous arrivait, aussi nous brûlâmes-nous les doigts. Mehanna s'en étant aperçu :

« Vous n'êtes pas habitués, dit-il, à manger comme nous?

» — Il est vrai, répondit Scheik-Ibrahim; mais pourquoi
» ne vous servez-vous pas de cuillers? il est toujours possible
» d'en avoir, ne fussent-elles qu'en bois.

» — Nous sommes Bédouins, répliqua l'émir, et nous te-
» nons à conserver les usages de nos ancêtres, que du reste
» nous trouvons bien fondés. La main et la bouche sont des
» parties de notre corps que Dieu nous a données pour s'ai-
» der l'une l'autre : pourquoi donc se servir d'une chose
» étrangère, en bois ou en métal, pour arriver à sa bouche,
» lorsque la main est naturellement faite pour cela? »

Nous dûmes approuver ces raisons, et je fis remarquer à Scheik-Ibrahim que Mehanna était le premier philosophe bédouin que nous eussions rencontré.

Le lendemain, l'émir fit tuer un chameau pour nous régaler; et j'appris que c'était une grande marque de considération, les Bédouins mesurant à l'importance de l'étranger l'animal qu'ils tuent pour le recevoir. On commence par un agneau et on finit par un chameau. C'était la première fois que nous mangions de la chair de cet animal; nous la trouvâmes un peu fade.

L'émir Mehanna était un homme de quatre-vingts ans, petit, maigre, sourd, et très-mal vêtu. Sa haute influence parmi les Bédouins vient de son cœur noble et généreux, et de ce qu'il est chef d'une famille très-ancienne et très-nombreuse. Il est chargé par le pacha de Damas d'escorter la grande caravane jusqu'à la Mecque, moyennant vingt-cinq bourses (douze mille cinq cents piastres), qui lui sont payées avant le départ de Damas. Il a trois fils : Nasser, Faress et Hamed, tous trois mariés, et habitant la même tente que leur père. Cette tente a soixante-douze pieds de long et autant de large : elle est de toile de crin noir, et partagée en trois parties. Dans le fond on garde les provisions et on fait la cuisine; les esclaves y couchent. Au centre se tiennent les femmes, et toute la famille s'y retire la nuit. Le devant est destiné aux hommes. C'est là qu'ils reçoivent les étrangers; cette partie s'appelle *rabha*.

Après trois jours consacrés à jouir de l'hospitalité, nous ouvrîmes nos ballots et vendîmes beaucoup d'objets, sur la plupart desquels nous perdions plus ou moins. Je ne comprenais rien à cette manière de faire le commerce, et le dis à Scheik-Ibrahim. — «Avez-vous donc oublié nos condi-
» tions? » me répondit-il. Je m'excusai pour lors et continuai de vendre selon son bon plaisir.

Nous vîmes arriver un jour cinquante cavaliers bien montés qui, s'arrêtant au dehors des tentes, descendirent de cheval et s'assirent par terre. L'émir Nasser, chargé de toutes les affaires depuis que son père était devenu sourd, fut les rejoindre accompagné de son cousin Scheik-Zamel, et eut avec eux une conférence de deux heures, après laquelle les cavaliers remontèrent à cheval et partirent. Scheik-Ibrahim, inquiet de cette entrevue mystérieuse, ne savait comment faire pour en connaître le motif; ayant été déjà plusieurs fois chez les femmes, je pris un chapelet de corail, et j'entrai chez Naura, la femme de Nasser, pour le lui offrir. Elle l'accepta, me fit asseoir près d'elle, et me présenta, à son tour, des dattes et du café. Après toutes ces politesses réciproques, je vins au but de ma visite, et lui dis:

« Excusez, je vous prie, mon importunité, mais les étran-
» gers sont curieux et craintifs; le peu de marchandises que
» nous avons ici est le reste d'une fortune considérable que
» des malheurs nous ont enlevée. L'émir Nasser était tantôt
» en conférence avec des étrangers, cela nous inquiète;
» nous voudrions en savoir le motif.

» — Je veux bien, répondit Naura, satisfaire votre cu-
» riosité, mais à condition que vous me garderez le secret et
» n'aurez l'air de rien savoir. Apprenez que mon mari a
» beaucoup d'ennemis parmi les Bédouins, parce qu'il hu-
» milie leur fierté nationale en vantant la puissance des
» Turcs. L'alliance de Nasser avec les Osmanlis déplaît fort
» aux Bédouins, qui les haïssent. Elle est même contraire
» aux avis de son père et des principaux de la tribu, qui
» murmurent contre lui. Le but de cette assemblée était de
» concerter un plan d'attaque. Demain on doit assaillir la
» tribu El-Daffir, pour prendre ses troupeaux et lui faire
» tout le mal possible; au reste, le Dieu des batailles don-
» nera la victoire à qui lui plaît; mais pour vous, vous n'avez
» rien à craindre. »

Ayant remercié Naura, je me retirai satisfait d'avoir obtenu sa confiance.

Scheik-Ibrahim, instruit par moi de tout ce que m'avait confié la femme de l'émir Nasser, me dit qu'il en éprouvait la plus vive contrariété. « Je cherchais, ajouta-t-il, à me
» lier avec une tribu ennemie des Osmanlis, et je me trouve
» près d'un chef allié à eux. »

Je n'osai pas demander le sens de ces paroles, mais elles me donnèrent beaucoup à penser.

Vers le coucher du soleil, trois cents cavaliers se réunirent hors des tentes, et partirent de grand matin, ayant à leur tête Nasser, Hamed et Zamel. Trois jours après, un messager vint annoncer leur retour. A cette nouvelle, un grand nombre d'hommes et de femmes furent au-devant d'eux; et lorsqu'ils les eurent rejoints, ils poussèrent de part et d'autre de grands cris de joie, et firent ainsi leur entrée triomphale au camp, précédés de cent quatre-vingts chameaux pris à l'ennemi; aussitôt qu'ils eurent mis pied à terre, nous les priâmes de nous raconter leurs exploits.

« Le lendemain de notre départ, nous dit Nasser, étant
» parvenus, vers midi, à l'endroit où les bergers mènent
» paître les troupeaux de Daffir, nous nous sommes jeté sur
» eux, et leur avons enlevé cent quatre-vingts chameaux;
» cependant les bergers, s'étant enfuis, ont donné l'alarme à
» leur tribu. J'ai détaché alors une partie de ma troupe pour
» conduire notre butin au camp par un autre chemin. *Aruad-*
» *Ebd-Motlac* [1] étant venu nous attaquer avec trois cents
» cavaliers, le combat a duré deux heures, et la nuit seule

[1] Chef de la tribu El-Daffir.

» nous a séparés. Chacun alors a regagné sa tribu, l'ennemi
» ayant perdu un de ses hommes, et nous en ayant eu deux
» blessés. »

La tribu de Nasser feignit de partager son triomphe, tandis que, dans le fond, elle était fort mécontente d'une guerre injuste, faite à leurs amis naturels, pour plaire aux Osmanlis. Nasser, visitant tous les chefs pour leur conter son succès, vint chez Scheik-Ibrahim et lui adressa la parole en turc; Scheik-Ibrahim lui ayant fait observer qu'il ne parlait que le grec, sa langue naturelle, et un peu d'arabe, Nasser se mit à lui vanter le langage et les coutumes des Turcs, disantqu'on ne pouvait être vraiment grand, puissant et respecté, qu'autant qu'on était bien avec eux. « Quant
» à moi, ajouta-t-il, je suis plus Osmanli que Bédouin.

» — Ne vous fiez pas aux promesses des Turcs, lui répon-
» dit Scheik-Ibrahim, non plus qu'à leur grandeur et à leur
» magnificence; ils vous favorisent pour vous gagner, et
» vous mettre mal avec vos compatriotes, afin de se servir
» de vous pour combattre les autres tribus. L'intérêt du
» gouvernement turc est de détruire les Bédouins : n'étant
» pas assez fort pour le faire par lui-même, il veut vous ar-
» mer les uns contre les autres. Prenez garde d'avoir à vous
» en repentir un jour. Je vous donne ce conseil comme un
» ami qui prend à vous un vif intérêt, et parce que j'ai
» mangé votre pain et reçu votre hospitalité. »

A quelque temps de là, Nasser reçut de Soliman, pacha d'Acre et de Damas, un message pour l'engager à venir recevoir l'investiture du commandement général de tout le désert, avec le titre de prince des Bédouins. Ce message le combla de joie, et il partit aussitôt pour Damas, accompagné de dix cavaliers.

Mehanna ayant ordonné le départ de la tribu, le lendemain au lever du soleil on ne vit plus une seule tente dressée ; toutes étaient pliées et chargées, et le départ commença dans le plus grand ordre. Une vingtaine de cavaliers choisis formaient l'avant-garde et servaient d'éclaireurs. Venaient ensuite les chameaux sans charges et les troupeaux, puis les hommes armés, montés sur des chevaux ou des chameaux ; après eux, les femmes ; celles des chefs portées dans des haudags [1] placés sur le dos des plus grands chameaux. Ces haudags sont très-riches, soigneusement doublés, couverts en drap écarlate, et ornés de franges de diverses couleurs ; ils contiennent commodément deux femmes, ou une femme et plusieurs enfants. Les femmes et les enfants de rang inférieur suivent immédiatement, assis sur des rouleaux de toile de tente, arrangés en forme de siége, et placés sur des chameaux. Les chameaux de charge, portant les bagages et les provisions, sont derrière. La marche était fermée par l'émir Mehanna, monté sur un dromadaire à cause de son grand âge, et entouré de ses esclaves, du reste des guerriers et de ses serviteurs, qui marchaient à pied. On ne saurait trop admirer la célérité et l'ordre avec lesquels s'effectue ainsi le départ de huit à neuf mille personnes. Scheik-Ibrahim et moi étions à cheval, tantôt en avant, tantôt au centre, ou près de Mehanna.

Nous marchâmes dix heures de suite. Tout à coup, sur

---

[1] Sorte de palanquins.

les trois heures après midi, l'ordre de la marche est interrompu; les Bédouins se dispersent dans une belle plaine, sautent à terre, plantent leurs lances et y attachent leurs chevaux; les femmes courent de tous côtés, et dressent leurs tentes près du cheval de leur mari. Ainsi, comme par enchantement, nous nous trouvâmes dans une espèce de ville aussi grande que Hama. Les femmes sont seules chargées de dresser et de lever les tentes; elles s'en acquittent avec une adresse et une rapidité surprenantes. Elles font généralement tous les travaux du campement; les hommes conduisent les troupeaux, tuent les bestiaux et les dépouillent. Le costume des femmes est très-simple : elles portent une grande chemise bleue, un machlas noir et une espèce d'écharpe de soie noire, qui, après avoir couvert la tête, fait deux fois le tour de la gorge et retombe sur le dos; elles n'ont pas de chaussures, excepté les femmes des scheiks, qui portent des bottines jaunes. Leur ambition et leur luxe est d'avoir un grand nombre de bracelets; elles en portent en verre, en pièces de monnaie, en corail et en ambre.

La plaine où nous nous arrêtâmes s'appelle El-Makram. Elle n'est pas éloignée de Hama. C'est un endroit assez agréable, que de gras pâturages rendent propre au séjour des Bédouins.

Le quatrième jour, nous eûmes une alerte. A quatre heures après midi, les bergers accoururent tout effarés, criant : « Aux armes! l'ennemi s'est emparé de nos trou- » peaux! » C'était la tribu El-Daffir, qui, épiant l'occasion de se venger de Nasser, avait envoyé mille cavaliers enlever les troupeaux à l'entrée de la nuit, pour ne pas laisser le temps de les poursuivre. Les nôtres, s'attendant à quelque attaque, étaient préparés; mais il fallait découvrir de quel côté se trouvait l'ennemi. La nuit étant venue, quatre hommes descendirent de cheval, prirent des directions opposées, et, se couchant à plat ventre, l'oreille contre terre, entendirent ainsi à une très-grande distance les pas des ravisseurs. La nuit se passa sans pouvoir les atteindre; mais, au matin, la troupe de Hassnné[1] les ayant rejoints, leur livra bataille. Après un combat de quatre heures, la moitié des troupeaux fut reprise; mais cinq cents chameaux restèrent au pouvoir de la tribu El-Daffir. Nous eûmes dix hommes tués et plusieurs blessés. Au retour, l'affliction fut générale; les Bédouins murmuraient, accusant le caprice et la vanité de Nasser de tout ce qui était arrivé. Mehanna envoya un courrier à son fils, qui revint aussitôt de Damas accompagné d'un chokredar[2], pour imposer aux Bédouins. A son arrivée, il fit lecture d'une lettre du pacha, conçue en ces termes :

« Nous faisons savoir à tous les émirs et scheiks des tri-
» bus du désert, grandes et petites, campées sur le territoire
» de Damas, que nous avons nommé notre fils, Nasser-Ebn-
» Mehanna, émir de tous les Anazès[3], les invitant à lui
» obéir. — La tribu qui aura le malheur de se montrer re-
» belle sera détruite par nos troupes victorieuses, et, pour
» servir d'exemple, ses troupeaux seront égorgés, et ses
» femmes livrées aux soldats. Telle est notre volonté.

» *Signé* SOLIMAN, pacha de Damas et d'Acre. »

[1] Nom de la tribu de Mehanna.
[2] Grand officier du pacha.
[3] Bédouins du désert.

Nasser, fier de sa nouvelle dignité, affectait de lire cette ordonnance à tout le monde et de parler turc avec l'officier du pacha, ce qui augmentait encore le mécontentement des Bédouins. Un jour que nous étions près de lui, arriva un très-beau jeune homme, nommé Zarrak, chef d'une tribu voisine. Nasser, comme de coutume, parle de sa nomination vante la grandeur du vizir de Damas et du sultan de Constantinople, *qui a le sabre long* [1]. Zarrak, qui l'écoute avec impatience, change de couleur, se lève et lui dit : « Nasser-
» Aga [2], apprends que tous les Bédouins te détestent. Si tu
» te laisses éblouir par la magnificence des Turcs, va à Da-
» mas, orne ton front du caouk [3], sois le ministre du vizir,
» habite son palais : peut-être alors imprimeras-tu la ter-
» reur aux Damasquins ; mais nous, Bédouins, nous ne fai-
» sons pas plus de cas de toi, de ton vizir et de ton sultan,
» que d'un crottin de chameau. Je vais partir pour le terri-
» toire de Bagdad, où je trouverai le drayhy [4] Ebn-Chahllan :
» c'est à lui que je me joindrai. »

Nasser, à son tour, pâlissant de colère, transmit cette conversation en turc au chokredar, qui crut par de violentes menaces épouvanter Zarrak. Mais celui-ci, le regardant fièrement, lui dit : « C'en est assez ; bien que vous ayez Nasser
» à vos côtés, je puis, si je le veux, vous empêcher à jamais
» de manger du pain. » Malgré ces paroles offensantes, tous les trois gardèrent leur sang-froid, et Zarrak, remontant à cheval, dit à Nasser : « *Las salam aleik* (je te salue). Dé-

---

[1] Expression arabe pour désigner une domination étendue.
[2] Titre d'un officier turc ; dénomination dérisoire pour un Bédouin.
[3] Turban de cérémonie des Turcs.
[4] Le destructeur des Turcs.

» ploie toute ta puissance : je t'attends. » Ce défi causa beaucoup de peine à Nasser ; mais il n'en persévéra pas moins dans son alliance avec les Turcs.

Le lendemain, nous apprîmes que Zarrak était parti avec sa tribu pour le pays de Geziri, et de toutes parts on ne parlait que de la réunion des Bédouins contre Nasser. Mehanna, ayant appris ce qui se passait, appela son fils, et lui dit : « Nasser, voulez-vous donc briser les piliers de la » tente de Melkghem? » Et saisissant sa barbe de la main : « Voulez-vous, ajouta-t-il, faire mépriser cette barbe à la » fin de mes jours, et ternir la réputation que j'avais acquise? » Malheureux! tu n'as pas invoqué le nom de Dieu! Ce que » j'avais prévu est arrivé. Toutes les tribus vont se réunir » au drayhy. Que deviendrons-nous alors? Il ne nous restera » plus qu'à nous humilier devant Ebn-Sihoud [1], cet ennemi » de notre race, qui se dit roi des Bédouins : lui seul pourra » nous défendre du terrible drayhy. »

Nasser chercha à tranquilliser son père, assurant que leurs affaires n'étaient pas aussi mauvaises qu'il le craignait. Cependant les Bédouins commençaient à prendre parti pour l'un ou pour l'autre; mais le plus grand nombre donnait raison au père, qui était dans leurs véritables intérêts.

---

[1] Ebn-Sihoud commande à un million et demi de Bédouins Il règne sur le pays de Derhïé, de Médyde, de Samarcand, de Hygias et de Zamos ou Zamen. Ces peuples s'appellent les Wahabis.

Les Bédouins de la Perse, commandés par l'émir Sahid-el-Fehrabi, sont plus d'un million;

Ce qui, ajouté aux tribus de la Bagnad, Bassora, la Mésopotamie et le Horan, dont j'ai fait le dénombrement, donne une population errante de quatre millions d'âmes.

Scheik-Ibrahim était fort mécontent; il désirait pénétrer plus avant dans le désert et s'avancer vers Bagdad, et il se trouvait lié à une tribu qui restait entre Damas et Homs. Il perdait ainsi tout l'été, ne pouvant s'éloigner qu'au péril de sa vie. Il me chargea de prendre des renseignements sur le drayhy, de connaître son caractère, de savoir les lieux où il passe l'été, où il se retire l'hiver, s'il reçoit des étrangers, et mille autres particularités; enfin il me dit avoir le plus grand intérêt à être bien informé.

Ces détails étaient difficiles à obtenir sans éveiller les soupçons. Il fallait trouver quelqu'un qui ne fût pas de la tribu de El-Hassnné. A la fin, je parvins à me lier avec un nommé Abdallah-el-*Chahen* (le poëte). Sachant que les poëtes sont recherchés des grands, je l'interrogeai sur toutes les tribus qu'il avait visitées, et j'appris avec plaisir qu'il avait été longtemps chez le drayhy. J'obtins de lui tous les renseignements que je voulais avoir.

Un jour, Nasser me fit écrire au scheik de Saddad et à celui de Coriétain, pour demander à chacun mille piastres et six machlas. Ce droit s'appelle droit de fraternité; c'est un arrangement entre les scheiks de villages et les plus puissants chefs de Bédouins pour être protégés contre les ravages des autres tribus. Cette taxe est annuelle. Ces malheureux villages se ruinent à contenter deux tyrans : les Bédouins et les Turcs.

Mehanna a une fraternité avec tous les villages des territoires de Damas, Homs et Hama, ce qui lui fait un revenu d'environ cinquante mille piastres; le pacha de Damas lui en paye douze mille cinq cents, et les villes de Homs et de Hama lui fournissent en outre une certaine quantité de blé, de riz, de raisiné, et d'étoffes; les petites tribus lui apportent du beurre et du fromage. Malgré cela, il n'a jamais d'argent et se trouve souvent endetté, n'ayant aucune dépense à faire; ce qui nous étonna beaucoup. Nous apprîmes qu'il donnait tout en cadeau aux guerriers les plus renommés, soit dans sa tribu, soit parmi les autres, et qu'il s'etait fait ainsi un parti puissant. Il est toujours fort mal vêtu, et lorsqu'il reçoit en présent une belle pelisse ou quelque autre objet, il le donne à celui qui est auprès de lui dans le moment. Le proverbe bédouin, qui dit que *la générosité couvre tous les défauts*, se trouve vérifié dans Mehanna, dont la libéralité fait seule tolérer la conduite de Nasser.

Peu après cet événement, nous allâmes camper à trois heures de l'Oronte, sur un terrain appelé El-Zididi, où se trouvent plusieurs petites sources.

Mehanna ayant été un jour avec dix cavaliers faire une visite à l'aga de Homs, revint chargé de cadeaux de tous les négociants, qui le ménagent, parce que chaque fois qu'il n'est pas content d'eux il intercepte le commerce en dépouillant les caravanes. Aussitôt après son retour, Nasser partit pour une expédition contre la tribu Abdelli, commandée par l'émir El-Doghiani, et campée près de Palmyre, sur deux monticules de forme égale, appelés Eldain (le sein). Il revint trois jours après, ramenant cent cinquante chameaux et deux cents moutons. Dans cette affaire, nous avions perdu trois hommes, et la jument de Zamel avait été tuée sous lui; en revanche, nous avions pris trois juments, tué dix hommes et blessé une vingtaine. Malgré ce succès, les Bédouins étaient indignés de la mauvaise foi de Nasser, qui n'avait aucun motif de haine contre cette tribu.

De tout côté on se concertait avec le drayhy pour détruire la tribu El-Hassnné. La nouvelle en étant parvenue à l'émir Douhi, chef de la tribu Would-Ali, parent et ami intime de Mehanna, et qui, ainsi que lui, doit escorter la grande caravane, il arriva un jour, avec trente cavaliers, pour l'avertir du danger qui le menaçait. Les principaux de la tribu allèrent au-devant de Douhi : entré dans la tente, Mehanna commanda le café; l'émir l'arrêta, et lui dit : « Mehanna, ton café est déjà bu! Je ne viens ici ni boire
» ni manger, mais bien t'avertir que la conduite de ton fils
» Nasser-Pacha (titre qu'il lui donnait par dérision) amène
» la destruction sur toi et les tiens. Sache que tous les Bé-
» douins ont formé une ligue, et vont te déclarer une guerre
» à mort. » Mehanna, changeant de couleur, s'écria : « Eh
» bien! es-tu content, Nasser? tu seras le dernier de la race
» de Melkghem! »

Nasser, loin de céder, répondit qu'il tiendrait tête à tous les Bédouins, et qu'il aurait le secours de vingt mille Osmanlis, ainsi que celui de Mola Ismaël, chef de la cavalerie curde qui porte le shako. Douhi passa la nuit à tâcher de détourner Nasser de ses projets, sans pouvoir y parvenir; le lendemain il partit, disant : « Ma conscience me défend
» de m'unir à vous. La parenté et le pain que nous avons
» mangé ensemble me défendent de vous déclarer la guerre;
» adieu! je vous quitte avec chagrin. »

Depuis ce moment, notre temps se passait très-désagréablement chez les Bédouins. Nous ne pouvions les quitter, car tous les hommes qui s'éloignaient des tentes étaient massacrés. C'étaient des attaques continuelles de part et d'autre, — des changements de camp à l'improviste, pour se mettre plus en sûreté, — des alarmes, des représailles, des disputes continuelles entre Mehanna et son fils; mais le vieillard était d'un caractère si bon et si crédule, que Nasser finissait toujours par lui persuader qu'il avait raison.

On nous raconta mille traits de sa simplicité : entre autres qu'étant à Damas pendant que Yousouf-Pacha, grand vizir de la Porte, y tenait sa cour au retour d'Égypte, après le départ des Français, Mehanna s'était présenté chez lui comme tous les grands; mais, peu au fait de l'étiquette turque, il l'avait accosté sans cérémonie, avec le salut des Bédouins, et s'était placé sur le divan à ses côtés, sans attendre d'y être invité. — Yousouf, également peu accoutumé aux usages des Bédouins, et ignorant la dignité de ce petit vieillard mal vêtu, qui le traitait si familièrement, ordonne qu'on l'éloigne de sa présence et qu'on lui coupe la tête. — Les esclaves l'emmènent et se préparent à exécuter cet ordre, lorsque le pacha de Damas s'écrie : « Arrê» tez! qu'allez-vous faire? — S'il tombe un cheveu de sa » tête, vous ne pourrez plus, avec toute votre puissance, » envoyer une caravane à la Mecque. »

Le vizir se hâta de le faire ramener, et le plaça à ses côtés : il lui donna le café, le fit revêtir d'un turban de cachemire, d'une riche gombaz (robe), d'une pelisse d'honneur, et lui présenta mille piastres. — Mehanna, sourd et d'ailleurs n'entendant pas le turc, ne comprenait rien à tout ce ce qui se passait ; — mais ôtant ses beaux vêtements, il les donna à trois de ses esclaves qui l'avaient accompagné. — Le vizir lui fit demander par le drogman s'il n'était pas content de son cadeau. Mehanna répondit : « Dites au vizir » du sultan que nous autres Bédouins nous ne cherchons » pas à nous distinguer par de beaux habits ; je suis mal » mis, mais tous les Bédouins me connaissent, ils savent » que je suis Mehanna-el-Zadel, fils de Melkghem. » — Le pacha, n'osant pas se fâcher, affecta de rire et d'être fort content de lui.

Enfin l'été se passa. Au mois d'octobre, la tribu se trouva aux environs d'Alep. — Mon cœur battait de me trouver si près de mon pays ; mais, selon mes conditions, je ne pouvais même pas donner de mes nouvelles aux miens. — Scheik-Ibrahim désirait aller passer l'hiver à Damas ; aucun Bédouin n'osait nous y conduire. — Nous parvînmes avec bien de la peine à nous faire escorter jusqu'à un village, à deux jours d'Alep, appelé Soghene (*la chaude*). Les habitants hospitaliers se disputèrent le plaisir de nous recevoir. Un bain chaud naturel a donné son nom au village, et la beauté de ses habitants doit probablement être attribuée à la bonté de ses eaux thermales.

De là nous regagnâmes Palmyre avec une peine dont nous fûmes dédommagés par le plaisir de revoir Scheik-Ragial. Ayant passé quinze jours avec nos amis, nous repartîmes pour Coriétain, où Scheik-Selim et le curé Moussi nous accueillirent avec un véritable intérêt ; ils ne se lassaient pas d'écouter nos histoires sur les Bédouins. —

Scheik-Ibrahim répondait à leur sollicitude amicale sur nos affaires, en disant que notre spéculation allait à merveille, que nous avions gagné plus que nous n'espérions; — tandis que véritablement, entre les pertes et les cadeaux, il ne nous restait plus rien que les marchandises en dépôt chez Moussi. — Nous perdîmes trente jours à Coriétain à organiser notre départ. — L'hiver avançait rapidement; personne n'osait nous fournir des montures, convaincus que nous serions dépouillés en route. Enfin Scheik-Ibrahim acheta un mauvais cheval, je louai un âne, et, par un temps détestable et un vent glacial, nous partîmes, accompagnés de quatre hommes à pied, pour le village de Daïr Antïé. Après quelques heures, nous arrivâmes à un défilé entre deux montagnes, appelé Béni-el-Gebelain. A cet endroit, vingt cavaliers bédouins arrivent sur nous. — Nos conducteurs, loin de nous défendre, cachent leurs fusils et restent spectateurs de notre désastre. — Les Bédouins nous dépouillent, et ne nous laissent que la chemise. — Nous implorions la mort, plutôt que d'être ainsi exposés au froid. — A la fin, touchés de notre état, ils eurent la générosité de nous laisser à chacun une *gombaz*. — Quant à nos montures, elles étaient trop chétives pour les tenter. Pouvant à peine marcher, elles auraient inutilement retardé leur course.

Nous reprîmes tristement notre chemin : — la nuit arrivait, le froid devenait excessif, et nous fit bientôt perdre l'usage de la parole. — Nos yeux étaient rouges, notre peau bleue; au bout de quelque temps, je tombe par terre évanoui et gelé. Scheik-Ibrahim faisait des gestes de désespoir aux guides, sans pouvoir leur parler. L'un d'eux, Syriaque chrétien, prit pitié de moi et du chagrin de Scheik-Ibrahim ; il jette par terre le cheval à moitié mort aussi de froid et de fatigue, l'assomme, lui ouvre le ventre, et me met sans connaissance dans sa peau, ne me laissant que la tête dehors. Au bout d'une demi-heure, je repris mes sens, fort étonné de me sentir ressusciter, et de me voir dans une pareille position. La chaleur me rendit l'usage de la parole, et je remerciai vivement Scheik-Ibrahim et le bon Arabe ; je repris courage et retrouvai la force de marcher. Peu après, nos guides s'écrièrent : Voici le village ! et nous entrâmes dans la première maison. — C'était celle d'un maréchal ferrant, nommé Hanna-el-Bitar. — Il prit le plus vif intérêt à notre situation, s'empressa de nous couvrir tous les deux de fiente de chameau, et nous donna goutte à goutte un peu de vin : ayant ainsi ranimé en nous la force et la chaleur, il nous retira de notre fumier, nous mit au lit, et nous fit prendre une bonne soupe. — Après un repos indispensable, nous empruntâmes deux cents piastres pour payer nos guides et nous rendre à Damas, où nous arrivâmes le 23 décembre 1810.

M. Chabassan, médecin français, le seul Franc qu'il y eût à Damas, nous donna l'hospitalité ; mais comme nous devions y passer l'hiver, nous nous établîmes plus tard dans le couvent des lazaristes, qui était abandonné.

Je ne décrirai pas la célèbre ville de Scham [1] (Damas), cette porte de la gloire (Babel Cahbé), comme l'appellent les Turcs. Notre long séjour nous a mis à même de la con-

---

[1] Scham signifie soleil.

naître à fond; mais elle a été trop souvent visitée par les voyageurs pour offrir un intérêt nouveau. Je reviens à mon récit.

Un jour, étant au bazar pour passer le temps à la manière turque, nous voyons accourir à nous un Bédouin, qui nous embrasse en disant : « Ne reconnaissez-vous pas votre
» frère Hettall, qui a mangé votre pain à Nouarat-el-Nah-
» man? » Enchantés de la rencontre, nous le conduisîmes chez nous, et, l'ayant bien régalé et questionné, nous apprîmes que les affaires de la tribu de Hassnné allaient fort mal, et que la ligue contre elle s'étendait chaque jour davantage. Hettall nous raconta qu'il était de la tribu de Would-Ali, dont le chef Douhi nous était connu. Cette tribu passe l'hiver aux territoires de Sarka et de Balka; elle s'étend depuis le pays d'Ismaël jusqu'à la mer Morte, et revient dans le Horan au printemps. Il nous proposa de la visiter, répondant de nous, et nous promettant un bon débit de nos marchandises. Ayant accepté, il fut convenu qu'il viendrait nous chercher au mois de mars.

Scheik-Ibrahim, par l'entremise de M. Chabassan, ayant reçu d'Alep un *group* de mille *talaris*, me fit faire de nouveaux achats. Lorsqu'ils furent terminés, je les lui montrai, en lui demandant s'il nous en resterait quelque chose au retour. — « Mon cher fils, me répondit-il, la connaissance
» de chaque chef de tribu me rapporte plus que toutes mes
» marchandises. Tranquillisez-vous : vous aussi vous aurez
» votre bénéfice en argent et en réputation. Vous serez re-
» nommé dans votre siècle, mais il faut que je connaisse
» toutes les tribus et leurs chefs. Je compte sur vous pour

» parvenir jusqu'au drayhy, et pour cela il faut absolument
» que vous passiez pour un Bédouin. Laissez croître votre
» barbe, habillez-vous comme eux, et imitez leurs usages.
» Ne me demandez aucune explication; souvenez-vous de
» nos conditions. »

«—Que Dieu nous donne la force ! » fut ma seule réponse.

Vingt fois je fus sur le point d'abandonner une entreprise dont je voyais tous les périls sans en connaître le but. Ce silence imposé, cette obéissance aveugle, m'étaient insupportables. Cependant l'envie d'arriver au résultat, et mon attachement pour M. Lascaris, me firent prendre patience.

A l'époque convenue, Hettall étant arrivé avec trois chameaux et deux guides, nous partîmes le 15 mars 1811, un an et vingt-huit jours après notre premier départ d'Alep. La tribu était dans un endroit appelé Misarib, à trois journées de Damas. Il ne nous arriva rien de remarquable en route. Nous passâmes les nuits à la belle étoile; et le troisième jour, au coucher du soleil, nous étions au milieu des tentes de Would-Ali. Le coup d'œil en était charmant. Chaque tente était entourée de chevaux, de chameaux, de chèvres et de moutons, avec la lance du cavalier plantée à l'entrée; celle de l'émir Douhi s'élevait au centre. Il nous reçut avec toutes les prévenances possibles, et nous fit souper avec lui. C'est un homme de tête, également craint et aimé des siens. Il commande à cinq mille tentes, et à trois tribus qui se sont jointes à lui, savoir : celle de Benin-Sakhrer, celle de El-Serhaan et celle de El-Sarddié. Il a divisé ses guerriers en compagnies ou détachements, commandés chacun par un de ses parents.

Les Bédouins aiment beaucoup à entendre des histoires après souper. En voici une que l'émir nous raconta; elle peint bien l'attachement extrême qu'ils ont pour leurs chevaux, et l'amour-propre qu'ils montrent pour leurs qualités.

Un homme de sa tribu, nommé Giabal, avait une jument très-renommée. Hassad-Pacha, alors vizir de Damas, lui en fit faire, à plusieurs reprises, toutes les offres imaginables, mais inutilement; car un Bédouin aime autant son cheval que sa femme. Le pacha fit des menaces, qui n'eurent pas plus de succès. Alors un autre Bédouin, nommé Giafar, étant venu le trouver, lui demanda ce qu'il lui donnerait s'il amenait la jument de Giabal. « Je remplirai d'or
» ton sac à orge, » répondit Hassad, qui regardait comme un affront de n'avoir pas réussi. La chose ayant fait du bruit, Giabal attachait sa jument la nuit par le pied avec un anneau de fer, dont la chaîne passait dans sa tente, étant arrêtée par un piquet fiché en terre, sous le feutre qui servait de lit à lui et à sa femme. A minuit, Giafar pénètre dans la tente en rampant, et, se glissant entre Giabal et sa femme, il pousse doucement tantôt l'un, tantôt l'autre : le mari se croyait poussé par sa femme, la femme par le mari, et chacun faisait place. Alors Giafar, avec un couteau bien affilé, fait un trou au feutre, retire le piquet, détache la jument, monte dessus, et, prenant la lance de Giabal, l'en pique légèrement, en disant : « C'est moi, Giafar, qui ai
» pris ta belle jument; je t'avertis à temps. » Et il part. Gia-

bal s'élance hors de sa tente, appelle des cavaliers, prend la jument de son frère, et ils poursuivirent Giafar pendant quatre heures.

La jument du frère de Giabal était du même sang que la sienne, quoique moins bonne. Devançant tous les autres cavaliers, il était au moment d'atteindre Giafar, lorsqu'il lui crie : « Pince-lui l'oreille droite et donne un coup d'étrier. » Giafar obéit, et part comme la foudre. La poursuite devient alors inutile : trop de distance les sépare. Les autres Bédouins reprochent à Giabal d'être lui-même la cause de la perte de sa jument[1]. « J'aime mieux, répondit-il, la perdre
» que de ternir sa réputation. Voulez-vous que je laisse dire,
» dans la tribu de Would-Ali[2], qu'une autre jument a pu
» dépasser la mienne? Il me reste du moins la satisfaction de
» dire qu'aucune autre n'a pu l'atteindre. »

Il revint chez lui avec cette consolation, et Giafar reçut le prix de son adresse. — Un autre nous raconta que dans la tribu de Neggde il y avait une jument aussi réputée que celle de Giabal, et qu'un Bédouin d'une autre tribu, nommé Daher, était devenu comme fou du désir de l'avoir. Ayant offert en vain pour elle ses chameaux et toutes ses richesses, il s'imagine de se teindre la figure avec du jus d'herbe, de se vêtir de haillons, de se lier le cou et les jambes comme un mendiant estropié, et d'aller ainsi attendre Nabec, le maître de

---

[1] Chaque Bédouin accoutume son cheval à un signe qui lui fait déployer toute sa vitesse. Il ne s'en sert que dans un pressant besoin, et n'en confierait pas le secret, même à son fils.

[2] Tribu dont les chevaux ont le plus de réputation parmi les Bédouins.

la jument, dans un chemin où il sait qu'il doit passer. Quand il est proche, il lui dit d'une voix éteinte : « Je suis un pauvre » étranger ; depuis trois jours je n'ai pu bouger d'ici pour » aller chercher de la nourriture ; je vais mourir ; secourez-» moi : Dieu vous récompensera. »

Le Bédouin lui propose de le prendre sur son cheval et de le conduire chez lui ; mais le fourbe répond : « Je ne puis me » lever, je n'en ai pas la force. » L'autre, plein de compassion, descend, approche sa jument, et le place dessus à grand'peine. Sitôt qu'il se sent en selle, Daher donne un coup d'étrier, et part en disant : « C'est moi, Daher, qui » l'ai prise, et qui l'emmène. »

Le maître de la jument lui crie d'écouter ; sûr de ne pouvoir être poursuivi, il se retourne et s'arrête un peu au loin, car Nabec était armé de sa lance. Celui-ci lui dit : « Tu as » pris ma jument : puisqu'il plaît à Dieu, je te souhaite » prospérité ; mais je te conjure de ne dire à personne com-» ment tu l'as obtenue. — Eh, pourquoi ? répond Daher. — » Parce qu'un autre pourrait être réellement malade, et res-» ter sans secours. Tu serais cause que personne ne ferait » plus un seul acte de charité, dans la crainte d'être dupé » comme moi. »

Frappé de ces mots, Daher réfléchit un moment, descend du cheval, et le rend à son propriétaire en l'embrassant. Celui-ci le conduisit chez lui. Ils restèrent ensemble trois jours, et jurèrent fraternité.

Scheik-Ibrahim était enchanté de ces histoires, qui lu

faisaient connaître le caractère et la générosité des Bédouins. — La tribu de Douhi est plus riche et moins cupide que celle de Mehanna ; leurs chevaux sont plus beaux. Nous restâmes quinze jours parmi eux. Scheik-Ibrahim fit des cadeaux à tous les chefs, et vendit quelques articles aux femmes pour soutenir le rôle de marchands. Ensuite nous partîmes pour visiter les trois scheiks tributaires de l'émir Douhi.

Scheik-Ibrahim me dit qu'il n'avait d'autre intérêt à rester parmi ces Bédouins que celui de me donner l'occasion d'étudier de plus en plus leur langue et leurs coutumes ; — qu'il fallait, pour son *commerce à lui*, arriver chez le drayhy ; — mais que je devais mettre à profit nos courses dans toutes les tribus pour prendre des notes exactes de leurs noms et de leur nombre, qu'il lui était important de connaître.

Leur manière de parler est très-difficile à acquérir, même pour un Arabe, quoique au fond ce soit la même langue. Je m'y appliquai avec succès. J'obtins aussi dans le cours de nos longs voyages le nom de tous les scheiks et le dénombrement de toutes les tribus, chose qui n'avait jamais pu être faite jusqu'alors. J'en donnerai la liste à la fin de mon journal.

Les tribus nombreuses sont souvent obligées de se partager en détachements de deux cents à cinq cents tentes et d'occuper un grand espace, afin de se procurer de l'eau et de nourrir leurs troupeaux. — Nous parcourûmes successivement tous les campements, en attendant que nous puissions trouver le moyen de nous faire conduire chez le drayhy, qui était en guerre avec tous ceux du territoire de Damas. Partout nous fûmes accueillis à merveille.

Dans une tribu, ce fut une pauvre veuve qui nous offrit l'hospitalité. Pour nous régaler, elle tua son dernier mouton et emprunta du pain. Elle nous apprit que son mari et ses trois fils avaient été tués dans la guerre contre les Wahabis, tribu très-redoutée des environs de la Mecque. Lui ayant témoigné notre étonnement de ce qu'elle se dépouillait pour nous, « Celui qui entre chez un vivant, dit-elle, et n'y mange » pas, c'est comme s'il visitait un mort. »

Une tribu déjà considérable avait été récemment formée de la manière suivante : un Bédouin avait une fille très-belle, que le chef de sa tribu lui demanda en mariage; mais il ne voulut pas la lui accorder, et, pour la soustraire à ses poursuites, il partit furtivement avec toute sa famille. Le scheik s'informant de ce qu'il était devenu, quelqu'un lui répondit : « *Serah* (il est parti). — *Serhan* [1], » reprit-il (c'est un loup), voulant dire par là qu'il était sauvage. Depuis ce temps, la tribu dont ce Bédouin était devenu chef a toujours été appelée la tribu El-Scrhaan [2]. Lorsque des Bédouins sont courageux et ont de bons chevaux, ils deviennent puissants en peu de temps.

Enfin, nous apprîmes l'arrivée du drayhy en Mésopotamie. A cette époque, Scheik-Ibrahim fut obligé d'aller à

[1] Jeu de mots difficile à rendre : *serah* signifie parti; *serhan* signifie loup.

[2] La tribu du loup.

Damas chercher des marchandises et de l'argent, qui nous manquaient également. Nous y fîmes connaissance avec un Bédouin d'une tribu du bord de l'Euphrate qui avait gardé la neutralité dans l'affaire de Nasser. Ce Bédouin, nommé Gazens-el-Hamad, était venu à Damas avec quelques autres vendre du beurre. Il s'engagea à charger nos marchandises sur ses chameaux et à nous conduire chez le drayhy; mais, hélas! nous ne devions pas y parvenir aussi facilement. A peine arrivés à Coriétain pour reprendre nos marchandises laissées au dépôt, nous reçûmes la nouvelle d'une victoire de Zaher, fils du drayhy, sur Nasser, victoire qui renouvela la guerre avec une double violence. Toutes les tribus se prononcèrent pour l'un ou l'autre parti. Celle de Salken, tribu de notre conducteur, avait été attaquée par le drayhy, qui poursuivait ses avantages avec acharnement; et personne n'osait plus se hasarder à traverser le désert. M. Lascaris se désespérait; il ne pouvait plus ni manger ni dormir; enfin, exaspéré au dernier point de se voir arrêté dans ses projets, il s'en prit à moi. Alors je lui dis :

« Il est temps de nous expliquer. Si vous voulez arriver
» chez le drayhy pour faire le commerce, l'entreprise est in-
» sensée, et je renonce à vous suivre. Si vous avez d'autres
» projets et des motifs suffisants pour exposer votre vie,
» dites-les-moi, et vous me trouverez prêt à me sacrifier
» pour vous. — Eh bien, mon cher fils, me répondit-il, je
» vais me confier à vous. Sachez que le commerce n'est qu'un
» prétexte pour cacher une mission qui m'a été imposée à
» Paris. Voici mes instructions, divisées en dix points :

» 1° Partir de Paris pour Alep ;

» 2° Y chercher un Arabe dévoué, et me l'attacher
» comme drogman;
» 3° Me perfectionner dans sa langue;
» 4° Aller à Palmyre;
» 5° Pénétrer parmi les Bédouins;
» 6° En connaître tous les chefs, et gagner leur amitié;
» 7° Les réunir tous dans une même cause;
» 8° Les faire rompre tout pacte avec les Osmanlis;
» 9° Reconnaître tout le désert, les haltes, les endroits
» où l'on trouve de l'eau et des pâturages, jusqu'aux fron-
» tières de l'Inde;
» 10° Revenir en Europe sain et sauf, après avoir ac-
» compli ma mission. »

« — Et ensuite?... » lui dis-je. Mais il m'imposa silence.

« — Rappelez-vous nos conditions, ajouta-t-il; je vous
» instruirai de tout à mesure. A présent il vous suffit de
» savoir que je veux arriver chez le drayhy, quand je de-
» vrais y laisser ma vie. »

Cette demi-confidence me troubla, et m'ôta le sommeil à
mon tour : trouver des difficultés presque insurmontables,
et n'entrevoir que très-confusément les avantages de mon
dévouement, c'était un état pénible. Cependant je pris la
résolution d'aller jusqu'au bout, puisque je m'y étais engagé, et je ne songeai qu'aux moyens de réussir. Ma barbe
avait poussé; j'étais parfaitement versé dans le langage des
Bédouins; je résolus de me rendre seul et à pied chez le
drayhy : c'était l'unique chance possible à tenter. Je fus
trouver mon ami Wardi, celui qui m'avait rappelé à la vie
en me mettant dans le ventre du cheval, et lui fis part de

mon projet. Après avoir cherché à m'en détourner, en m'avertissant que les fatigues seraient grandes; que j'aurais dix nuits de marche pénible; qu'il faudrait nous cacher le jour afin de ne pas être vus en route; que nous ne pourrions emporter avec nous que le strict nécessaire; voyant que rien ne pouvait me faire reculer, il prit l'engagement de me servir de guide, moyennant une forte somme d'argent. Ayant communiqué mes projets à M. Lascaris, il me fit aussi des objections amicales sur les dangers auxquels je m'exposais, mais au fond cependant je vis qu'il était content de moi.

Nous arrangeâmes toutes nos affaires : je convins de lui écrire par le retour de mon conducteur dès que je serais parvenu chez le drayhy; et la nuit était déjà fort avancée lorsque nous nous jetâmes sur nos lits. J'étais très-agité, mon sommeil s'en ressentit, et bientôt je réveillai M. Lascaris par mes cris. Je rêvais qu'étant au sommet d'un rocher escarpé, au pied duquel coulait un fleuve rapide que je ne pouvais franchir, je m'étais couché sur le bord du précipice, et que tout à coup un arbre avait pris racine dans ma bouche; qu'il grandissait et étendait ses rameaux comme une tente de verdure; mais en grandissant il me déchirait le gosier, et ses racines pénétraient dans mes entrailles, et je poussais des cris violents. Ayant raconté mon rêve à Scheik-Ibrahim, il en fut émerveillé et me dit qu'il était du meilleur augure, et qu'il m'annonçait un grand résultat après beaucoup de peine.

Il fallait que je me couvrisse de haillons, pour n'exciter ni les soupçons ni la cupidité, si nous venions à être aper-

çus. Voici mon costume de voyage : une chemise de grosse toile de coton rapiécée; une gombaz sale et déchirée; une vieille caffié avec un morceau de toile, jadis blanche, pour turban; un manteau de peau de mouton ayant perdu la moitié de sa laine, et des souliers raccommodés jusqu'à peser quatre livres; plus, une ceinture de cuir de laquelle pendait un couteau de deux paras, un briquet, un peu de tabac dans un vieux sac, et une pipe. Je me noircis les yeux et me barbouillai le visage, puis me présentai ainsi fait à Scheik-Ibrahim pour prendre congé de lui. En me voyant, il se mit à pleurer : « Que le bon Dieu, dit-il, vous donne la
» force d'accomplir votre généreux dessein ! Je devrai tout
» à votre persévérance. Que le Très-Haut vous accom-
» pagne, et vous préserve de tout danger; qu'il aveugle les
» méchants et vous ramène ici, afin que je puisse vous ré-
» compenser ! » Je ne pus m'empêcher de pleurer à mon tour. A la fin pourtant, la conversation étant devenue plus gaie, Scheik-Ibrahim me dit en plaisantant que si j'allais à Paris dans ce costume, je pourrais facilement gagner de l'argent à me faire voir.

Nous soupâmes, et au coucher du soleil je me mis en route. Je marchai sans fatigue jusqu'à minuit; mais alors mes pieds commencèrent à s'enfler : mes souliers me blessaient, je les ôtai. — Les épines de la plante que broutent les chameaux me piquaient, et les cailloux me déchiraient. — Je tâchai de remettre ma chaussure; de souffrance en souffrance, je cheminai jusqu'au matin. — Une petite grotte nous offrit un abri pour le jour. — Je pansai mes pieds, en les enveloppant d'un morceau de mon habit que j'arrachai, et m'endormis sans avoir la force de prendre aucune nourriture. Je dormais encore lorsque mon guide m'appela pour partir : mes pieds étaient très-enflés, le cœur me manquait, je voulais attendre le lendemain. — Mon conducteur me reprochait ma faiblesse : « Je savais bien, disait-il, que vous » étiez trop délicat pour un tel voyage. Je vous l'avais prédit, il est impossible de nous arrêter ici ; si nous y passons » la nuit, il faut encore y passer le lendemain ; nos provisions sont épuisées ; nous mourrons de faim dans le désert. » — Il vaut mieux renoncer à notre entreprise, et retourner » pendant qu'il en est temps encore. »

Ces paroles me ranimèrent, et je partis. Je me traînai avec effort jusqu'à près de minuit ; parvenus à une plaine où le sable s'élevait et s'abaissait en ondulations, nous nous y reposâmes jusqu'au jour. La première clarté nous fit apercevoir au loin deux objets que nous prîmes pour des chameaux. Mon guide effrayé creusa un trou dans le sable pour nous cacher, et nous nous y enterrâmes jusqu'au cou, ne laissant dehors que la tête. Dans cette pénible situation, nous restions les yeux fixés du côté des prétendus chameaux, lorsque vers midi Wardi s'écria : « Dieu soit loué ! ce ne sont » que des autruches. » Nous sortîmes tout joyeux de notre tombeau, et, pour la première fois depuis notre départ, je mangeai un peu de galette, et bus une goutte d'eau. Nous restâmes là jusqu'au soir, attendant l'instant de nous remettre en route. Étant alors au milieu des sables, je souffrais moins en marchant. Nous passâmes le jour suivant à dormir. Nous étions vis-à-vis de Palmyre au midi. Le point du jour après la quatrième nuit nous surprit au bord d'une grande rivière nommée El-Rabib, coulant du midi au nord ; mon guide se déshabilla, me porta sur son dos jusqu'à l'autre rive, et retourna chercher ses habits. Je voulais me reposer, mais il me dit qu'il ne serait pas prudent de s'arrêter dans un endroit où la rivière était guéable. En effet, nous n'avions pas marché une demi-heure, que nous vîmes s'approcher de la rivière cinq cents Bédouins bien montés, allant du levant au couchant. Ayant trouvé un buisson, nous y établîmes notre halte jusqu'au soir. — La sixième nuit nous amena à quelques heures de l'Euphrate ; le septième jour, le plus difficile était fait ; et si je n'avais pas tant souffert de mes pieds, j'aurais pu oublier toutes mes fatigues au spectacle du soleil levant sur les bords de ce fleuve magnifique.

Des Bédouins hospitaliers, dont l'occupation est de faire passer d'un bord à l'autre, nous conduisirent dans leurs tentes, où, pour la première fois, nous fîmes un bon repas. Nous prîmes des informations sur le drayhy. Il était à trois jours de distance entre Zaïte et Zauer. — Il avait fait la paix avec l'émir Fahed, lui imposant un tribut ; on me parla beaucoup de ses talents militaires et de son courage redoutable, de son intention d'anéantir Mehanna et Nasser, et de retourner à son désert près Bassora et Bagdad. Ces détails étaient tels que je pouvais le désirer : je fis tout de suite mon plan. — Je demandai un guide pour me conduire chez le drayhy, disant aux Bédouins que j'étais négociant d'Alep, ayant un correspondant à Bagdad qui me devait vingt-cinq mille piastres, et qui venait de faire faillite ; que la guerre entre les Bédouins ayant intercepté les communications, je n'avais eu d'autres ressources que de m'aventurer seul, et d'aller me mettre sous la protection du drayhy pour arriver à Bagdad, où toute ma fortune était compromise. Ces bons

Bédouins faisaient des vœux pour qu'Allah me fît recouvrer mon argent, et Wardi lui-même prit beaucoup plus d'intérêt à mon voyage, depuis qu'il en comprenait l'importance.

Après avoir passé la journée à examiner la tribu Beney-Tay, nous partîmes le lendemain bien escortés, et rien d'intéressant ne nous arriva pendant notre marche. Nous vîmes le soleil couchant du troisième jour dorer les cinq mille tentes du drayhy, qui couvraient la plaine aussi loin que la vue pouvait s'étendre. Entouré de chameaux, de chevaux, de troupeaux, qui cachaient le sol, jamais je n'avais vu un tel spectacle de puissance et de richesse. — La tente de l'émir au centre avait cent soixante pieds de long. — Il me reçut très-poliment, et, sans aucune question, me proposa de souper avec lui. Après souper, il me dit : « D'où venez-vous? où allez-vous? » Je lui répondis comme je l'avais fait aux Bédouins de l'Euphrate. « Vous êtes le bienvenu, reprit-il alors; votre arrivée répand mille bénédictions. S'il plaît à Dieu, vous réussirez; mais, selon notre coutume, nous ne pouvons parler d'affaire qu'après trois jours accordés à l'hospitalité et au repos. » Je fis les remercîments d'usage et me retirai. — Le lendemain, j'expédiai Wardi à M. Lascaris.

Le drayhy est un homme de cinquante ans, grand et d'une belle figure, ayant une petite barbe toute blanche; son regard est fier; il est considéré comme le plus capable des chefs de tribus; il a deux fils, Zaër et Sahdoun; ils sont mariés, et habitent la même tente que lui. Sa tribu, appelée El-Dualla, est nombreuse et fort riche. — Le hasard me servit merveilleusement dès les premiers jours de mon arrivée. L'émir manquait de secrétaire, j'offris de lui en servir pour le moment, et je gagnai bientôt sa confiance par les avis et les renseignements que j'étais à même de lui donner sur les tribus que j'avais étudiées. Lorsque je lui parlai de mon affaire, il me témoigna tant de regret de me voir partir, que je semblai céder à ses instances. — Il me dit : « Si vous » voulez rester avec moi, vous serez comme mon fils ; tout » ce que vous direz sera fait. » Je profitai de cette confiance pour l'engager à passer l'Euphrate, afin de le rapprocher de Scheik-Ibrahim ; je lui fis envisager tout ce qu'il pouvait y gagner en influence sur les tribus du pays, en les détachant de Nasser ; je lui représentai tous les cadeaux qu'ils seraient forcés de lui offrir, la terreur qu'il inspirerait aux Osmanlis, et le tort qu'il ferait à ses ennemis en consommant leurs pâturages. Comme c'était la première fois qu'il quittait le désert de Bagdad pour venir en Mésopotamie, mes conseils et mes renseignements lui étaient d'une grande ressource, et il les suivit.

Le départ était superbe à voir : les cavaliers en avant, sur des chevaux de race ; les femmes dans des haudags magnifiquement drapés, sur des dromadaires, entourées d'esclaves négresses. Des hommes chargés de provisions parcouraient toute la caravane, criant : « Qui a faim ? » et distribuant du pain, des dattes, etc. Toutes les trois heures on faisait halte pour prendre le café, et, le soir, les tentes étaient dressées comme par enchantement. Nous suivions les bords de l'Euphrate, dont les eaux transparentes brillaient comme de l'argent ; j'étais moi-même monté sur une jument de pur sang, et tout le voyage me parut comme une marche triomphale, qui contrastait fortement avec la route que je venais de faire en parcourant le même pays, dans mes haillons, sur mes pieds ensanglantés.

Le quatrième jour, l'émir Zahed vint au-devant de nous avec mille cavaliers. On se livra à toutes sortes de jeux, à cheval et avec la lance. Le soir, le drayhy, ses fils et moi, nous allâmes souper dans la tribu de Zahed. Le lendemain, nous traversâmes le fleuve, et campâmes sur le territoire de Damas ; marchant toujours au couchant, nous campâmes à El-Jaffet, dans le pachalik d'Alep. Le bruit de l'arrivée du drayhy se répandit promptement, et il reçut de Mehanna une lettre commençant par leurs titres respectifs, et continuant ainsi : « Au nom du Dieu très-miséricordieux, salut.
» Nous avons appris avec surprise que vous avez passé l'Eu-
» phrate, et que vous vous avancez dans les provinces que
» nous ont laissées nos aïeux. Avez-vous donc pensé que
» vous pouviez à vous seul dévorer la pâture de tous les oi-
» seaux? Sachez que nous avons tant de guerriers, que nous
» ne pouvons en connaître le nombre. De plus, nous serons
» soutenus par les vaillants Osmanlis, auxquels rien ne peut
» résister. Nous vous conseillons donc de reprendre le che-
» min par lequel vous êtes venu ; autrement, tous les mal-
» heurs imaginables fondront sur vous, et le repentir vien-
» dra trop tard. »

A la lecture de cette lettre, je vis le drayhy pâlir de colère ; ses yeux lançaient des éclairs. Après un moment de silence : « Kratib, s'écria-t-il d'une voix terrible, prenez la
» plume et écrivez à ce chien ! »

Voici sa réponse : — « J'ai lu vos menaces, qui ne pèsent

» pas un grain de moutarde. J'abaisserai votre drapeau,
» et je purifierai la terre de vous et de votre renégat
» de fils Nasser. Quant au territoire que vous réclamez,
» le sabre en décidera. Bientôt je me mettrai en route
» pour vous exterminer. Hâtez-vous : la guerre est dé-
» clarée. »

Alors m'adressant au drayhy : « J'ai un conseil à vous
» donner, lui dis-je. Vous êtes étranger ici ; vous ignorez
» quel parti prendront les tribus du pays. Mehanna est aimé
» des Bédouins et soutenu par les Turcs ; vous allez com-
» mencer la guerre sans connaître le nombre de vos enne-
» mis. Si vous essuyez une première défaite, tous se ligue-
» ront contre vous, et vous ne serez pas en force pour y
» résister. Envoyez donc un message aux scheiks des envi-
» rons pour leur annoncer que vous venez détruire les tentes
» de Melkghem, afin de les délivrer du joug des Osmanlis,
» et pour leur demander de se prononcer. Connaissant ainsi
» vos forces, vous pourrez les comparer aux siennes et agir
» en conséquence. » — « Vous êtes véritablement un homme
» de bon conseil, » répondit le drayhy enchanté de mon idée.
— « Je ne suis rien par moi-même, repris-je : c'est grâce à
» mon maître si je sais quelque chose ; c'est lui qui est un
» homme plein de sagesse et de connaissances, très-versé
» dans les affaires ; lui seul est capable de vous donner des
» conseils. Vous seriez enchanté de lui, si vous pouviez le
» connaître. Je suis sûr que s'il était avec vous, aidé par sa
» sagacité, vous deviendriez le chef de tous les Bédouins du
» désert. » — « Je vais à l'instant même envoyer cent cava-
» liers le chercher, » s'écria vivement le drayhy. — « Nous
» sommes encore trop loin, lui dis-je. Le voyage serait pé-

nible ; lorsque nous serons plus rapprochés de Coriétain, je vous le ferai connaître. »

Je craignais pour Scheik-Ibrahim quelque mauvaise rencontre ; je voulais être près de lui pour le conduire : je lui étais si attaché, que je me serais sacrifié mille fois pour le servir.

J'en reviens à notre conseil de guerre. Le drayhy me donna une liste pour écrire à dix des principaux scheiks des tribus. Voici sa lettre : — « J'ai quitté mon pays pour venir
» vous délivrer de la tyrannie de Nasser, qui veut devenir
» votre maître par la force des Turcs, changer vos usages,
» détruire vos mœurs et vous assujettir aux Osmanlis. Je
» viens de lui déclarer la guerre ; dites avec franchise si
» vous êtes pour lui ou pour moi, et que ceux qui veulent
» m'aider viennent se réunir à moi. Salut. »

Ayant expédié dix cavaliers avec ces lettres, le lendemain nous nous avançâmes jusqu'au vaste et beau territoire de Chaumeric, à trente heures de Hama. Après une courte absence, nos messagers revinrent. L'émir Douhi et le scheik Sellame répondirent qu'ils garderaient la neutralité ; le scheik Cassem, parent de Mehanna, se déclara pour lui : les sept autres tribus vinrent camper autour de nous, leurs scheiks promettant au drayhy de partager ses périls à la vie, à la mort. Cependant nos espions nous rapportèrent que Mehanna alarmé avait envoyé Nasser à Hama, pour demander des secours aux Osmanlis. Le drayhy rassembla immédiatement son armée, forte de huit mille hommes, six mille cavaliers et mille deloulmardoufs, c'est-à-dire mille chameaux montés chacun de deux hommes armés de fusils à mèche[1], et partit le quatrième jour, laissant ordre au reste des tribus de suivre le lendemain, afin d'exciter davantage le courage des guerriers dans le combat, par le voisinage de leurs femmes et de leurs enfants. Je restai avec ces derniers, et nous allâmes camper à El-Jamié, à une heure de la tribu El-Hassnné, et à deux journées de Hama. Le cinquième jour, le drayhy nous annonça une victoire éclatante, et peu après arrivèrent les chameaux, moutons, chevaux et armes pris sur l'ennemi. Les hommes qui avaient été forcés de rester aux tentes, à la garde du bagage, allèrent au-devant des vainqueurs demander la part du butin à laquelle ils ont droit, et bientôt nous vîmes arriver l'armée triomphante.

Le drayhy avait surpris Mehanna un peu à l'improviste, pendant l'absence de Nasser; mais la tribu de Hassnné ayant poussé son cri de guerre, les combattants se trouvèrent à peu près égaux en nombre; la bataille dura jusqu'au soir. Nos guerriers, après avoir perdu vingt-deux des leurs et en avoir tué le double à l'ennemi, s'étaient emparés de ses troupeaux. Zaher avait pris la jument de Farès, fils de Mehanna, ce qui chez les Bédouins est un glorieux exploit.

Après sa défaite, Mehanna passa l'Oronte au nord de Hama, et fut camper près de Homs, pour attendre les Osmanlis et venir avec eux prendre sa revanche. Effective-

---

[1] Les fusils à platine ne sont pas adoptés par les Bédouins, parce que leurs ancêtres ne s'en servaient pas, et aussi parce qu'ils seraient plus dangereux dans les mains des enfants et des femmes. Ces dernières tressent les mèches, qui sont en coton.

ment, le cinquième jour, les bergers accoururent en criant que les Turcs, conduits par Nasser, s'étaient emparés des troupeaux. Aussitôt tous nos guerriers s'élancent à leur poursuite, les atteignent, et leur livrent un combat plus terrible que le premier, pendant lequel l'ennemi fit filer une grande partie de nos bestiaux vers son camp. L'avantage resta aux nôtres, qui rapportèrent de nombreuses dépouilles des Turcs; mais la perte de nos troupeaux était considérable. Nous n'avions à regretter que douze hommes; parmi eux se trouvait le neveu du drayhy, Ali, dont la mort fut universellement pleurée. Son oncle resta trois jours sans manger, et jura, par le Dieu tout-puissant, qu'il tuerait Nasser, pour venger la mort d'Ali.

Les attaques se multipliaient tous les jours; les Osmanlis de Damas, Homs et Hama, étaient dans la consternation, et cherchaient à rassembler tous les Arabes du Horan et de l'Idumée. Plusieurs tribus du désert arrivèrent, les unes pour renforcer le drayhy, les autres Mehanna. Aucune caravane ne pouvait passer d'une ville à l'autre; les avantages étaient presque tous du côté du drayhy. Un jour, par une coïncidence singulière, Farès nous enleva cent vingt chameaux qui paissaient à deux lieues des tentes, pendant que, dans le même moment, Zaher s'emparait du même nombre des leurs. Cette expédition simultanée fut cause que ni l'un ni l'autre ne fut poursuivi. Ils eurent ainsi le temps d'emmener leur capture. Mais cette guerre de représailles de butin et de troupeaux devait bientôt prendre un caractère de férocité et d'extermination. Le signal en fut donné par les Turcs Dallatis, sous la conduite de Nasser, qui, ayant pris à la tribu Beni-Kraleb deux femmes et une fille, les amenèrent au village de Zany-el-Abedin. Nasser livra les femmes aux soldats, et donna à l'aga la jeune fille, qui, au milieu de la nuit, vengea son honneur en poignardant le Turc dans son sommeil. Son bras vigoureux lui perça le cœur, et le laissa mort sur le coup; puis, sortant sans bruit, elle rejoignit sa tribu, et répandit partout l'indignation et la fureur parmi les Bédouins, qui jurèrent de mourir ou de tuer Nasser, et de remplir des vases de son sang pour les distribuer aux tribus, en mémoire de leur vengeance.

Le châtiment ne se fit pas attendre : un engagement ayant eu lieu entre un parti commandé par Zaher et un autre aux ordres de Nasser, ces deux chefs, qui se détestaient, se recherchent et s'attaquent avec acharnement. Les Bédouins restent spectateurs du combat de ces guerriers, égaux en valeur et en adresse. La lutte fut longue et terrible : enfin leurs chevaux fatigués n'obéissant plus aussi promptement aux ordres de leurs maîtres, Nasser ne peut éviter un coup de la lance de Zaher, qui le traverse d'outre en outre; il tombe; ses cavaliers se sauvent, ou consignent leurs chevaux [1]. Zaher coupa en morceaux le corps de Nasser, le mit dans une couffe [2], l'envoya au camp de Mehanna par un prisonnier à qui il coupa le nez. Il revint ensuite dans sa tribu, exultant dans sa vengeance.

Mehanna fit demander des secours aux Bédouins de Chamma (Samarcande), de Neggde, et aux Wahabis; ils

---

[1] Lorsqu'un Bédouin abandonne volontairement son cheval à son ennemi, celui-ci ne peut plus ni le tuer ni le faire prisonnier.

[2] Espèce de panier en jonc.

promirent de venir à son aide l'année suivante, la saison de
se retirer à l'orient étant alors arrivée. Comme nous étions
campés très-près de Coriétain, je proposai d'aller chercher
Scheik-Ibrahim. Le drayhy accepta mon offre avec empressement, et me donna une forte escorte. Je ne saurais peindre
le bonheur que j'éprouvai à revoir M. Lascaris, qui me reçut avec une grande effusion de cœur : pour moi, je l'embrassai comme un père, car je n'avais jamais connu le mien,
qui mourut pendant ma première enfance. J'employai la
nuit à lui raconter tout ce qui s'était passé. Le lendemain,
prenant congé de nos amis le curé Moussi et le scheik Selim,
j'emmenai Scheik-Ibrahim, qui fut reçu avec la plus haute
distinction par le drayhy. On nous donna un grand festin de
viande de chameau, que je trouvai moins mauvaise que la
première fois, car je commençais à m'accoutumer à la
nourriture des Bédouins. Les chameaux destinés à être tués
sont blancs comme la neige, et ne sont jamais ni chargés ni
fatigués; leur viande est rouge et très-grasse ; les chamelles
ont une grande abondance de lait; les Bédouins en boivent
continuellement, et donnent l'excédant à leurs chevaux de
race, que cette boisson fortifie beaucoup; ils consomment
ainsi tout le lait, parce qu'il n'est point propre à faire du
beurre. Nous avons fini par en trouver le goût préférable à
celui du lait de chèvre et de brebis.

Une attaque des Wahabis, peu de temps après l'arrivée
de M. Lascaris, fit perdre au drayhy quelques cavaliers
et beaucoup de bestiaux. Le lendemain, Scheik-Ibrahim
me prit à part, et me dit : « Je suis content du drayhy, c'est
» bien l'homme qu'il me faut; mais il est indispensable qu'il
» devienne chef général de tous les Bédouins, depuis Alep

» jusqu'aux frontières de l'Inde. C'est à vous de négocier
» cette affaire par amitié, par menace, ou par astuce; il
» faut que cela s'accomplisse. »

« Vous me donnez là une charge bien difficile, répon-
» dis-je. Chaque tribu a son chef; ils sont ennemis de la
» dépendance, jamais ils ne se sont soumis à aucun joug;
» je crains, si vous vous engagez dans une pareille affaire,
» qu'il ne vous arrive quelque chose de fâcheux. »

« Cependant il le faut absolument, reprit M. Lascaris;
» mettez-y toute votre capacité; sans cela nous ne pouvons
» réussir à rien. »

Je réfléchis longtemps aux moyens d'entamer cette affaire. Le premier point était d'inspirer aux Bédouins une haute idée de Scheik-Ibrahim; et pour y parvenir, comme ils sont superstitieux et crédules à l'excès, nous préparâmes des expériences chimiques avec du phosphore et de la poudre fulminante, espérant les étonner. Effectivement, le soir, lorsque les principaux de la tribu furent réunis sous la tente du drayhy, Scheik-Ibrahim, d'un air majestueux et avec une adresse extrême, produisit des effets qui les frappèrent d'admiration et de stupeur. Dès ce moment il fut pour eux un sorcier, un magicien, ou plutôt une divinité.

Le lendemain, le drayhy m'appela, et me dit : « O Ab-
» dallah, votre maître est un dieu! — Non, répondis-je,
» mais bien un prophète; ce que vous avez vu hier n'est
» rien auprès du pouvoir qu'il a acquis par sa profonde
» science; c'est un homme unique dans ce siècle. Sachez

» que, s'il le veut, il est capable de vous faire roi de tous
» les Bédouins : il a reconnu que la comète qui a paru il y
» a quelque temps était votre étoile, qu'elle est supérieure
» à celle des autres Arabes, et que si vous suivez en tout
» point ses conseils, vous deviendrez tout-puissant. » Cette
idée lui plut extrêmement. Le désir du commandement et
de la gloire se réveilla avec violence dans son âme, et, par
une coïncidence vraiment extraordinaire, j'avais deviné
l'objet de sa superstition, car il s'écria : « O Abdallah, je
» vois que vous dites vrai, et que votre maître est réelle-
» ment un prophète! J'ai eu un rêve, il y a quelque temps,
» dans lequel du feu, se détachant d'une comète, tomba
» sur ma tente et la consuma; et je pris ce feu dans ma
» main, et il ne me brûla pas. Cette comète était sûrement
» mon étoile. » Alors, appelant sa femme, il la pria de me
redire elle-même ce rêve, tel qu'il le lui avait raconté à son
réveil. Je profitai de cette circonstance pour établir de plus
en plus la supériorité de Scheik-Ibrahim, et le drayhy me
promit de suivre à l'avenir tous ses conseils. M. Lascaris,
charmé de ces heureux commencements, choisit dans ses
marchandises un très-beau cadeau pour offrir au drayhy,
qui l'accepta avec le plus grand plaisir, et y vit la preuve
que ce n'était pas pour nous enrichir que nous cherchions à
le capter. Depuis ce temps, il nous fit manger avec sa
femme et ses belles-filles dans l'intérieur de la tente, au
lieu de manger dans la rabha avec les étrangers. Sa femme,
issue d'une grande famille et sœur d'un ministre d'Ebn-Sihoud, s'appelle Sugar ; elle jouit d'une haute réputation de
courage et de générosité.

Pendant que nous établissions notre influence sur le

drayhy, un ennemi subalterne travaillait dans l'ombre à renverser nos espérances et à nous perdre. Il y a dans chaque tribu un colporteur qui vend aux femmes des marchandises qu'il apporte de Damas. Celui de la tribu, nommé Absi, occupait, en outre, le poste d'écrivain du drayhy; mais depuis notre arrivée il avait perdu à la fois son emploi et ses pratiques. Il nous prit naturellement dans une grande antipathie, et chercha tous les moyens possibles de nous calomnier auprès des Bédouins, en commençant par les femmes, auxquelles il persuadait que nous étions des magiciens, que nous voulions emmener les filles dans un pays lointain, et jeter un sort aux femmes, afin qu'elles n'eussent plus d'enfants; qu'ainsi la race des Bédouins s'éteindrait, et que des conquérants francs viendraient prendre possession du pays.

Nous vîmes bientôt l'effet de ces calomnies, sans en connaître la cause. Les filles s'enfuyaient à notre approche; les femmes nous disaient des injures; les vieilles allaient jusqu'à nous menacer. Chez ces peuples ignorants et crédules, où les femmes ont un grand crédit, le péril devenait imminent. Enfin, nous découvrîmes les intrigues d'Absi, et en informâmes le drayhy, qui voulait le faire mettre à mort sur-le-champ. Nous eûmes beaucoup de peine à obtenir qu'il serait seulement renvoyé de la tribu; ce qui ne fit au reste que lui donner occasion d'étendre sa malveillance. Un village, appelé Mohadan, jadis tributaire de Mehanna, l'était devenu du drayhy depuis ses victoires. Celui-ci ayant envoyé demander mille piastres qui lui étaient dues, les habitants, à l'instigation d'Absi, maltraitèrent le messager de l'émir, qui en tira vengeance en enlevant leurs troupeaux. Absi persuada aux chefs du village de venir avec lui à Damas déclarer aux capidji-bashi que deux espions francs s'étaient emparés de la confiance du drayhy, lui faisaient commettre toutes sortes d'injustices, et cherchaient à détourner les Bédouins de leur alliance avec les Osmanlis. Cette dénonciation fut portée au vizir Soliman-Pacha, qui envoya un chokredar au drayhy, avec une lettre menaçante, finissant par lui ordonner de livrer les deux infidèles à cet officier, qui les emmènerait enchaînés à Damas, où leur exécution publique servirait d'exemple.

Le drayhy, furieux de l'insolence de cette lettre, dit à l'officier musulman: « Par Celui qui a élevé le ciel et abaissé
» la terre, si vous n'étiez pas sous ma tente, je vous cou-
» perais la tête, et je l'attacherais à la queue de mon che-
» val : c'est ainsi qu'il porterait ma réponse à votre vizir.
» Quant aux étrangers qui sont chez moi, je ne les livrerai
» qu'après ma mort. S'il les veut, qu'il vienne les prendre
» par la force de son sabre. »

Je pris alors le drayhy à part, et l'engageai à se calmer et à me laisser arranger l'affaire.

Je savais que M. Lascaris était lié d'amitié avec Soliman-Pacha, et qu'une lettre de lui aurait un effet auquel le drayhy ne s'attendait guère. M. Lascaris, pendant qu'il était avec l'expédition française en Égypte, avait épousé une Géorgienne, amenée par les femmes de Murad-Bey, qui se trouva être cousine de Soliman-Pacha. Par la suite, il eut occasion d'aller à Acre ; sa femme se fit reconnaître parente du pacha, et fut accablée par lui de politesses et de cadeaux, ainsi que son mari.

M. Lascaris écrivit donc à Soliman-Pacha, lui expliqua que les prétendus espions n'étaient autres que lui et son drogman Fatalla Sayeghir; que tout ce qu'on lui avait dit contre le drayhy était faux : qu'il était au contraire dans les intérêts de la Porte de l'avoir pour ami, et de favoriser sa prépondérance sur les autres Bédouins. Le chokredar, qui tremblait pour sa vie, s'empressa de porter cette lettre à Damas, et revint le surlendemain avec une réponse des plus aimables pour Scheik-Ibrahim, et une seconde lettre pour le drayhy, dont voici le contenu. Après beaucoup de compliments à l'émir, il ajoute : « Nous avons reçu
» une lettre de notre cher ami le grand Scheik-Ibrahim,
» qui détruit les calomnies de vos ennemis, et rend les
» meilleurs témoignages de vous. Votre sagacité nous est
» connue. Dorénavant nous vous autorisons à commander
» dans le désert selon votre bon plaisir. Vous ne recevrez
» de notre part que des procédés d'ami; nous vous considé-
» rons au-dessus de vos égaux; nous vous recommandons
» nos bien-aimés Scheik-Ibrahim et Abdallah. Leur conten-
» tement augmentera notre amitié pour vous, etc. » Le drayhy et les autres chefs furent très-étonnés du grand crédit de Scheik-Ibrahim sur le pacha. Cet incident porta leur considération pour nous à son comble.

J'ai dit que le drayhy était surnommé l'Exterminateur des Turcs. Je m'informai de l'origine de cette épithète. Voici ce que me raconta le scheik Abdallah : Un jour le drayhy, ayant dépouillé une caravane qui se rendait de Damas à

Bagdad, le pacha, extrêmement irrité, mais n'osant se venger ouvertement, dissimula, selon la coutume des Turcs, et l'engagea, par de belles promesses, à venir à Bagdad. Le drayhy, franc et loyal, ne soupçonnant aucune trahison, se rendit chez le pacha avec sa suite ordinaire de dix hommes. Il fut aussitôt saisi, garrotté, jeté dans un cachot, et menacé d'avoir la tête coupée, s'il ne fournissait, pour sa rançon, mille bourses (un million de piastres), cinq mille moutons, vingt juments de race kahillan, et vingt dromadaires. Le drayhy, laissant son fils en otage, fut chercher cette énorme rançon; et dès qu'il l'eut acquittée, il ne songea plus qu'à la vengeance. Les caravanes et les villages furent dépouillés; bientôt Bagdad se trouva bloquée. Le pacha ayant rassemblé ses troupes, sortit avec une armée de trente mille hommes et quelques pièces de canon contre le drayhy, qui, fortifié par des tribus alliées, livra bataille pendant trois jours; mais voyant qu'il ne remportait aucun avantage décisif, il se retira de nuit en silence, tourna l'armée du pacha, se plaçant entre elle et Bagdad, et l'attaqua à l'improviste sur plusieurs points à la fois. Surpris de nuit du côté qui se trouvait sans défense, la terreur s'empara du camp ennemi. La confusion se mit parmi les Osmanlis, et le drayhy en fit un grand carnage, restant maître d'un immense butin; le pacha s'échappa seul avec peine, et s'enferma dans Bagdad. Cet exploit avait répandu un tel effroi parmi les habitants, que, même après la paix, son nom était demeuré un objet de crainte pour eux. Abdallah me raconta plusieurs autres faits d'armes du drayhy, et finit en me disant qu'il aimait la grandeur et les difficultés, et voulait soumettre tout à sa domination.

C'était précisément les qualités que Scheik-Ibrahim désirait trouver en lui ; aussi s'attacha-t-il de plus en plus au projet de le rendre maître de toutes les autres tribus : mais les Wahabis étaient pour lui de redoutables adversaires qui, peu de jours après, tombèrent sur la tribu de Would-Ali, et se répandirent dans le désert, pour forcer tous les Bédouins à leur payer une dîme. Effrayées à l'approche de ces terribles guerriers, plusieurs tribus allaient se soumettre, lorsque Scheik-Ibrahim persuada au drayhy qu'il était de son honneur d'entrer en campagne, et de se déclarer protecteur des opprimés. Encouragées par son exemple, toutes les tribus, à l'exception de celles d'El-Hassnné et de Beni-Sakhrer, firent alliance avec lui pour résister aux Wahabis. Le drayhy partit avec une armée de cinq mille cavaliers et deux mille mardouffs; nous fûmes dix jours sans recevoir de ses nouvelles. L'inquiétude était extrême au camp; des symptômes d'un grand mécontentement se manifestaient contre nous, les instigateurs de cette expédition périlleuse; notre vie aurait probablement payé notre témérité, si l'incertitude avait duré plus longtemps.

Le onzième jour, à midi, un cavalier arriva, bride abattue, faisant flotter sa ceinture blanche au bout de sa lance, et criant : « Dieu nous a donné la victoire! » Scheik-Ibrahim fit de magnifiques présents au porteur de cette heureuse nouvelle, qui venait tirer la tribu d'une inquiétude mortelle, et nous d'un grand péril; toutes les femmes imitèrent son exemple, selon leurs moyens, et se livrèrent ensuite à des réjouissances bruyantes. Des cris et des danses autour des feux allumés partout, des bestiaux égorgés, des préparatifs de festins pour recevoir les guerriers, mettaient le camp dans une agitation inaccoutumée ; et tout ce mouvement, exécuté par des femmes, offrait le coup d'œil le plus original possible. Le soir, tout le monde fut au-devant de l'armée victorieuse, dont on apercevait la poussière s'élever dans le lointain. Dès que nous la rencontrâmes, les cris redoublèrent ; les joutes, les courses, les coups de fusil, et toutes les démonstrations possibles de joie, l'accompagnèrent jusqu'au camp. Après le repas, nous nous fîmes raconter les exploits des guerriers.

Les Wahabis étaient commandés par un nègre redoutable, à moitié sauvage, nommé Abou-Nocta. Lorsqu'il se prépare au combat, il ôte son turban et ses bottes, relève ses manches jusqu'aux épaules, et laisse presque nu son corps, qui est d'une grosseur et d'une force musculaire prodigieuses ; sa tête et son menton, n'ayant jamais été rasés, sont ombragés d'une chevelure et d'une barbe noire qui couvrent sa figure tout entière ; ses yeux étincellent sous ce voile, et tout son corps velu rend son aspect aussi étrange qu'effrayant. Le drayhy le rejoignit à trois jours de Palmyre, sur un terrain appelé Heroualma. Le combat fut acharné de part et d'autre, mais se termina par la fuite d'Abou-Nocta, qui partit pour le pays de Neggde, laissant deux cents des siens sur le champ de bataille. Le drayhy fit chercher parmi les dépouilles tout ce qui avait été pris à la tribu Would-Ali, et le lui rendit. Cet acte de générosité lui concilia de plus en plus l'affection des autres tribus, qui venaient, chaque jour, se mettre sous sa protection. Le bruit de cette victoire remportée sur le terrible Abou-Nocta se répandit partout. Soliman-Pacha envoya au vainqueur une pelisse d'honneur et un sabre magnifique, en le faisant complimenter. Peu après cet exploit, nous allâmes camper sur la frontière du Horan.

Un jour, un mollah turc arriva chez le drayhy; il avait le large turban vert qui distingue les descendants de Mahomet, une robe blanche traînante, les yeux noircis et la barbe énorme; il portait plusieurs rangs de chapelets, et l'encrier en forme de poignard à la ceinture. Il était monté sur un âne, et tenait une flèche à la main; il venait pour fanatiser les Bédouins, et exciter en eux un grand zèle pour la religion du Prophète, afin de les attacher à la cause des Turcs.

Les Bédouins ont une grande simplicité de caractère, et une franchise remarquable. Ils ne comprennent rien aux différences de religion, et ne souffrent pas volontiers qu'on leur en parle. Ils sont déistes, invoquent la protection de Dieu dans toutes les circonstances de la vie, et lui attribuent leurs succès ou leurs revers avec une humble soumission; mais ils n'ont aucune cérémonie de culte obligatoire, et ne se prononcent pas entre les sectes d'Omar et d'Ali, qui divisent les Orientaux. Ils ne nous ont jamais demandé quelle était notre religion. Nous leur avons dit que nous étions chrétiens, et ils ont répondu : « Tous les hommes sont les » créatures de Dieu, et sont égaux devant lui; on ne doit » pas s'informer quelle est la croyance des autres. » Cette discrétion de leur part convenait beaucoup mieux à nos projets que le fanatisme des Turcs; aussi l'arrivée du mollah donna-t-elle quelque inquiétude à Scheik-Ibrahim, qui se rendit à la tente du drayhy, où il trouva la conférence déjà entamée, ou plutôt la prédication commencée, prédication

que les chefs écoutaient d'un air mécontent. Comme, à notre arrivée, ils se levèrent pour nous saluer, le mollah demanda qui nous étions ; et ayant appris notre qualité de chrétiens :
— « Il est défendu, dit-il, par les lois de Dieu, de se lever
» pour des infidèles. Vous serez tous maudits pour avoir
» commerce avec eux, vos femmes seront illégitimes et vos
» enfants bâtards. Ainsi l'a décrété notre seigneur Mahomet,
» dont le nom soit vénéré à jamais ! »

Le drayhy, sans attendre la fin de son discours, se lève en fureur, le saisit par la barbe, le jette par terre, et tire son sabre ; Scheik-Ibrahim s'élance et retient son bras, le conjurant de se modérer ; enfin l'émir consent à lui couper la barbe au lieu de la tête, et le chasse ignominieusement.

Le drayhy ayant attaqué la tribu de Beni-Sakhrer, la seule qui s'opposât encore à lui dans le pays, la battit complétement.

Cependant l'automne étant venu, nous commençâmes à regagner le levant. A notre approche de Homs, le gouverneur envoya au drayhy quarante chameaux chargés de blé, dix machlas et une pelisse d'honneur. Scheik-Ibrahim m'ayant pris en particulier, me dit : « Nous allons dans le
» désert, nous avons épuisé nos marchandises ; que faut-il
» faire ? — Donnez-moi vos ordres, lui répondis-je. J'irai
» secrètement à Alep chercher ce qu'il nous faut, et je m'en-
» gage à ne pas me faire connaître même de ma famille. »
Nous convînmes que je rejoindrais la tribu à Zour, et je me rendis à Alep. Je fus loger dans un kan peu fréquenté, et éloigné de toutes mes connaissances. J'envoyai un étran-

ger toucher cinq cents talaris chez le correspondant de
M. Lascaris. C'était un excès de précaution; car du reste,
avec ma longue barbe, mon costume et mon langage bédouins, je ne courais aucun risque d'être reconnu; j'en acquis la preuve en allant acheter les marchandises au bazar;
j'y rencontrais plusieurs de mes amis, et me faisais un divertissement de les traiter avec grossièreté. Mais à ces moments de gaîté insouciante en succédaient d'autres bien
pénibles : je passais et repassais continuellement devant la
porte de ma maison, espérant apercevoir mon frère ou ma
pauvre mère. L'envie de voir cette dernière était surtout si
vive, que je fus vingt fois sur le point de manquer à ma parole; mais la conviction qu'elle ne me permettrait plus de
retourner auprès de M. Lascaris venait raffermir mon courage, et, après six jours, il fallut m'arracher d'Alep sans
avoir obtenu aucune nouvelle de mes parents.

Je rejoignis la tribu au bord de l'Euphrate, vis-à-vis de
Daival-Chahar, où il existe encore de belles ruines d'une
ancienne ville. Je trouvai les Bédouins occupés, avant de
traverser le fleuve, à vendre des bestiaux, ou à les échanger
contre des marchandises avec des colporteurs d'Alep. Ils
n'ont aucune idée de la valeur du numéraire; ils ne veulent
pas recevoir d'or en payement, ne connaissant que les
talaris d'argent. Ils préfèrent payer trop, ou ne pas
recevoir assez, plutôt que de faire des fractions; les marchands, qui connaissent ce faible, en abusent avec habileté.
Outre les échanges, la tribu vendit pour vingt-cinq mille
talaris, et chacun mit son argent dans son sac de farine, afin qu'il ne résonnât pas en chargeant et déchargeant.

Un événement tragique arriva au passage de l'Euphrate. Une femme et deux enfants montés sur un chameau furent emportés par le courant, sans qu'il fût possible de leur porter secours. Nous trouvâmes la Mésopotamie couverte des tribus de Bassora et de Bagdad. Leurs chefs venaient chaque jour complimenter le drayhy sur sa victoire, et faire connaissance avec nous; car la renommée de Scheik-Ibrahim était arrivée jusqu'à eux. Ils lui savaient gré d'avoir conseillé la guerre contre les Wahabis, dont la cupidité et les exactions leur étaient intolérables. Leur roi, Ebn-Sihoud, avait l'habitude d'envoyer un mézakie compter les troupeaux de chaque individu et en prendre le dixième, choisissant toujours ce qu'il y avait de mieux ; ensuite il faisait fouiller les tentes, depuis celle du scheik jusqu'à celle du dernier malheureux, pour trouver l'argent caché, dont il voulait aussi la dîme. Il était surtout odieux aux Bédouins, parce que, fanatique à l'excès, il exigeait les ablutions et les prières cinq fois par jour, et punissait de mort ceux qui s'y refusaient. Lorsqu'il avait forcé une tribu à faire la guerre pour lui, loin de partager avec elle les gains et les pertes, il s'emparait du butin, et ne laissait à ses alliés que les morts à pleurer. C'est ainsi que peu à peu les Bédouins devenaient esclaves des Wahabis, faute d'un chef capable de tenir tête à Ebn-Sihoud.

Nous campâmes sur un terrain appelé Nain-el-Raz, à trois journées de l'Euphrate. Là l'émir Farès-el-Harba, chef de la tribu El-Harba, du territoire de Bassora, vint faire alliance offensive et défensive avec le drayhy. Lorsque des chefs ont à traiter quelque affaire importante, ils sortent du camp et tiennent leur conférence à l'écart : cela s'appelle

dahra, assemblée secrète. Scheik-Ibrahim, ayant été appelé au *dahra*, montra quelque défiance de Farès, craignant qu'il ne fût l'espion des Wahabis. Le drayhy lui dit : « Vous
» jugez les Bédouins comme les Osmanlis. Sachez que le
» caractère des deux peuples est absolument opposé. La
» trahison n'est pas connue parmi nous. » Après cette déclaration, tous les scheiks présents au conseil se donnèrent mutuellement leur parole. Scheik-Ibrahim profita de cette disposition des esprits pour leur proposer de conclure un traité par écrit, qui serait signé et scellé par tous ceux qui voudraient successivement entrer dans l'alliance contre Ebn-Sihoud. C'était un grand pas de fait dans l'intérêt de Scheik-Ibrahim, et je rédigeai l'engagement en ces termes :

« Au nom du Dieu de miséricorde, qui par sa force nous
» aidera contre les traîtres. — Nous lui rendons grâces de
» tous ses bienfaits; nous le remercions de nous avoir fait
» connaître le bien et le mal, de nous avoir fait aimer la
» liberté et haïr l'esclavage; nous reconnaissons qu'il est le
» Dieu tout-puissant et unique, et que lui seul doit être
» adoré.

» Nous déclarons que nous sommes réunis de notre propre
» volonté et sans aucune contrainte; que nous sommes tous
» sains de corps et d'esprit, et que nous avons résolu à
» l'unanimité de suivre les conseils de Scheik-Ibrahim et
» d'Abdallah-el-Kratib, dans l'intérêt de notre prospérité,
» de notre gloire et de notre liberté. Les articles de notre
» traité sont :

» 1° De nous séparer des Osmanlis;

» 2° De faire une guerre à mort aux Wahabis;

» 3° De ne jamais parler de religion;

» 4° D'obéir aux ordres qui seront donnés par notre frère
» le grand drayhy Ebn-Chahllan;

» 5° D'obliger chaque scheik à répondre de sa tribu, et à
» garder le secret sur cet engagement;

» 6° De nous réunir contre les tribus qui n'y souscriraient
» pas;

» 7° D'aller tous au secours de ceux qui signent le présent
» traité, et de nous réunir contre leurs ennemis;

» 8° De punir de mort ceux qui rompraient l'alliance;

» 9° De n'écouter aucune calomnie contre Scheik-Ibrahim
» et Abdallah.

» Nous, les soussignés, acceptons tous les articles de ce
» traité; nous les soutiendrons au nom du Dieu tout-puissant
» et de ses prophètes Mahomet et Ali, déclarant par la pré-
» sente que nous sommes décidés à vivre et mourir dans
» cette sainte union.

» DATÉ, SIGNÉ, SCELLÉ.

» Ceci fut fait le 12 novembre 1811. »

Tous ceux qui étaient présents approuvèrent et signè-
rent.

A quelque temps de là, étant campé dans la belle et vaste
plaine d'El-Rané, le drayhy envoya des courriers aux autres
tribus pour les inviter à signer ce traité. Plusieurs chefs
vinrent y mettre leur cachet, et ceux qui n'en avaient pas y

apposèrent l'empreinte de leur doigt. Parmi ces chefs, je remarquai un jeune homme qui, depuis l'âge de quinze ans, gouvernait la tribu El-Ollama. Ceux qui la composent sont fort supérieurs aux autres Bédouins. Ils cultivent la poésie, ont de l'instruction, et sont en général très-éloquents. Ce jeune scheik nous raconta l'origine de sa tribu.

Un Bédouin de Bagdad jouissait d'une grande réputation de sagacité. Un jour un homme vint le trouver, et lui dit : « Depuis quatre jours, ma femme a disparu; je l'ai cher» chée en vain. J'ai trois enfants qui pleurent; je suis au » désespoir : aidez-moi de vos conseils. » Aliaony console ce malheureux, l'engage à rester auprès de ses enfants, et lui promet de chercher sa femme, et de la ramener morte ou vive. Ayant recueilli toutes les informations, il apprend que cette femme était d'une beauté remarquable; il avait lui-même un fils fort libertin, absent depuis peu de jours. Le soupçon comme un éclair traverse sa pensée; il monte son dromadaire et parcourt le désert. Il aperçoit de loin des aigles réunis; il y court, et trouve à l'entrée d'une grotte le cadavre d'une femme. — Il examine les lieux, et voit les traces d'un chameau; il trouve à ses pieds une partie de la garniture d'une besace : il emporte ce muet témoin, et revient sur ses pas. De retour à sa tente, il voit arriver son fils : à sa besace déchirée manque la fatale garniture. Accablé de reproches par son père, le jeune homme avoue son crime; Aliaony lui tranche la tête, envoie chercher le mari, et lui dit : « C'est mon fils qui a tué votre femme; je l'ai » puni : vous êtes vengé. J'ai une fille, je vous la donne en » mariage. » Ce trait de barbare justice étendit encore la réputation d'Aliaony; il fut élu chef de sa tribu, et de son nom vint celui de El-Ollama, qui signifie *savant*, dénomination que la tribu justifie toujours.

A mesure que nous avancions vers Bagdad, notre traité était de jour en jour couvert d'un plus grand nombre de signatures.

En quittant El-Rané, nous allâmes camper à Ain-el-Oussada, près de la rivière El-Cabour. Pendant notre séjour en cet endroit, un courrier, expédié par le drayhy au scheik Giaudal, chef de la tribu El-Wualdi, ayant été fort mal reçu, revint, porteur de paroles offensantes pour le drayhy. Ses fils voulaient en tirer vengeance sur-le-champ. Scheik-Ibrahim s'y opposa, leur représentant qu'il serait toujours à temps de faire la guerre, et qu'il fallait auparavant essayer de la persuasion. Je proposai à l'émir d'aller moi-même trouver Giaudal pour lui expliquer l'affaire. Il commença par s'y refuser, en disant : « Pourquoi prendriez-vous la peine d'aller chez lui? Qu'il » vienne lui-même, ou mon sabre l'y contraindra. » Mais à la fin il céda à mes arguments, et je partis, escorté de deux Bédouins. Giaudal me reçut avec colère; et lorsqu'il sut qui j'étais, il me dit : « Si je vous avais rencontré ailleurs que » chez moi, vous n'auriez plus mangé de pain; rendez » grâces à nos usages qui me défendent de vous tuer. — » Les paroles ne tuent pas l'homme, répondis-je. Je suis » votre ami; je ne veux que votre bien, et viens vous de- » mander un entretien secret. Si ce que j'ai à vous dire ne » vous satisfait pas, je reprendrai le chemin par lequel » je suis venu. » Me voyant ainsi de sang-froid, il se leva, appela son fils aîné, et me conduisit hors des tentes.

Nous nous assîmes par terre en cercle, et je commençai ainsi :

« Que préférez-vous? l'esclavage ou la liberté? — La li-
» berté sans doute!

» L'union ou la discorde? — L'union!

» La grandeur ou l'abaissement? — La grandeur!

» La pauvreté ou la richesse? — La richesse!

» La défaite ou la victoire? — La victoire!

» Le bien ou le mal? — Le bien!

» Tous ces avantages, nous cherchons à vous les assurer;
» nous voulons vous affranchir de l'esclavage des Wahabis
» et de la tyrannie des Osmanlis, en nous réunissant tous,
» afin de nous rendre forts et libres. Pourquoi vous y refu-
» sez-vous? » Il me répondit : « Ce que vous dites est plau-
» sible, mais nous ne serons jamais assez forts pour résister
» à Ebn-Sihoud! — Ebn-Sihoud est un homme comme vous,
» lui dis-je. De plus, c'est un tyran, et Dieu ne favorise pas
» les oppresseurs. Ce n'est pas le nombre, mais l'intelli-
» gence, qui fait la supériorité; ce n'est pas le sabre qui
» tranche la tête, mais la volonté qui le dirige. » Notre conférence dura encore longtemps; mais je finis par le convaincre, et par lui persuader de m'accompagner chez le
drayhy, qui fut fort content de l'issue de ma négociation.

Nous allâmes ensuite camper près des montagnes de Sangiar, qui sont habitées par des adorateurs du mauvais esprit. La principale tribu du pays, commandée par Hamoud-el-Tammer, est fixée près de la rivière Sagiour, et ne voyage pas comme les autres. Hamoud refusa longtemps d'entrer dans l'alliance. J'eus à ce sujet une longue correspondance avec lui. L'ayant enfin persuadé de se joindre à nous, il y eut beaucoup de réjouissances et de fêtes de part et d'autre. Hamoud invita le drayhy à venir chez lui, et le reçut très-magnifiquement. Cinq chameaux et trente moutons furent égorgés pour le repas, qui fut servi par terre hors des tentes. Les plats de cuivre étamés semblaient être d'argent; chaque plat était porté par quatre hommes, et contenait une montagne de riz de six pieds de haut, surmontée d'un mouton tout entier ou d'un quartier de chameau; dans d'autres moins grands était un mouton rôti ou un gigot de chameau. Une infinité de petits plats, garnis de dattes et autres fruits secs, remplissaient les intervalles. Leur pain est excellent. Ils tirent leur blé de Diabekir, et leur riz de Marhach et de Mallatie. Lorsque nous étions assis, ou plutôt accroupis autour de ce festin, nous ne pouvions distinguer les personnes vis-à-vis. Les Bédouins de cette tribu sont habillés bien plus richement que les autres; les femmes sont très-jolies; elles portent des vêtements de soie, beaucoup de bracelets et de boucles d'oreilles en or et en argent, et un anneau d'or au nez.

Après quelques jours passés dans les fêtes, nous continuâmes notre voyage, et nous nous approchâmes d'un fleuve, ou plutôt d'un bras de l'Euphrate qui l'unit au Tigre. Un courrier nous rejoignit en cet endroit. Monté sur un dromadaire, il avait franchi en cinq jours une distance qui exige trente journées au pas de caravane. Il venait du pays de Neggde, et était envoyé par un scheik ami pour avertir le drayhy de la fureur d'Ebn-Sihoud, de ses projets, et des alliances qu'il formait contre lui. Il désespérait de le voir jamais en état de tenir tête à l'orage, et l'engageait fortement à faire la paix avec les Wahabis. J'écrivis au nom du drayhy, qu'il ne faisait pas plus de cas d'Ebn-Sihoud que d'un grain de moutarde, mettant sa confiance en Dieu, qui seul donne la victoire. Ensuite, par ruse diplomatique, je fis entendre que les armées du Grand Seigneur appuieraient le drayhy, qui voulait surtout ouvrir le chemin pour la caravane, et délivrer la Mecque de la domination des Wahabis. Le lendemain, nous traversâmes le grand bras du fleuve dans des barques, et allâmes camper de l'autre côté, dans le voisinage de la tribu El-Cherarah, réputée pour son courage, mais aussi pour son ignorance et son obstination.

Nous avions prévu l'extrême difficulté qu'il y aurait à la gagner, non-seulement à cause de ces défauts, mais encore à cause de l'amitié qui existe entre son chef Abedd et Abdallah, premier ministre du roi Ebn-Sihoud. En effet, il refusa d'entrer dans l'alliance. Dans cet état de choses, le drayhy jugea toute négociation inutile, disant que le sabre en déciderait. Le lendemain, Sahen, avec cinq cents cavaliers, alla attaquer Abedd. Il revint au bout de trois jours, ayant pris cent quarante chameaux et deux juments de grand prix; il n'y eut que huit hommes tués, mais le nombre des blessés était grand de part et d'autre. Je fus témoin, à cette occasion, d'une guérison extraordinaire. Un jeune homme, parent de Sahen, fut rapporté ayant la tête fendue d'un coup de djérid, sept blessures de sabre dans le corps, et une lance qui lui restait dans les côtes. On procéda immédiatement à extirper la lance, qui sortit par le côté opposé ; — pendant l'opération, il se tourna vers moi et me dit : « Ne sois pas en peine de moi, Abdallah ; je n'en mour- » rai pas. » Et étendant sa main, il prit ma pipe, et commença à fumer tranquillement, comme si les neuf blessures béantes étaient dans un autre corps.

Au bout de vingt jours il était complétement guéri, et montait à cheval comme auparavant. Pour tout traitement on lui avait donné à boire du lait de chameau, mêlé avec du beurre frais ; et pour toute nourriture, quelques dattes également préparées au beurre. — Tous les trois jours on lavait ses blessures avec de l'urine de chameau. — Je doute qu'un chirurgien européen, avec tout son appareil, eût obtenu une si complète guérison en aussi peu de temps.

La guerre devenait de jour en jour plus sérieuse ; Abedd réunissait ses alliés pour nous entourer, ce qui nous força d'aller camper dans les sables de Cafférié, où il n'y a point d'eau. Les femmes étaient obligées d'aller en chercher jusqu'au fleuve, dans des outres chargées sur des chameaux. — La grande quantité nécessaire pour abreuver les troupeaux rendait ce travail extrêmement pénible. — Au bout de trois jours, les bergers effarés vinrent nous avertir que huit cents chameaux avaient été enlevés par les guerriers d'Abedd, pendant qu'ils les conduisaient à la rivière. Le drayhy, pour se venger de cet outrage, ordonna de lever le camp, et d'avancer rapidement sur la tribu El-Cherarah, résolu de l'attaquer avec toutes ses forces réunies. Nous marchâmes un jour et une nuit sans nous arrêter, et nous plantâmes dix mille tentes à une demi-lieue du camp d'Abedd. Une bataille générale et meurtrière était inévitable ; je me hasardai à faire une dernière tentative pour l'éviter, s'il en était encore temps.

Les Bédouins ont un grand respect pour les femmes ; ils les consultent sur toutes leurs démarches. Dans la tribu El-Cherarah, leur influence s'étend bien plus loin encore : ce sont véritablement les femmes qui commandent ; — elles ont généralement beaucoup plus d'esprit que leurs maris. Arquié, femme du scheik Abedd, passe surtout pour une femme supérieure. — Je me décidai à aller la trouver ; — j'imaginai de lui porter des cadeaux de boucles d'oreilles, bracelets, colliers et autres bagatelles, et de tâcher par là de la gagner à nos intérêts.

Ayant pris des informations secrètes pour diriger mes démarches, j'arrivai chez elle pendant l'absence de son mari, qui tenait un conseil de guerre chez un de ses alliés. — A force de compliments et de présents, je l'amenai à me parler elle-même de la guerre, véritable objet de ma visite, que je n'avouai point : je lui expliquai les avantages de l'alliance avec le drayhy uniquement comme sujet de conversation, et nullement comme étant autorisé à lui en parler ; je lui dis que le but de ma visite était la curiosité bien naturelle de connaître une femme aussi célèbre, qui gouvernait des guerriers redoutables par leur courage, mais qui ne pouvaient se passer de son intelligence supérieure pour diriger cette force brutale. — Pendant notre conférence, son mari revint au camp, apprit mon arrivée, et envoya dire à Arquïé qu'elle eût à chasser ignominieusement l'espion qui était chez elle ; que les devoirs de l'hospitalité retenant son bras et lui défendant de se venger sur le seuil de sa tente, il ne rentrerait que lorsque le traître n'y serait plus. — Arquïé répondit avec beaucoup de fierté que j'étais son hôte et qu'elle ne se laisserait point faire la loi. — Je me levai et je voulus prendre congé d'elle, en lui demandant pardon de l'embarras que je lui causais ; mais elle tenait apparemment à me convaincre que je ne lui avais pas gratuitement attribué une influence qu'elle ne possédait pas : car elle me retint forcément, et sortit pour conférer avec son mari. Elle rentra bientôt, suivie d'Abedd, qui me traita poliment, et m'invita à lui expliquer les intentions du drayhy. Je gagnai sa confiance avec l'aide de sa femme, et, avant la fin de la journée, c'était lui qui me sollicitait de lui permettre de m'accompagner chez le drayhy, — et moi qui m'en défendais, en lui disant que je n'oserais le présenter à l'émir sans l'en prévenir, parce qu'il était très-irrité contre lui ; — mais que j'allais plaider sa cause, et que je lui enverrais bientôt une réponse. Je les quittai, au moins aussi empressés d'entrer dans l'alliance que je l'étais moi-même de les y amener.

D'après l'invitation du drayhy, Abedd vint au bout de quelques jours mettre son cachet au bas du traité, et échanger les chameaux qui avaient été réciproquement pris pendant la guerre. Cette affaire difficile étant terminée d'une manière si satisfaisante, nous quittâmes les sables pour aller passer huit jours sur le terrain Attérié, à trois heures du Tigre, près des ruines du château El-Attera, où les pâturages sont très-abondants. — Ayant ainsi rafraîchi les troupeaux, nous continuâmes notre route vers le levant.

Nous rencontrâmes un jour un Bédouin monté sur un beau dromadaire noir. Les scheiks le saluèrent avec un air d'intérêt, et lui demandèrent quelle avait été l'issue de sa malheureuse aventure de l'année précédente. Je me fis raconter son histoire, et je la trouvai assez intéressante pour l'insérer dans mon journal. Aloïan (c'était le nom du Bédouin), étant à la chasse des gazelles, arriva sur un terrain où des lances brisées, des sabres ensanglantés, et des corps gisants, indiquaient une bataille récente. — Un son plaintif qui parvenait à peine à son oreille l'attira vers un monceau de cadavres, au milieu duquel un jeune Arabe respirait encore. Aloïan se hâte de le secourir, l'emporte sur son dromadaire, le conduit à sa tente, et, par ses soins paternels, le ramène à la vie. Après quatre mois de convalescence, Faress (c'était le nom du blessé) parle de son départ; mais Aloïan lui dit : « S'il faut absolument nous
» séparer, je te conduirai jusqu'à ta tribu et je t'y laisserai
» avec regret; mais si tu veux rester avec moi, tu seras
» comme mon frère; ma mère sera ta mère, ma femme sera
» ta sœur. Réfléchis à ma proposition, et décide avec calme.
» — O mon bienfaiteur! répond Faress, où trouverai-je des
» parents comme ceux que vous m'offrez? Sans vous je ne
» serais pas vivant à cette heure; ma chair serait mangée
» par les oiseaux de proie, et mes os dévorés par les bêtes
» féroces. Puisque vous voulez bien me garder, je demeure-
» rai avec vous, mais pour vous servir toute ma vie. »

Un motif moins pur qu'il n'avait osé avouer avait décidé

Faress : c'était l'amour qu'il commençait à ressentir pour Hafza, la femme d'Aloïan, qui l'avait soigné; cet amour fut bientôt partagé. — Un jour Aloïan, qui n'avait aucun soupçon, chargea Faress d'escorter sa mère, sa femme et ses deux enfants jusqu'à un nouveau campement, pendant que de son côté il allait à la chasse. Faress ne put résister à cette funeste occasion; il chargea la tente sur un chameau, y plaça la mère avec les deux petits enfants et les envoya en avant, disant qu'il suivrait bientôt avec Hafza à cheval. Mais la vieille se retourna longtemps en vain, Hafza n'arriva point; Faress l'avait emmenée sur une jument d'une extrême vitesse jusque dans sa tribu. — Le soir, Aloïan arriva, fatigué de la chasse; il chercha en vain sa tente parmi celles de sa tribu. — La vieille mère n'avait pu la dresser seule; il la trouva assise par terre avec les deux enfants. — « Et où est Hafza? dit-il. — Je n'ai vu ni Hafza ni Faress, » répondit-elle; je les attends depuis ce matin. » — Alors, pour la première fois, il soupçonna la vérité; et ayant aidé sa mère à dresser la tente, il partit sur son dromadaire noir et courut deux jours, jusqu'à ce qu'il eût rejoint la tribu de Faress.

A l'entrée du camp, il s'arrêta chez une vieille femme qui vivait seule. « Que n'allez-vous chez le scheik? lui dit-» elle; il y a fête aujourd'hui; Faress-Ebn-Mehidi, qui avait » été laissé sur un champ de bataille et pleuré pour mort, » est revenu, ramenant avec lui une belle femme; ce soir » on fait la noce. » Aloïan dissimula et attendit la nuit. Lorsque tout dort, il s'introduit dans la tente de Faress, d'un coup de sabre lui sépare la tête du tronc, et emporte le cadavre hors des tentes; revenant sur ses pas, il trouve sa

femme endormie; il l'éveille, en lui disant : — « C'est Aloïan
» qui t'appelle, suis-moi. » Elle se lève épouvantée, et lui
dit : — « Imprudent que tu es! Faress et ses frères vont te
» tuer; sauve-toi! — Perfide, reprit-il, que t'ai-je fait pour
» me traiter ainsi? t'ai-je jamais contrariée? t'ai-je jamais
» adressé le moindre reproche? as-tu oublié tous les soins
» que j'ai eus de toi? as-tu oublié tes enfants? Allons, lève-
» toi, invoque Dieu, suis-moi, et maudis le diable qui t'a
» fait faire cette folie. » — Mais Hafza, loin de se laisser at-
tendrir par la douceur d'Aloïan, lui répète : « Sors d'ici,
» pars; ou je donnerai l'alarme, et j'appellerai Faress pour
» te tuer. » — Voyant qu'il n'y avait rien à obtenir d'elle, il
la saisit, lui ferme la bouche, et, malgré sa résistance,
l'emporte sur son dromadaire, et ne s'arrête que lorsqu'il
est hors de la portée de la voix. Alors, la plaçant en croupe,
il continue plus lentement sa route.

Au point du jour, le cadavre de Faress et la disparition
de la femme mettent le camp en rumeur; son père et ses
frères poursuivent et atteignent Aloïan, qui se défend contre
eux avec un courage héroïque. Hafza, se débarrassant de
ses liens, se joint encore aux assaillants et lui lance des
pierres, dont une l'atteint à la tête et le fait chanceler : couvert de blessures, Aloïan parvient cependant à terrasser ses
adversaires; il tue les deux frères et désarme le père, disant que ce serait une honte pour lui de tuer un vieillard; il
lui rend sa jument et l'engage à retourner chez lui; puis,
saisissant de nouveau sa femme, il poursuit sa route et arrive à sa tribu, sans avoir échangé une parole avec elle.
Alors il assemble tous ses parents, et, plaçant Hafza au milieu d'eux, il lui dit : « Raconte toi-même tout ce qui s'est

» passé; je m'en rapporte au jugement de ton père et de ton
» frère. » Hafza raconta la vérité, et son père, plein d'indignation, leva sur elle son sabre, et l'abattit à ses pieds.

Étant arrivés, d'étape en étape, jusqu'à quatre heures de Bagdad, M. Lascaris s'y rendit secrètement pour voir le consul de France, M. Adrien de Correncé, et négocier avec lui une forte somme d'argent.

Le lendemain, après avoir traversé le Tigre à Machad, nous allions nous établir près de la rivière El-Cahaun, lorsque nous apprîmes qu'une guerre acharnée régnait entre les Bédouins, qui prenaient parti pour ou contre notre alliance. Scheik-Ibrahim engagea alors le drayhy à ne pas s'arrêter, mais à rejoindre nos alliés le plus vite possible. En conséquence, nous allâmes camper près de plusieurs petites sources à El-Darghouan, à vingt heures de Bagdad; et le lendemain nous traversâmes une grande chaîne de montagnes. Nous avions rempli nos outres, précaution nécessaire, ayant une marche de douze heures à faire dans des sables brûlants où l'on ne trouve ni eau ni pâturages. Arrivés aux frontières de Perse, nous y rencontrâmes un messager de la tribu El-Achgaha, porteur d'une lettre du chef Dehass, qui réclamait l'assistance du *père des héros, du chef des plus redoutables guerriers, le puissant drayhy*, contre ses ennemis, forts de quinze mille tentes. Nous étions alors à six journées de cette tribu. Le drayhy ayant donné ordre de continuer la marche, nous franchîmes cette distance en trois fois vingt-quatre heures, sans nous arrêter, même pour manger. La plus grande fatigue de cette marche forcée tombait sur les femmes, chargées de faire le pain et de traire les chamelles sans ralentir la caravane.

L'organisation de cette cuisine ambulante était assez curieuse. A des distances réglées se trouvaient des femmes qui s'en occupaient sans relâche : la première, montée sur un chameau chargé de blé, avait devant elle un moulin à bras. Le blé une fois moulu, elle passait la farine à sa voisine, occupée de la pétrir avec l'eau renfermée dans les outres suspendues aux flancs de son chameau. La pâte était passée à une troisième femme qui la faisait cuire, en forme de gaufres, sur un réchaud, avec du bois et de la paille. Ces gaufres étaient distribuées par elle à la division de guerriers qu'elle était chargée de nourrir, et qui venaient de minute en minute réclamer leur portion. D'autres femmes marchaient à côté des chamelles pour traire le lait dans des *cadahs* (vases de bois qui contiennent quatre litres). On se les passait de main en main pour étancher sa soif. Les chevaux mangeaient, en marchant, dans des sacs pendus à leur cou. Lorsqu'on voulait dormir, on se couchait tout du long sur son chameau, les pieds passés dans les besaces, crainte de tomber. La marche lente et cadencée des chameaux invite au sommeil comme le balancement d'un berceau, et jamais je n'ai mieux dormi que pendant ce voyage. La femme de l'émir Farest accoucha dans son haudag d'un fils, nommé Harma, d'après le lieu où nous passions lorsqu'il vint au monde; c'est le point de jonction du Tigre et de l'Euphrate. Bientôt après nous rejoignîmes trois tribus : El-Harba, El-Suallemé et El-Abdellé. Nous avions sept mille tentes lorsque Dehass vint au-devant de nous. Ce secours imposant le rassura. Nous lui donnâmes un magnifique souper, après lequel il mit son cachet au bas de notre traité.

L'ennemi était encore à une journée de distance. Nos chevaux et nos gens ayant grand besoin de repos, le drayhy ordonna une halte de deux jours; mais les assaillants ne nous accordèrent pas cette trêve désirée. Dès que le bruit de notre approche leur parvint, ils se mirent en marche, et le lendemain trente mille hommes étaient campés à une heure de nous. Le drayhy fit aussitôt avancer son armée jusqu'aux bords du fleuve, dans la crainte qu'on ne voulût nous intercepter l'eau; et nous prîmes position près du village El-Hutta.

Le lendemain, le drayhy envoya une lettre de conciliation aux chefs des cinq tribus qui venaient nous attaquer [1]; mais cette tentative n'eut aucun succès : la réponse fut une déclaration de guerre, dont le style nous prouva clairement que nos intentions avaient été calomniées, et que ces chefs agissaient d'après une impulsion étrangère.

Scheik-Ibrahim proposa de m'envoyer auprès d'eux avec des cadeaux, pour tâcher d'en venir à des éclaircissements. Mes ambassades avaient si bien réussi jusqu'alors que j'acceptai avec plaisir, et je partis avec un seul guide. Mais à peine arrivés devant la tente de Mohdi, qui se trouvait la première, l'avant-garde des Bédouins se jeta sur nous comme des bêtes féroces, nous dépouilla de nos cadeaux et

[1] Les tribus El-Fedhay, chef Douockhry; El-Modiann, chef Saker-Ebn-Hamed; El-Sabha, chef Mohdi-Ebn-Hüd; Mouayegé, chef Bargiass; Mehayedé, chef Amer-Ebn-Noggiès.

de nos vêtements, nous mit les fers aux pieds, et nous laissa nus sur le sable brûlant. En vain je suppliai qu'on me permît de m'expliquer ; on me menaça de me tuer sur-le-champ, si je ne me taisais. Quelques instants après je vis venir à moi le perfide Absi, le colporteur. Je compris alors la cause du traitement inouï dont j'étais la victime. Il avait voyagé de tribu en tribu pour nous susciter des ennemis. Sa vue m'enflamma d'une telle colère, que je sentis renaître mon courage abattu, et me trouvai prêt à mourir bravement, si je ne pouvais vivre pour me venger. Il s'approcha de moi, et, me crachant au visage : « Chien d'infidèle, me dit-il, de
» quelle manière veux-tu que je sépare ton âme de ton
» corps? — Mon âme, lui répondis-je, n'est point en ton
» pouvoir ; mes jours sont comptés par le Dieu grand :
» s'ils doivent finir à présent, peu m'importe de quelle ma-
» nière ; mais si je dois vivre encore, tu n'as aucune puis-
» sance pour me faire mourir. » Il se retira pour aller exciter les Bédouins de nouveau contre moi. En effet, tous, hommes et femmes, vinrent me regarder et m'accabler d'outrages : les uns me crachaient au visage, les autres me jetaient du sable dans les yeux ; plusieurs me piquaient avec leurs djérids ; enfin, je restai vingt-quatre heures sans boire ni manger, souffrant un martyre impossible à décrire. Vers le soir du second jour, un jeune homme nommé Iahour s'approcha de moi, et chassa les enfants qui me tourmentaient. Je l'avais déjà remarqué ; car, parmi tous ceux que j'avais vus dans cette journée, lui seul ne m'avait pas injurié. Il m'offrit de m'apporter du pain et de l'eau à la tombée de la nuit. « La faim et la soif m'importent fort peu,
» lui répondis-je en le remerciant ; mais si vous pouvez me
» tirer d'ici, je vous récompenserai généreusement. » Il me

promit de le tenter; et en effet, au milieu de la nuit, il vint me trouver, muni de la clef de mes fers, qu'il avait eu l'adresse de se procurer pendant le souper des chefs. Il les ouvrit sans bruit, et, sans prendre le temps de me vêtir, je regagnai notre tribu en courant.

Tout dormait dans le camp, à l'exception des quatre nègres de garde à l'entrée de la tente du drayhy. Ils poussèrent un cri en me voyant, et furent à la hâte éveiller leur maître, qui vint avec Scheik-Ibrahim. Ils m'embrassèrent en pleurant, et récompensèrent largement mon libérateur. Le drayhy se montra vivement affligé du traitement que j'avais subi. Cette violation du droit des gens l'indignait. Il ordonna sur-le-champ les préparatifs du combat, et nous nous aperçûmes au lever du soleil que l'ennemi en avait fait autant. Le premier jour, il n'y eut de part et d'autre aucun avantage marqué. Auad, chef de la tribu Suallemé, perdit sa jument, dont il avait refusé vingt-cinq mille piastres. Tous les Bédouins prirent part à son affliction, et le drayhy lui donna un de ses meilleurs chevaux, bien inférieur toutefois à la cavale qui avait été tuée. Le lendemain, la bataille continua avec plus d'acharnement que la veille. Notre perte, ce jour-là, fut plus considérable que celle de l'ennemi. Il nous fallait agir avec une prudence extrême, n'ayant que quinze mille hommes à lui opposer. Quarante des nôtres étaient tombés en son pouvoir, tandis que nous n'avions fait que quinze prisonniers; mais parmi eux se trouvait Hamed, fils du chef Saker. De part et d'autre, les captifs furent mis aux fers.

A la suite de ces deux jours de combat, il y eut une

trêve tacite de trois jours, pendant laquelle les armées restèrent en présence, sans aucune démonstration d'hostilité. Le troisième jour, le scheik Saker, accompagné d'un seul homme, vint dans notre camp. Il était inquiet sur le sort de son fils, vaillant jeune homme, adoré de son père et de tous les Bédouins de sa tribu; il venait offrir une rançon. Hamed avait été très-bien traité par nous; j'avais moi-même pansé ses blessures. Le drayhy reçut Saker avec une grande distinction. Celui-ci, après les politesses d'usage, parla de la guerre, exprima son étonnement de l'ardeur du drayhy pour cette coalition contre les Wahabis, et dit qu'il ne pouvait croire à un si grand désintéressement; qu'il fallait avoir des motifs secrets ou des vues personnelles. « Vous ne pouvez trouver mauvais, ajouta-t-il, que je ne
» m'engage pas avec vous, sans savoir à quelle fin. Met-
» tez-moi dans votre confidence, et je vous seconderai de
» tout mon pouvoir. »

Nous lui répondîmes que nous n'avions pas pour habitude d'admettre dans nos secrets ceux dont l'amitié ne nous était pas assurée; que s'il voulait signer notre traité, nous n'aurions plus rien de caché pour lui. Il demanda alors à prendre connaissance de l'engagement; et après avoir entendu la lecture des différents articles, dont il parut fort content, il nous assura qu'on lui avait présenté les choses tout autrement, et nous raconta les calomnies qu'Absi avait débitées contre nous. Il finit en apposant son cachet au bas du traité, et nous pressa ensuite de lui apprendre le but que nous voulions atteindre. Scheik-Ibrahim lui dit que notre intention était de frayer un passage, des côtes de la Syrie aux frontières des Indes, à une armée de cent mille hommes, sous la conduite d'un puissant conquérant qui voulait affranchir les Bédouins du joug des Turcs, leur rendre la souveraineté sur tout le pays, et leur ouvrir les trésors de l'Inde. Il assura qu'il n'y avait rien à perdre, mais tout à gagner, dans l'exécution de ce projet, dont le succès dépendait de l'ensemble des forces et de l'harmonie des volontés. Il promit que leurs chameaux seraient payés à un très-haut prix pour les transports d'approvisionnements de cette grande armée, et lui fit envisager le commerce de ces vastes contrées comme devant être pour eux une source d'inépuisables richesses.

Saker entra complétement dans nos vues, mais il fallut encore lui expliquer que le Wahabi [1] pouvait contrarier nos plans; son fanatisme religieux devait nécessairement s'opposer au passage d'une armée chrétienne, et son esprit de domination, qui le rendait déjà maître du Yemen, de la Mecque et de Médine, devait étendre ses prétentions jusqu'à la Syrie, où les Turcs ne pouvaient lui opposer aucune résistance sérieuse; que, d'un autre côté, une grande puissance maritime, ennemie de celui que nous voulions favoriser, ferait infailliblement alliance avec lui, et enverrait des forces par mer, pour nous couper le chemin du désert.

Après beaucoup de contestations, dans lesquelles Saker montra autant de jugement que de sagacité, il se rendit entièrement à nos arguments, et promit d'user de toute son influence sur les autres tribus. Il fut convenu qu'il se-

---

[1] On appelle souvent de ce nom Ebn-Sihoud, roi des Wahabis.

rait le chef des Bédouins du pays où nous étions, comme le drayhy l'était de ceux de Syrie et de Mésopotamie ; et il s'engagea à réunir sous ses ordres les diverses tribus d'ici à l'année prochaine, pendant que nous poursuivrions notre route, et promit qu'à notre retour tout serait aplani. Nous nous séparâmes, enchantés les uns des autres, après avoir comblé son fils de présents et libéré les autres prisonniers. De son côté, il nous renvoya nos quarante cavaliers. Le lendemain, Saker nous écrivit que Mohdi et Douockhry ne s'opposaient plus à nos projets, et qu'ils partaient pour aller conférer avec Bargiass, à trois heures de là. Effectivement ils levèrent le camp, et nous en fîmes autant ; car la réunion d'un si grand nombre d'hommes et de troupeaux avait couvert la terre d'immondices, et rendu notre séjour en ce lieu intolérable.

Nous allâmes camper à six heures de distance, à Maytal-el-Ebbed, sur le Chatt-el-Arab, où nous restâmes huit jours. Saker vint nous y trouver, et il fut convenu qu'il se chargerait à lui seul de réunir les Bédouins de ces contrées, pendant que nous retournerions en Syrie, de peur qu'en abandonnant trop longtemps notre première conquête, nos ennemis ne missent à profit notre absence pour embrouiller nos affaires et détacher des tribus de notre alliance.

D'ailleurs, le printemps était déjà avancé, et nous devions nous hâter d'arriver, de peur que les pâturages de la Syrie et de la Mésopotamie ne fussent occupés par d'autres. Nous remîmes donc à l'année suivante le projet de pousser notre reconnaissance jusqu'aux frontières de l'Inde. Pour cette époque, Saker aurait eu le temps de préparer les

esprits à nous seconder; car, disait-il, « on déracine un
» arbre par une de ses branches. »

Quelques jours de marche nous ramenèrent en Mésopotamie. Nous mîmes deux jours à traverser l'Euphrate près de Mansouri, et à sortir du désert appelé El-Hamad. Nous campâmes dans un lieu où il n'y a pas d'eau potable ; on en trouve en faisant des trous profonds, mais elle sert seulement pour le bétail ; les hommes n'en peuvent boire. Cet endroit s'appelle Halib-el-Dow, parce qu'on ne se désaltère qu'avec du lait.

Nous allâmes de là à El-Sarha, lieu abondamment fourni d'eau et de pâturages ; nous espérions nous y dédommager de nos privations, mais une circonstance particulière nous en dégoûta promptement. Le terrain y est couvert d'une herbe appelée el-khraffour, que les chameaux mangent avec avidité, et qui a la propriété de les enivrer au point de les rendre fous. Ils courent à droite et à gauche, brisant tout ce qu'ils rencontrent, renversant les tentes et poursuivant les hommes.

Pendant quarante-huit heures, personne ne put fermer l'œil ; les Bédouins étaient constamment occupés à calmer la fureur des chameaux et à les maîtriser. Une guerre véritable m'eût semblé préférable à cette lutte continuelle avec des animaux dont la force prodigieuse, exaltée par le délire, présentait des dangers incalculables. Mais il paraît que le triomphe de l'adresse sur la force a de grands charmes pour ces enfants de la nature ; car lorsque je fus trouver le drayhy pour déplorer l'état de fièvre où nous tenait cette révolution d'une nouvelle espèce, il n'en fit que rire, et m'assura que c'était un des plus grands amusements des Bédouins. Pendant que nous parlions, un chameau de la plus forte taille venait droit sur nous, la tête haute, soulevant la poussière de ses larges pieds. Le drayhy, saisissant un des pieux de sa tente, attendit l'animal furieux, et lui asséna un coup violent sur le crâne. Le bois se rompit, et le chameau se détourna pour aller ailleurs exercer ses ravages. Une contestation s'éleva alors : il s'agissait de savoir lequel était le plus fort, du chameau ou du scheik. Celui-ci prétendait que, si le pieu avait résisté, il aurait fendu la tête de son adversaire; et les assistants proclamaient la supériorité de l'animal, qui avait brisé l'obstacle qui lui était opposé. Quant à moi, je décidai qu'ils étaient tous d'eux d'égale force, puisque ni l'un ni l'autre n'avait vaincu. Cet arrêt excita la gaieté de tout l'auditoire.

Le lendemain, nous levâmes le camp. Un messager de Saker nous rejoignit en route; il venait nous rendre compte du mauvais succès de sa négociation auprès de Bargiass. Absi, le colporteur, jouissait de toute sa faveur, et l'animait de plus en plus contre nous; il l'avait décidé à rejoindre Mehanna, et à se réunir aux Wahabis, qui devaient envoyer une armée pour nous détruire. Le drayhy répondit qu'il ne fallait pas se troubler; que Dieu était plus fort qu'eux, et saurait bien faire triompher le bon droit. Après cet incident, nous continuâmes notre route.

Bientôt après, nous apprîmes que la tribu El-Calfa était campée à Zualma. Le drayhy jugeait important de nous assurer de la coopération de cette tribu puissante et courageuse. Son scheik, Giassem, était un ancien ami du drayhy; mais il ne savait ni lire ni écrire, et il devenait dès lors dangereux de lui adresser une lettre qui lui serait lue par un Turc, ce qui pourrait nuire essentiellement à nos affaires, comme nous l'avions appris à nos dépens par l'exemple de l'écrivain Absi. Ce fut donc encore moi qu'on chargea d'aller le trouver ; je partis avec une escorte de six hommes, tous montés sur des dromadaires. Nous arrivâmes, au bout de deux jours, à l'endroit désigné; mais, à notre grand déplaisir, la tribu avait levé le camp, et nous ne trouvâmes aucun indice du chemin qu'elle avait pris. Nous passâmes la nuit sans boire ni manger, et délibérâmes le lendemain sur ce que nous avions à faire. Le plus pressé était d'aller à la recherche de l'eau; car, comme on sait, la soif est encore plus insupportable que la faim, et nous pouvions raisonnablement espérer de rencontrer à la fois les sources et la tribu. Nous errâmes trois jours entiers, sans trouver ni eau ni nourriture. Mon palais était tellement desséché que je ne pouvais plus remuer la langue, ni articuler un son; j'avais épuisé tous les moyens de tromper la soif, mettant des cailloux et des balles de plomb dans ma bouche; mon visage était devenu noir, mes forces m'abandonnaient. Tout à coup mes compagnons s'écrient : *Gioubel-Ghamin*[1] *!* et se précipitent en avant.

Ces hommes endurcis à la fatigue soutiennent les privations d'une manière inconcevable, et ils étaient loin de l'état déplorable auquel je me trouvais réduit. Les voyant partir, l'irritation de mes nerfs, excités par l'extrême fa-

---

[1] Nom d'un puits connu dans le désert.

tigue, me fit désespérer d'arriver jusqu'au puits, où il me semblait qu'ils ne laisseraient plus une goutte d'eau pour moi; et je me jetai à terre en pleurant. Me voyant en cet état, ils revinrent sur leurs pas, et m'encouragèrent à faire un effort pour les suivre. Arrivés au bord du puits, l'un d'eux, s'appuyant sur le parapet, tira son sabre, disant qu'il trancherait la tête à celui qui oserait s'approcher. « Laissez-vous gouverner par mon expérience, ajouta-t-il, » ou vous périrez. » Son ton d'autorité nous imposa, et nous obéîmes en silence. Il nous appela un à un, et nous fit pencher sur le bord du puits, pour respirer d'abord l'humidité. Ensuite il puisa une petite quantité d'eau et l'approcha de nos lèvres avec ses doigts, en commençant par moi; peu à peu il nous permit d'en boire une demi-tasse, puis une tasse entière; il nous rationna ainsi pendant trois heures, puis il nous dit : — « Buvez maintenant, vous ne risquez rien ; » mais si vous ne m'aviez pas écouté, vous seriez tous » morts, ainsi qu'il arrive à ceux qui, après une longue pri- » vation, se désaltèrent sans précaution. »

Nous passâmes la nuit en cet endroit, buvant continuellement, autant pour suppléer à la nourriture que pour apaiser notre soif; et, plus nous buvions, plus nous avions envie de boire. Le lendemain, nous montâmes sur une éminence, pour découvrir un plus vaste horizon; mais hélas! aucun objet ne se présentait à notre vue dans cet immense désert. A la fin cependant, un des Bédouins crut apercevoir quelque chose dans le lointain, et déclara que c'était un haudag, couvert de drap écarlate et porté sur un chameau de grande taille. Ses compagnons ne voyaient rien; mais, n'ayant pas de meilleur indice à suivre, nous nous dirigeâmes du côté qu'il indiquait, et, en effet, bientôt après, nous aperçûmes une grande tribu, et nous reconnûmes le haudag qui nous avait servi de phare : c'était heureusement la tribu que nous cherchions.

Giassem nous reçut très-bien, et tâcha de nous faire oublier nos fatigues. Ayant terminé avec lui, il dicta une lettre pour le drayhy, dans laquelle il s'engageait à mettre ses hommes et ses biens à sa disposition, disant que l'alliance entre eux devait être des plus intimes, à cause de l'ancienneté de leur amitié. Je repartis muni de cette pièce importante, mais, d'un autre côté, très-préoccupé de la nouvelle qu'il me donna de l'arrivée d'une princesse, fille du roi d'Angleterre, en Syrie, où elle déployait un luxe royal, et où elle avait été reçue avec toutes sortes d'honneurs par les Turcs. Elle avait comblé de cadeaux magnifiques Mehanna-el-Fadel, et s'était fait escorter par lui à Palmyre, où elle avait répandu ses largesses avec profusion et s'était fait un parti formidable parmi les Bédouins, qui l'avaient proclamée reine [1]. Scheik-Ibrahim, à qui je communiquai cette nouvelle, en fut atterré, croyant y voir une intrigue pour ruiner nos projets.

Le drayhy, s'étant aperçu de notre préoccupation, nous rassura en disant qu'on sèmerait des sacs d'or depuis Hama jusqu'aux portes de l'Inde, sans pouvoir détacher aucune tribu amie, de l'alliance solennelle qu'elle avait contractée. — « La parole d'un Bédouin est sacrée, ajouta-t-il ; pour-
» suivez votre projet, sans vous inquiéter de rien. Quant à

---

[1] Cette prétendue princesse n'était autre que lady Esther Stanhope.

» moi, j'ai fait mon plan de campagne. Je pars pour le
» Horan, afin de surveiller les démarches d'Ebn-Sihoud :
» lui seul est à craindre pour nous ; je reviendrai ensuite
» camper aux environs de Homs. »

Scheik-Ibrahim, n'ayant plus ni argent ni marchandises, se décida à m'envoyer immédiatement à Coriétain, d'où j'expédierais un messager à Alep pour y prendre un *group de talaris*. Je partis joyeusement, enchanté de revoir mes amis et de me reposer quelque temps parmi eux. Le premier jour de mon voyage se passa sans accident ; mais le lendemain, vers quatre heures, à un endroit nommé Cankoum, je tombai au milieu d'une tribu que je croyais amie, et qui se trouva être celle de Bargiass. Il n'était plus temps de reculer, et je me dirigeai vers la tente du scheik, précédé de mon nègre Fodda ; mais à peine eut-il mis pied à terre, qu'il fut massacré sous mes yeux, et je vis tous les glaives levés sur moi. Mon saisissement fut tel, que j'ignore ce qui suivit. Je me souviens seulement d'avoir crié : « Ar-
» rêtez ! je réclame la protection de la fille de Hédal, » et de m'être évanoui. Quand je rouvris les yeux, j'étais couché dans une tente, entouré d'une vingtaine de femmes qui s'efforçaient de me rappeler à la vie, en me faisant respirer du poil brûlé, du vinaigre et des oignons, pendant que d'autres m'inondaient d'eau, et introduisaient du beurre fondu entre mes lèvres sèches et contractées. Dès que j'eus repris connaissance, la femme de Bargiass me prit la main en me disant : « Ne craignez rien, Abdallah ; vous êtes chez
» la fille de Hédal ; personne n'a le droit de vous toucher. »

Peu après Bargiass s'étant présenté à l'entrée de la tente

pour faire, disait-il, sa paix avec moi : « Par la tête de mon
» père, s'écria-t-elle, vous n'entrerez chez moi que lorsque
» Abdallah sera entièrement guéri ! »

Je restai trois jours sous la tente de Bargiass, soigné de la manière la plus affectueuse par sa femme, qui, pendant ce temps, négociait une réconciliation avec son mari. Je lui gardais une si forte rancune de sa brutalité, que j'eus bien de la peine à lui pardonner. A la fin cependant je consentis à oublier le passé, à la condition qu'il signerait le traité avec le drayhy. Nous nous embrassâmes, et nous jurâmes fraternité. Bargiass me donna un nègre en me disant : — « J'ai sacrifié votre argent, je vous donne en re-
» tour un bijou. » Jeu de mots sur les noms des deux nègres, Fodda, argent, et Giauhar, bijou. Puis il fit préparer un festin en honneur de notre réconciliation. Au milieu du repas, un courrier du drayhy arriva bride abattue, apportant à Bargiass une déclaration de guerre à mort, pleine d'épithètes outrageantes : « Oh ! toi, traître, qui violes la
» loi sacrée des Bédouins, lui disait-il ; toi, infâme, qui
» massacres tes hôtes ; toi, Osmanli au noir visage, sache
» que tout le sang de ta tribu ne suffira pas pour racheter
» celui de mon cher Abdallah. Prépare-toi au combat ! Mon
» coursier ne goûtera plus de repos que je n'aie détruit le
» dernier de ta race. » Je me hâtai de partir pour prévenir tout conflit, et rassurer Scheik-Ibrahim et le drayhy. Je ne saurais dire avec quelle joie je fus reçu : ils ne pouvaient en croire leurs yeux, tant ma présence leur semblait miraculeuse. Je leur racontai ce qui s'était passé.

Le lendemain, je me remis en route pour Coriétain, où

je restai vingt jours en attendant le retour du messager que j'avais envoyé à Alep. J'avais grand besoin de ce repos et de cette occasion de renouveler mon habillement, qui tombait en lambeaux; mais je faillis y rester plus longtemps que je ne voulais; car la nouvelle se répandit que l'armée des Wahabis avait envahi le désert de Damas et ravagé plusieurs villages, massacrant les hommes et les enfants jusqu'au dernier, et n'épargnant que les femmes, mais après les avoir dépouillées. Le scheik de Coriétain, hors d'état de faire la moindre résistance, fit fermer les portes de la ville, défendit d'en sortir, et attendit les événements en tremblant.

Nous apprîmes bientôt que l'ennemi ayant attaqué Palmyre, les habitants, retirés dans l'enceinte du temple, s'y étaient défendus avec succès, et que les Wahabis, ne pouvant les y forcer, s'étaient contentés de tuer les chameliers et d'enlever les troupeaux. De là ils étaient allés piller le village d'Arack et s'étaient répandus dans les environs. Ces sinistres nouvelles m'alarmèrent beaucoup sur le sort de mon messager, qui arriva cependant sain et sauf avec l'argent de Scheik-Ibrahim. Il s'était réfugié quelque temps à Saddad, dont les habitants, ayant payé une assez forte contribution, n'avaient rien à craindre pour le moment. Je profitai de cette circonstance; et, quittant mes habits de Bédouin, je m'habillai comme un chrétien de Saddad, et gagnai ce village, où j'obtins des nouvelles du drayhy, campé à Ghaudat-el-Cham avec la tribu de Bargiass. Je me rendis auprès de lui le plus promptement possible, et j'appris là avec chagrin qu'une coalition redoutable s'était formée entre Mehanna-el-Fadel et la tribu du pays de Samarcande. Ils avaient noué des intrigues avec les gouverneurs de Homs et de Hama, se réunissant ainsi, Turcs et Bédouins, contre nous.

Dans cette situation critique, je songeai à notre ami le pacha Soliman, et j'engageai Scheik-Ibrahim à aller à Damas conférer avec lui. Nous partîmes de suite, et descendîmes chez son premier ministre Hagim, qui nous apprit le nom de la prétendue princesse anglaise, et nous dit que c'était par l'influence et les cadeaux de lady Stanhope que Mehanna s'était fait un parti puissant parmi les Turcs. Ces détails nous confirmèrent dans l'idée que l'Angleterre, instruite de nos projets, soldait les Wahabis d'un côté, pendant que de l'autre elle cherchait à réunir les Bédouins de Syrie avec les Turcs, par l'entremise de lady Stanhope. La rencontre que nous fîmes chez M. Chabassan d'un Anglais prenant le nom de Scheik-Ibrahim, venait encore à l'appui de ces conjectures. Il chercha à nous questionner; mais nous étions trop bien sur nos gardes. Ayant obtenu de Soliman-Pacha ce que nous désirions, nous nous hâtâmes de regagner notre tribu.

Le courage du drayhy ne faiblissait pas : il nous assura qu'il tiendrait tête à bien plus forte partie. Le bouyourdi que nous avait accordé Soliman-Pacha portait que les gouverneurs de Homs et de Hama eussent à respecter son fidèle ami et fils bien-aimé le drayhy Ebn-Challan, qui devait être obéi, étant chef suprême du désert de Damas; et que toute alliance contre lui était opposée à la volonté de la Porte. Munis de cette pièce, nous nous avançâmes vers Hama, et, quelques jours après, Scheik-Ibrahim reçut une invitation de lady Esther Stanhope pour se rendre auprès d'elle ainsi que sa femme, madame Lascaris, qui était restée à Acre. Cette invitation le contraria d'autant plus, que depuis trois ans il avait évité de donner de ses nouvelles à sa femme, pour laisser ignorer le lieu de son séjour et son intimité avec les Bédouins; il fallait pourtant répondre à lady Stanhope. Il lui écrivit qu'il aurait l'honneur de se rendre chez elle aussitôt que les circonstances le lui permettraient, et en même temps dépêcha un courrier à sa femme, en lui disant de refuser l'invitation pour sa part; mais il était trop tard. Inquiète sur l'existence de son mari, madame Lascaris s'était rendue immédiatement à Hama, chez lady Stanhope, espérant par elle découvrir ses traces. M. Lascaris se vit ainsi forcé d'aller la rejoindre.

Sur ces entrefaites, Mehanna s'approchait de plus en plus, se croyant sûr de la coopération des Osmanlis. Le drayhy, jugeant alors que l'instant était venu de produire le bouyourdi du pacha, envoya son fils Saher à Homs et à Hama, où il fut reçu avec les plus grands honneurs. A la vue de l'ordre dont il était porteur, les deux gouverneurs mirent leurs troupes à sa disposition, déclarant Mehanna traître, pour avoir appelé les Wahabis, les ennemis les plus acharnés des Turcs.

Lady Esther Stanhope ayant invité Saher à venir chez elle, le combla de présents, tant pour lui que pour sa femme et sa mère, donna un machlas et des bottes à chaque cavalier de sa suite, et annonça le projet d'aller sous peu visiter sa tribu. M. Lascaris ne se tira pas aussi agréablement de son séjour auprès d'elle. Lady Stanhope, par des questions adroites, ayant vainement essayé d'obtenir de lui quelques éclaircissements sur ses relations avec les Bédouins, prit à la fin un ton d'autorité qui donna à M. Lascaris prétexte de rompre. Il renvoya sa femme à Acre, et quitta lady Stanhope, complétement brouillé avec elle.

Mehanna se préparait à commencer la lutte ; mais, voyant que le drayhy n'était nullement intimidé à son approche, il jugea prudent de s'assurer d'un renfort d'Osmanlis, et envoya son fils Fares à Homs, réclamer la promesse du gouverneur ; mais celui-ci, au lieu de l'investir du commandement d'un corps de troupes, le fit charger de fers et jeter en prison. Mehanna, consterné de cette fâcheuse nouvelle, se vit en un moment tomber du commandement suprême dans la triste et humiliante nécessité, non-seulement de se soumettre au drayhy, mais encore de solliciter sa protection contre les Turcs. Ce pauvre vieillard, accablé de ce revers inattendu, se trouva forcé d'aller implorer la médiation d'Assaf, scheik de Saddad, qui lui promit de négocier la paix. Effectivement, il partit avec cent cavaliers pour l'accompagner, et, le laissant avec son escorte à quelque distance du camp, il s'avança seul jusqu'à la tente du drayhy, qui le reçut en ami, mais refusa d'abord la soumission de Mehanna. Nous nous interposâmes alors en sa faveur. Scheik-Ibrahim fit valoir l'hospitalité avec laquelle il nous avait reçus à notre arrivée dans le désert, et Saher, baisant deux fois la main de son père, joignit ses sollicitations aux nôtres.

Le drayhy ayant fini par céder, les principaux de la tribu se mirent en marche pour aller au-devant de Mehanna, selon les égards dus à son âge et à son rang. Lorsqu'il eut mis pied à terre, le drayhy le fit asseoir à la place d'honneur, au coin de la tente, et ordonna d'apporter le café. Alors Mehanna se levant : « Je ne boirai de ton café, dit-il, » que lorsque nous serons complétement réconciliés, et que » nous aurons enterré les sept pierres. » A ces mots, le drayhy s'étant levé également, ils tirèrent leurs sabres et se les présentèrent mutuellement à baiser; ils s'embrassèrent ensuite, ainsi que tous les assistants. Mehanna fit avec sa lance, au milieu de la tente, un creux en terre de la profondeur d'un pied; et ayant choisi sept petites pierres, il dit au drayhy : « Au nom du Dieu de paix, pour ta garan- » tie et pour la mienne, nous enterrons ainsi à jamais notre » discorde. »

A mesure qu'ils jetaient les pierres dans le trou, les deux scheiks les recouvraient, et foulaient la terre avec leurs pieds, tandis que les femmes poussaient des cris de joie assourdissants. Cette cérémonie terminée [1], ils reprirent leurs places, et l'on servit le café. De ce moment il n'était plus permis de revenir sur le passé et de parler de guerre. On m'assura qu'une réconciliation, pour être en règle, devait toujours se faire de la sorte. Après un repas copieux je fis la lecture du traité, auquel Mehanna et quatre autres chefs de tribus apposèrent leur cachet [2]. Leurs forces réunies se montaient à sept mille six cents tentes, et, ce qui était encore bien plus important, le drayhy devenait par là chef de

---

[1] Cette cérémonie s'appelle hasnat.

[2] Ces chefs étaient : Zarack-Ebn-Fahrer, chef de la tribu El-Gioullan; Giarah-Ebn-Meghiel, chef de la tribu El-Giahma; Ghaleb-Ebn-Hamdoun, chef de la tribu El-Ballahiss; et Faress-Ebn-Nedged, chef de la tribu El-Maslekher.

tous les Bédouins de la Syrie, où il ne lui restait plus un seul ennemi. Saher alla à Homs solliciter la délivrance de Fares, qu'il ramena vêtu d'une pelisse d'honneur, prendre part aux réjouissances générales; après quoi les tribus se dispersèrent, et occupèrent tout le pays depuis le Horan jusqu'à Alep.

Nous n'attendions plus que la fin de l'été pour repartir pour le levant, afin de terminer les affaires que nous avions commencées, l'année précédente, avec les tribus de Bagdad et de Bassora. Ce temps de calme et de loisir fut rempli par les préparatifs d'un mariage entre Giarah, fils de Fares, chef de la tribu El-Harba, et Sabha, fille de Bargiass, la plus belle fille du désert. J'y prenais un intérêt tout particulier, ayant connu la fiancée pendant mon séjour auprès de sa mère. Fares pria le drayhy de l'accompagner chez Bargiass, pour faire la demande de mariage. Les principaux de la tribu, dans leurs plus riches habits, les accompagnèrent. Nous arrivâmes à la tente de Bargiass sans que personne vînt au-devant de nous; Bargiass ne se leva pas même pour nous recevoir. Tel est l'usage dans cette circonstance; le moindre empressement serait considéré comme une inconvenance.

Après quelques moments, le drayhy, prenant la parole : « Pourquoi, dit-il, nous faites-vous si mauvais accueil? Si » vous ne voulez pas nous donner à manger, nous retourne- » rons chez nous. » Pendant ce temps, Sabha, retirée dans la partie de la tente réservée aux femmes, regardait son prétendu à travers l'ouverture de la toile. Avant d'entamer la négociation, il faut que la jeune fille ait fait signe qu'elle

agrée celui qui se présente; car si, après l'examen secret dont je viens de parler, elle fait connaître à sa mère que le futur ne lui plaît pas, les choses en restent là. Mais cette fois c'était un beau jeune homme, à l'air noble et fier, qui se présentait; et Sabha fit le signe de consentement à sa mère, qui répondit alors au drayhy : « Vous êtes les bienve-
» nus! Non-seulement nous vous donnerons à manger de
» bon cœur, mais encore nous vous accorderons tout ce que
» vous désirerez. — Nous venons, reprit le drayhy, deman-
» der votre fille en mariage pour le fils de notre ami; que
» voulez-vous pour sa dot? — Cent nakas [1], répondit Bar-
» giass, cinq chevaux de la race de Neggde, cinq cents bre-
» bis, trois nègres et trois négresses pour servir Sabha; et
» pour le trousseau, un machlas brodé d'or, une robe de
» soie de Damas, dix bracelets d'ambre et de corail, et des
» bottes jaunes. » Le drayhy lui fit quelques observations sur cette demande exorbitante, disant : « Tu veux donc jus-
» tifier le proverbe arabe : *Si vous ne voulez pas marier*
» *votre fille, renchérissez son prix!* Sois plus raisonnable,
» si tu désires que ce mariage se fasse. »

Enfin, la dot fut réglée à cinquante nakas, deux chevaux, deux cents brebis, un nègre et une négresse. Le trousseau resta tel que Bargiass l'avait demandé; on y ajouta même des machlas et des bottes jaunes pour la mère et plusieurs autres personnes de la famille. Après avoir écrit ces conventions, j'en fis la lecture à haute voix. Ensuite les assistants récitèrent la prière *Faliha*, le *Pater* des musulmans, qui donne, pour ainsi dire, la sanction au contrat; et l'on

---

[1] Femelles de chameaux de la plus belle espèce.

servit à boire du lait de chameau, comme on aurait servi de la limonade dans une ville de Syrie. Après le repas, les jeunes gens montèrent à cheval pour se livrer aux jeux du djérid [1] et autres. Giarah se distingua pour plaire à sa fiancée, qui remarqua avec plaisir son agilité et sa bonne grâce. Nous nous séparâmes à l'entrée de la nuit, et chacun ne songea plus qu'aux préparatifs de la noce.

Au bout de trois jours, la dot, ou plutôt le prix de Sabha, était préparé ; un immense cortége se mit en route dans l'ordre suivant : En tête marchait un cavalier avec un drapeau blanc au bout de sa lance ; il criait : « Je porte l'hon» neur sans tache de Bargiass. » Après lui venaient les chameaux, ornés de guirlandes de fleurs et de feuillage, accompagnés de leurs conducteurs ; puis le nègre à cheval, richement vêtu, entouré d'hommes à pied, et chantant des airs populaires. Derrière eux marchait une troupe de guerriers, armés de fusils qu'ils déchargeaient continuellement. Une femme suivait, portant un grand vase de feu dans lequel elle jetait de l'encens. Puis les brebis à lait, conduites par les bergers chantant ainsi que faisait Chibouk, le frère d'Antar, il y a près de deux mille ans ; car les mœurs des Bédouins ne changent jamais. Venait ensuite la négresse, à cheval, et entourée de deux cents femmes à pied ; ce groupe n'était pas le moins bruyant, car les cris de joie et le chant de noces des femmes arabes sont plus aigus qu'on ne saurait l'exprimer. La marche était fermée par le chameau qui portait le trousseau ; les machlas brodés d'or

---

[1] Exercice équestre avec des bâtons qui se lancent comme des javelots. Ces bâtons s'appellent *djérids*.

étaient tendus de tous côtés et couvraient l'animal. Les bottes jaunes pendaient autour de ses flancs, et les objets de prix, arrangés en festons et établis avec art, formaient le coup d'œil le plus somptueux. Un enfant de la famille la plus distinguée, monté sur un chameau, disait à haute voix : — « Puissions-nous être toujours victorieux ! puisse le feu de nos ennemis s'éteindre à jamais ! » D'autres enfants l'accompagnaient en criant : « Amen. » Quant à moi, je courais de côté et d'autre pour mieux jouir de ce spectacle.

Bargiass, cette fois, vint à notre rencontre avec les cavaliers et les femmes de sa tribu ; ce fut alors que les cris et les chants devinrent vraiment assourdissants ; puis les chevaux, lancés de tous côtés, nous eurent bientôt enveloppés d'un tourbillon de poussière.

Lorsque les cadeaux furent étalés et rangés en ordre autour de la tente de Bargiass, on fit le café dans une grande chaudière, et chacun en prit en attendant le festin.

Dix chameaux, trente moutons et une immense quantité de riz formaient le fond du repas, après lequel on vida une seconde chaudière de café. La dot acceptée, on termina la cérémonie en récitant de nouveau la prière, et il fut convenu que Giarah viendrait chercher sa fiancée dans trois jours. Avant de partir, je fus dans l'appartement des femmes pour faire connaître plus particulièrement Scheik-Ibrahim à la femme de Bargiass, et la remercier de nouveau des soins qu'elle avait eus de moi. Elle me répondit qu'elle voulait encore accroître mes obligations en me donnant sa nièce en mariage; mais Scheik-Ibrahim remit à l'année prochaine à profiter de sa bonne volonté à mon égard.

La veille du jour fixé pour la noce, le bruit se répandit qu'une armée formidable de Wahabis avait paru dans le désert; les courriers volaient de tribu en tribu, les engageant à se réunir trois ou quatre ensemble, afin que, sur tous les points, l'ennemi pût les trouver prêtes à le recevoir; et peu s'en fallut que la noce ne commençât par un combat à mort, au lieu d'un combat simulé, ainsi qu'il est d'usage.

Le drayhy et les autres chefs sortirent de grand matin, avec mille cavaliers et cinq cents femmes, pour aller conquérir la belle Sabha. A une petite distance du camp, le cortége s'arrêta : les vieillards et les femmes mettent pied à terre, et attendent l'issue d'un combat entre les jeunes gens qui viennent enlever la fiancée, et ceux de la tribu qui s'opposent à leur dessein : ce combat a quelquefois des suites funestes, mais il n'est pas permis à l'époux d'y prendre part, sa vie pouvant se trouver exposée par suite des complots de ses rivaux. Cette fois, les combattants en furent quittes pour une vingtaine de blessures, et la victoire, comme de raison, resta aux nôtres, qui enlevèrent la fiancée, et la consignèrent aux femmes de notre tribu. Sabha était accompagnée d'une vingtaine de jeunes filles, et suivie de trois chameaux chargés. Le premier portait son haudag, couvert en drap écarlate, garni de franges et de houppes de laine de diverses couleurs, et orné de plumes d'autruche. Des festons de coquilles et des bandelettes de verre de couleur ornaient l'intérieur, et encadraient de petits miroirs qui, placés de distance en distance, réfléchissaient la scène de tous côtés. Des coussins de soie étaient préparés pour recevoir la mariée. Le second chameau était chargé de sa tente, et le troisième de ses tapis et de ses ustensiles de cuisine. La mariée placée dans son haudag, et entourée des femmes des chefs montées sur leurs chameaux, et des autres femmes à pied, la marche commença. Des cavaliers, caracolant en avant, annonçaient son arrivée aux tribus que nous devions rencontrer, et qui venaient au-devant de nous, jetant de l'encens et égorgeant des moutons sous les pieds des chameaux de la mariée. Rien ne peut donner une idée exacte de cette scène, ni de celle qui dura tout le jour et toute la nuit.

Il serait impossible de dépeindre les danses, les chants, les feux de joie, les banquets, les cris de toute espèce, le tumulte, qui suivirent son arrivée. Deux mille livres de riz, vingt chameaux et cinquante moutons furent dévorés au repas des chefs. Huit tribus entières furent rassasiées par l'hospitalité de Fares, et l'on criait encore, au milieu de la nuit : — « Que celui qui a faim vienne manger ! » Ma réputation était si grande parmi eux, que Giarah me demanda un talisman pour assurer le bonheur de cette union ; j'écrivis son chiffre et celui de sa femme en caractères européens, et le lui remis avec solennité. Personne ne douta de l'efficacité de ce charme en voyant le contentement des deux époux.

Quelques jours après, ayant appris que les Wahabis, forts de dix mille combattants, assiégeaient Palmyre, le drayhy donna l'ordre d'aller à leur rencontre, et nous les rejoignîmes à El-Dauh. On échangea de part et d'autre quelques coups de fusil jusqu'à la tombée de la nuit, mais sans engager le combat sérieusement. J'eus le loisir d'apprécier l'avantage des mardouffs dans ces guerres du désert, où il faut porter l'approvisionnement de l'armée pour un temps souvent prolongé. Ces chameaux, montés par deux hommes, sont comme des forteresses ambulantes, pourvues de tout ce qui leur est nécessaire pour leur nourriture et leur défense. Une outre d'eau, un sac de farine, un sac de dattes sèches, une jarre de beurre de brebis, et les munitions de guerre, forment comme une tour carrée sur le dos de l'animal. Les hommes, commodément placés de chaque côté sur des siéges de cordages, n'ont besoin de recourir à personne. Lorsqu'ils ont faim, ils pétrissent un peu de farine avec du beurre, et la mangent ainsi sans la faire cuire; quelques dattes et un peu d'eau complètent le repas de ces hommes sobres; pour dormir ils ne quittent pas leur place, mais se renversent sur le chameau, ainsi que je l'ai déjà expliqué.

Le combat fut plus sérieux le lendemain; nos Bédouin se battirent avec plus d'acharnement que leurs adversaires, parce qu'ils avaient derrière eux leurs femmes et leurs enfants, tandis que les Wahabis, loin de leur pays et ne cherchant que le pillage, étaient peu disposés à risquer leur vie lorsqu'il n'y avait rien à gagner. La nuit sépara les combattants; mais à l'aube du jour la bataille recommença avec fureur; enfin, sur le soir, la victoire se décida en notre faveur; nous avions tué soixante des leurs, fait vingt-deux prisonniers, et pris quatorze belles juments et soixante chameaux. Le reste prit la fuite, et nous laissa maîtres du champ de bataille. Cette victoire augmenta encore la réputation du drayhy, et combla de joie Scheik-Ibrahim, qui s'écria : « Grâces à Dieu, nos affaires vont bien! »

N'ayant plus d'ennemis à craindre dans le désert de Syrie, Scheik-Ibrahim se sépara pour quelque temps du drayhy, et fut à Homs acheter des marchandises et écrire en Europe. Pendant notre séjour en cette ville, il me laissa liberté entière de me divertir et de me reposer de toutes mes fatigues : je faisais chaque jour des parties de campagne avec des jeunes gens de mes amis, et jouissais doublement de cette vie de plaisir, par le contraste de celle que j'avais menée chez les Bédouins. Mais, hélas! ma joie devait être de courte durée, et se changer promptement en tristesse amère! Un messager, qui avait été à Alep chercher de l'argent pour M. Lascaris, me rapporta une lettre de ma mère, plongée dans la plus grande affliction par suite de la mort de mon frère aîné, emporté par la peste. Sa lettre était incohérente à force de douleur. Elle ne savait ce que j'étais devenu depuis près de trois ans, et me conjurait, si j'étais encore en vie, d'aller la trouver. Cette affreuse nouvelle me priva de l'usage de mes sens, et je restai trois jours sans savoir où j'étais, et sans vouloir prendre aucune nourriture. Grâce aux soins de M. Lascaris, peu à peu je repris connaissance; mais tout ce que je pus obtenir de lui, fut d'écrire à ma pauvre mère; et encore ne pus-je lui envoyer ma lettre que la veille de notre départ, de peur qu'elle ne vînt elle-même me trouver. Mais je passe sur les détails de mes sentiments personnels, qui ne peuvent intéresser le lecteur, pour revenir à notre voyage. Le drayhy nous ayant avertis qu'il partirait bientôt pour le levant, nous nous hâtâmes de nous mettre en route pour le rejoindre; il avait mis à notre disposition trois chameaux, deux juments et quatre guides.

Le jour de notre départ de Homs, je sentis un serrement de cœur si extraordinaire, que je fus tenté de le prendre pour un funeste pressentiment. Il me semblait que je marchais à une mort prématurée; je me raisonnai pourtant de mon mieux, et finis par me persuader que ce que j'éprouvais était le résultat de l'abattement dans lequel m'avait plongé la douloureuse lettre de ma mère. Enfin nous partîmes, et après avoir marché toute la journée, nos guides nous persuadèrent de continuer notre route la nuit, n'ayant que vingt heures de trajet. Il ne nous arriva rien de particulier jusqu'à minuit. Le mouvement monotone de la marche commençait à nous assoupir, lorsque le guide qui était en avant, s'écria :

« Ouvrez bien les yeux et prenez garde à vous, car nous » sommes au bord d'un précipice profond. »

Le chemin n'avait qu'un pied de large : à droite une montagne à pic, à gauche le précipice appelé Wadi-el-Haïl. Je me réveillai en sursaut, me frottai les yeux, et repris la bride que j'avais laissée flotter sur le cou de ma jument; mais cette précaution, qui devait me sauver, fut précisément ce qui faillit causer ma mort; car l'animal ayant butté contre une pierre, la peur me fit tirer les rênes trop brusquement; il se cabra, et, en voulant reprendre terre, perdit la trace de la route, ne trouva que le vide, et culbuta avec moi au fond du précipice. Ce qui se passa après ce moment d'angoisses, je l'ignore; voici ce que Scheik-Ibrahim m'a raconté depuis : Saisi de terreur, il descendit de cheval, et chercha à distinguer le gouffre dans lequel j'avais disparu; mais la nuit était trop obscure : le bruit seul de ma chute l'avait averti, et il ne vit rien qu'un noir abîme sous ses pieds. Alors il se prit à pleurer, et à conjurer les guides de descendre dans le précipice; mais ils le jugèrent impraticable dans l'obscurité, assurant d'ailleurs que c'était peine inutile, puisque je devais être non-seulement mort, mais broyé par les pointes des rochers. Alors il déclara ne vouloir pas bouger de ce lieu avant que la clarté du jour permît de faire des recherches, et promit cent talaris à celui qui rapporterait mon corps, quelque mutilé qu'il fût, ne pouvant, disait-il, consentir à le laisser en proie aux bêtes féroces; puis il s'assit aux bords du gouffre, attendant, dans un morne désespoir, les premières lueurs du jour.

Sitôt qu'il parut, les quatre hommes descendirent, non sans peine, et me trouvèrent sans connaissance, suspendu par ma ceinture, la tête en bas. La jument, morte, gisait à quelques toises plus bas, au fond du ravin. J'avais dix blessures à la tête, le bras gauche entièrement dépouillé, les côtes enfoncées, et les jambes écorchées jusqu'à l'os. Lorsqu'on me déposa aux pieds de Scheik-Ibrahim, je ne donnais aucun signe de vie. Il se jeta sur moi en pleurant; mais, ayant des connaissances en médecine, et ne voyageant jamais sans une petite pharmacie, il ne s'abandonna pas longtemps à un chagrin stérile. Il s'assura d'abord, par des spiritueux appliqués aux narines, que je n'étais pas complétement mort, me plaça avec précaution sur un chameau, et revint sur ses pas jusqu'au village El-Habedin.

Pendant ce court trajet, mon corps s'enfla prodigieusement, sans donner d'autre signe de vie. Le scheik du village me fit déposer sur un matelas, et envoya chercher un chirurgien à Homs. Je restai neuf heures entières sans montrer la plus légère sensibilité. Au bout de ce temps, j'ouvris les yeux, sans avoir aucune perception de ce qui se passait autour de moi, ni le moindre souvenir de ce qui m'était arrivé. Je me trouvais comme sous l'influence d'un songe, n'éprouvant aucune douleur. Je restai ainsi vingt-quatre heures, et ne sortis de cette léthargie que pour ressentir des douleurs inouïes : mieux eût valu cent fois rester au fond du précipice.

Scheik-Ibrahim ne me quittait pas un instant, et s'épuisait en offres de récompenses au chirurgien, s'il parvenait à me sauver. Il y apportait bien tout le zèle possible, mais il n'était pas très-habile; et, au bout de trente jours, mon état empira tellement qu'on craignit la gangrène. Le drayhy était venu me voir dès qu'il avait appris mon accident; lui aussi pleura sur moi, et offrit de riches présents au chirurgien pour activer son zèle; mais, au plus fort de sa sensibilité, il ne pouvait s'empêcher de témoigner ses regrets de la perte de sa jument Abaïge, qui était de pur sang, et valait dix mille piastres. Au reste, ainsi qu'Ibrahim, le chagrin le mettait hors de lui; tous deux craignaient non-seulement de me perdre, car ils m'étaient véritablement attachés, mais encore de voir échouer toutes leurs opérations, par suite de ma mort. Je tâchais de les rassurer, leur disant que je ne croyais pas mourir; mais rien n'annonçait que je serais en état de voyager de bien longtemps, quand même je ne succomberais pas.

Le drayhy fut obligé de prendre congé de nous pour continuer sa migration vers l'orient, où il allait passer l'hiver. Scheik-Ibrahim se désespérait en voyant mon état empirer chaque jour. Enfin, ayant appris qu'un chirurgien plus habile que le mien demeurait à El-Daïr-Attié, il le fit appeler; mais il refusa de venir, exigeant que le malade fût transporté chez lui : en conséquence, on me fit une espèce de litière du mieux que l'on put, et l'on m'y porta, au risque de me voir expirer en route. Ce nouveau chirurgien changea entièrement l'appareil de mes blessures, et les lava avec du vin chaud; je restai trois mois chez lui, souffrant le martyre, et regrettant mille fois la mort à laquelle j'avais échappé; je fus ensuite transporté au village de Nabek, où je gardai le lit pendant cinq autres mois. Ce ne fut qu'au bout de ce temps que commença véritablement ma convalescence; encore fut-elle souvent interrompue par des rechutes; lorsque je voyais un cheval, par exemple, je pâlissais et tombais évanoui : cet état nerveux dura près d'un mois. Enfin, peu à peu je parvins à me vaincre à cet égard; mais je dois avouer qu'il m'est toujours resté un frisson désagréable à la vue de cet animal, et je jurai de ne jamais monter à cheval sans une nécessité absolue.

Ma maladie coûta près de cinq cents talaris à Scheik-Ibrahim; mais comment évaluer ses soins et ses attentions paternelles? Je lui dois certainement la vie.

Pendant ma convalescence, nous apprîmes que notre ami, le pacha de Damas, était remplacé par un autre, Soliman-Selim. Cette nouvelle nous contraria beaucoup, nous faisant craindre de perdre notre crédit sur les Turcs.

Dix mois s'étaient écoulés, un second printemps était venu, et nous attendions avec impatience l'arrivée de nos amis les Bédouins, lorsqu'un courrier vint heureusement nous annoncer leur approche. Nous nous hâtâmes de le renvoyer au drayhy, qui le récompensa largement de la bonne nouvelle qu'il lui apportait de mon rétablissement; elle causa une joie universelle au camp, où l'on me croyait mort depuis longtemps. Nous attendîmes encore quelques jours que la tribu se fût approchée davantage. Dans cet intervalle, une histoire singulière vint à ma connaissance; je la crois digne d'être racontée comme détail de mœurs.

Un négociant de l'Anatolie, escorté de cinquante hommes, menait dix mille moutons pour les vendre à Damas. En route, il fit connaissance avec trois Bédouins, et se lia d'amitié avec l'un d'eux; au moment de se séparer, celui-ci proposa de lier fraternité avec lui. Le négociant ne voyait pas trop à quoi lui servirait d'avoir un frère parmi de pauvres Bédouins, lui propriétaire de dix mille moutons, et escorté de cinquante soldats; mais le Bédouin, nommé Chatti, insistant, pour se débarrasser de son importunité, il consentit à lui donner deux piastres et une poignée de tabac, comme gages de fraternité. Chatti partagea les deux piastres entre ses compagnons, leur disant :

— «Soyez témoins que cet homme est devenu mon frère. » Puis ils se séparèrent, et le marchand n'y pensa plus. Arrivé dans un lieu nommé Aïn-el-Alak, un parti de Bédouins, supérieur en nombre, attaqua son escorte, la mit en déroute, s'empara de ses moutons et le dépouilla entièrement, ne lui laissant que sa chemise; il arriva à Damas dans ce piteux état, maudissant les Bédouins et son prétendu frère Chatti, qu'il accusait de l'avoir trahi et vendu.

Cependant la nouvelle de cette riche capture se répandit dans le désert, et parvint aux oreilles de Chatti, qui, ayant été chercher ses deux témoins, vint avec eux devant Soultan-el-Brrak, chef de la tribu El-Ammour, lui déclara qu'il était frère du négociant qui venait d'être dépouillé, et le somma de lui faire rendre justice, afin qu'il pût remplir les devoirs de la fraternité. Soultan, ayant reçu la déposition des deux témoins, fut obligé d'accompagner Chatti chez le scheik de la tribu El-Nahimen, qui s'était emparée des moutons, et de les réclamer selon leurs lois. Le scheik se vit contraint de les rendre; et Chatti, après s'être assuré qu'il n'en manquait aucun, se mit en route pour Damas, avec les bergers et les troupeaux.

Les ayant laissés en dehors de la ville, il y entra pour chercher son frère, qu'il trouva tristement assis devant un café du bazar. Il alla droit à lui d'un air joyeux; mais celui-ci se détourna avec colère, et Chatti eut bien de la peine à s'en faire écouter, et plus encore à lui persuader que ses moutons l'attendaient hors des portes. Il craignait un nouveau piége, et ne consentit que difficilement à suivre le Bédouin. Enfin, convaincu à l'aspect de son troupeau, il se jette au cou de Chatti, et, après lui avoir exprimé toute sa reconnaissance, cherche vainement à lui faire accepter une récompense proportionnée à un tel service. Le Bédouin ne voulut jamais recevoir qu'une paire de bottes et un *caffié* (mouchoir) valant au plus un talari; et après avoir *mangé* avec son ami, il repartit pour sa tribu.

Notre première entrevue avec le drayhy fut vraiment touchante. Il vint lui-même, avec les principaux de sa tribu, nous chercher au village de Nabek, et nous ramena pour ainsi dire en triomphe au camp. Chemin faisant, il nous raconta les guerres qu'il avait soutenues dans le territoire de Samarcande, et le bonheur qu'il avait eu de vaincre quatre des principales tribus [1], et de les amener ensuite à signer le traité. Il était important d'avoir détaché à temps ces tribus de l'alliance des Wahabis, dont ils étaient jadis tributaires; car le bruit courait que nos ennemis préparaient une armée formidable, et se flattaient de se rendre maîtres de toute la Syrie. Bientôt après nous apprîmes que cette armée était en route, répandant partout sur son passage la terreur et la dévastation.

Le pacha de Damas envoya ordre aux gouverneurs de Homs et de Hama de faire monter la garde jour et nuit, et de tenir leurs troupes prêtes pour le combat. Les habitants fuyaient vers la côte, pour échapper aux sanguinaires Wahabis, dont le nom seul suffisait pour leur faire abandonner leurs foyers.

Le drayhy reçut du pacha l'invitation de venir à Damas conférer avec lui; mais, craignant quelque trahison, il s'excusa sous prétexte de ne pouvoir quitter son poste dans cet instant critique. Il lui demanda même quelques troupes comme auxiliaires, espérant avec elles pouvoir tenir tête à

---

[1] La tribu El-Krassa, chef Zahauran-Ebn-Houad; la tribu El-Mahlac, chef Nabac-Ebn-Habed; la tribu El-Meraikhrat, chef Roudan-Ebn-Abed : enfin la tribu El-Zecker, chef Matlac-Ebn-Fayhan.

l'ennemi. En attendant ce renfort, le drayhy fit faire l'annonce solennelle de la guerre, selon la coutume des Bédouins dans les grandes occasions; voici comment : On choisit une chamelle blanche qu'on noircit entièrement avec du noir de fumée et de l'huile; on lui mit un licou de poil noir, et on la fit monter par une jeune fille habillée de noir, le visage et les mains également noircis. Dix hommes la conduisirent de tribu en tribu; en arrivant, elle criait trois fois :

— « Renfort! renfort! renfort! Qui de vous blanchira » cette chamelle? Voilà un morceau de la tente du drayhy, » qui menace ruine. Courez, courez, grands et généreux » défenseurs! Le Wahabi arrive, il enlèvera vos alliés et vos » frères. Vous tous qui m'entendez, adressez vos prières aux » prophètes Mahomet et Ali, le premier et le dernier. »

En disant ces mots, elle distribuait des poignées de poil noir, et des lettres du drayhy qui indiquaient le lieu du rendez-vous aux bords de l'Oronte. En peu de temps notre camp fut grossi de trente tribus réunies dans une même plaine : les cordes des tentes se touchaient.

Le pacha de Damas envoya à Hama six mille hommes, commandés par son neveu Ibrahim-Pacha, pour y attendre d'autres troupes que devaient fournir les pachas d'Acre et d'Alep. Elles étaient à peine réunies, qu'on apprit l'arrivée des Wahabis à Palmyre par les habitants qui venaient se réfugier à Hama; Ibrahim-Pacha écrivit au drayhy, qui se rendit auprès de lui, et ils convinrent ensemble de leur plan de défense. Le drayhy, qui m'avait amené avec lui comme conseiller, m'ayant fait connaître ses conventions, je lui fis observer que celle qui réunissait les Bédouins et les Turcs en un seul camp était fort dangereuse, ces derniers, au moment de la mêlée, n'ayant aucun moyen de distinguer leurs amis de leurs ennemis. En effet, tous les Bédouins, vêtus de même, ne se reconnaissent entre eux, au fort du combat, que par leurs cris de guerre; chaque tribu répète continuellement le sien : Khraïl-el-Allia-Douatli, Khraïl-el-Biouda-Hassny, Khraïl-el-Hamra-Daffiry, etc. Khraïl signifie cavaliers; Allia, Biouda, Hamra, indiquent la couleur de quelque jument favorite; Douatli, Hassny, Daffiry, sont les noms de la tribu; c'est comme si l'on disait : *cavalier de la jument rouge de Daffir*, etc. D'autres invoquent leur sœur ou quelque autre beauté; ainsi le cri de guerre du drayhy est Ana-Akhron-Rabda : Moi le frère de Rabda; celui de Mehanna : Moi le frère de Fodda; tous deux ont des sœurs renommées pour leur beauté. Les Bédouins mettent beaucoup d'orgueil dans leur cri de guerre, et traiteraient de lâche celui qui n'oserait prononcer le sien au moment du danger.

Le drayhy se rendit à mes raisons, et fit consentir, quoique avec peine, Ibrahim-Pacha à une division de leurs forces.

Le lendemain nous revînmes au camp, suivis de l'armée musulmane, composée de Dalatis, d'Albanais, de Mogrebins, de Houaras et d'Arabes; en tout quinze mille hommes. Ils avaient avec eux quelques pièces de canon, des mortiers et des bombes; ils dressèrent leurs tentes à une demi-heure des nôtres. La fierté de leur aspect, la variété et la richesse de leurs costumes, leurs drapeaux, formaient un coup d'œil magnifique; mais, malgré leur belle apparence, les Bédouins se moquaient d'eux, et disaient qu'ils seraient les premiers à fuir.

Dans l'après-midi du second jour, nous aperçûmes du côté du désert un grand nuage qui s'étendait comme un brouillard épais, aussi loin que l'œil pouvait atteindre; peu à peu ce nuage s'éclaircit, et nous vîmes paraître l'armée ennemie.

Cette fois ils avaient amené leurs femmes, leurs enfants et leurs troupeaux : ils établirent leur camp à une heure du nôtre; il était composé de cinquante tribus, formant en tout soixante-quinze mille tentes. Autour de chacune étaient attachés des chameaux, un grand nombre de moutons qui, joints aux chevaux et aux guerriers, formaient une masse formidable à l'œil. Ibrahim-Pacha en fut épouvanté, et envoya en toute hâte chercher le drayhy, qui, après avoir un peu remonté son courage, revint au camp faire faire les retranchements nécessaires. A cet effet on réunit tous les chameaux, on les lia ensemble par les genoux et on les plaça sur deux rangs, devant les tentes. Pour compléter ce rempart, un fossé fut creusé derrière eux. L'ennemi en fit autant de son côté. Le drayhy ordonna ensuite de préparer le hatfé.

Voici en quoi consiste cette singulière cérémonie : On choisit la plus belle parmi les filles des Bédouins; on la place dans un haudag richement orné, que porte une grande chamelle blanche. Le choix de la fille qui doit occuper ce poste honorable, mais périlleux, est fort important, car le succès de la bataille dépend presque toujours d'elle. Placée en face de l'ennemi, entourée de l'élite des guerriers, elle doit les exciter au combat; l'action principale se passe toujours autour d'elle, et des prodiges de valeur la défendent. Tout serait perdu, si le hatfé tombait au pouvoir de l'ennemi : aussi, pour éviter ce malheur, la moitié de l'armée doit toujours l'environner. Les guerriers se succèdent sur ce point où le combat est le plus vif, et chacun vient demander de l'enthousiasme à ses regards.— Une jeune fille, nommée Arkié, qui réunissait à un haut degré le courage, l'éloquence et la beauté, fut choisie pour le hatfé. L'ennemi prépara aussi le sien, et bientôt après la bataille commença. Les Wahabis se divisèrent en deux corps : le premier et le plus considérable, commandé par Abdallah-el-Hédal, le général en chef, était devant nous; le second, commandé par Abou-Nocta, devant les Turcs. Le caractère de ceux-ci et leur manière de combattre sont diamétralement opposés à ceux des Bédouins. Le Bédouin, prudent et de sang-froid, commence d'abord avec calme; puis, s'animant peu à peu, bientôt il devient furieux et irrésistible. Le Turc, au contraire, orgueilleux et suffisant, fond avec impétuosité sur l'ennemi, et croit qu'il n'a qu'à paraître pour vaincre; il jette ainsi tout son feu dans le premier choc.

Le pacha Ibrahim, voyant les Wahabis attaquer froidement, se crut assez fort pour disperser à lui seul leur armée entière; mais, avant la fin de la journée, il avait appris à ses dépens à respecter son adversaire : force lui fut de faire replier ses troupes, et de nous laisser tout le poids de l'action.

Le coucher du soleil suspendit le combat, mais il y eut beaucoup de monde tué de part et d'autre.

Le lendemain, nous reçûmes un renfort : la tribu El-Hadidi arriva. Elle était forte de quatre mille hommes, tous montés sur des ânes et armés de fusils. Nous fîmes le dénombrement de nos forces : elles s'élevaient à quatre-vingt mille hommes; les Wahabis en avaient cent cinquante mille : aussi le combat du lendemain fut-il à leur avantage, et le bruit de notre défaite, exagérée comme il arrive toujours en pareil cas, se répandit à Hama, et jeta l'épouvante parmi les habitants. Le surlendemain, ils furent rassurés sur notre compte, et, durant vingt jours, des alternatives de bonne et de mauvaise fortune éprouvèrent notre constance. Les combats devenaient plus terribles de jour en jour. Le quinzième, nous eûmes à combattre un nouvel ennemi plus redoutable que les Wahabis : la famine. La ville de Hama, qui seule pouvait fournir à la subsistance des deux armées, s'épuisait, ou cachait ses ressources. Les Turcs prenaient la fuite; nos alliés se dispersaient pour ne pas mourir de faim. Les chameaux, formant les remparts du camp, se dévoraient entre eux. Au milieu de ces affreuses calamités, le courage d'Arkié ne faiblit pas un instant. Les plus braves de nos guerriers se faisaient tuer à ses côtés. Elle ne cessait de les encourager, de les exciter, et d'applaudir à leurs efforts. Elle animait les vieillards en louant leur valeur et leur expérience; les jeunes gens, par la promesse d'épouser celui qui lui apporterait la tête d'Abdallah-el-Hédal. Me tenant continuellement près de son haudag, je voyais tous les guerriers se présenter à elle pour avoir des paroles d'encouragement, et s'élancer ensuite dans la mêlée, enthousiasmés par son éloquence. J'avoue que je préférais entendre ces compliments à les recevoir; car ils étaient presque toujours les avant-coureurs de la mort.

Je vis un jour un beau jeune homme, un de nos plus braves cavaliers, se présenter devant le haudag. « Arkié, » dit-il, ô toi la plus belle parmi les belles, laisse-moi voir » ton visage; je vais combattre pour toi. » Arkié, se montrant, répondit : « Me voici, ô toi le plus vaillant! Tu con- » nais mon prix, c'est la tête d'Abdallah. » Le jeune homme brandit sa lance, pique son coursier, et s'élance au milieu des ennemis. En moins de deux heures il avait succombé, couvert de blessures.

« — Dieu vous conserve! dis-je à Arkié; le brave a été tué.

» — Il n'est pas le seul qui ne soit point revenu, » répondit-elle tristement.

Dans ce moment parut un guerrier cuirassé de la tête aux pieds; ses bottes même étaient garnies d'acier, et son cheval couvert d'une cotte de mailles (les Wahabis comptaient vingt de ces guerriers parmi eux; nous en avions douze). Il s'avança vers notre camp, appelant le drayhy en combat singulier. Cet usage est de toute antiquité chez les Bédouins : celui qui est ainsi défié ne peut, sous peine de déshonneur, refuser le combat. Le drayhy, entendant son nom, se préparait à répondre à l'appel; mais ses parents se réunirent à nous pour l'en empêcher : sa vie était d'une trop haute importance pour la risquer ainsi; sa mort aurait entraîné la ruine totale de notre cause, et la destruction des deux armées alliées. La persuasion devenant inutile, nous fûmes obligés d'employer la force. Nous le liâmes avec des cordes, pieds et mains, contre des pieux fixés en terre, au milieu de sa tente : les chefs les plus influents le maintenaient et l'exhortaient à se calmer, lui montrant l'imprudence d'exposer le salut de l'armée pour répondre à l'insolente bravade d'un sauvage Wahabi. Cependant celui-ci ne cessait de crier :

« — Qu'il vienne, le drayhy ! voici son dernier jour ; c'est
» moi qui veux terminer sa carrière. »

Le drayhy, qui l'entendait, furieux de plus en plus, écumait de rage, rugissait comme un lion ; les yeux, rouges de sang, lui sortaient de la tête ; il se débattait contre ses liens avec une force effrayante. Ce tumulte attirait un rassemblement considérable autour de sa tente. Tout à coup un Bédouin, se faisant jour à travers la foule, se présente devant le drayhy. Une chemise liée sur ses reins par une ceinture de cuir, et un caffié sur la tête, formaient son unique vêtement. Monté sur un cheval alezan, et n'ayant pour toute arme qu'une lance, il venait demander à combattre le Wahabi à la place du scheik, en récitant les vers suivants :

« Aujourd'hui, moi, Téhaisson, je suis devenu maître du
» cheval Hadidi ; je le désirais depuis longtemps. Je voulais
» recevoir *sur son dos* les louanges dues à ma valeur. Je vais
» combattre et vaincre le Wahabi pour les beaux yeux de
» ma fiancée, et pour être digne de la fille de celui qui a
» toujours battu l'ennemi. »

Il dit, et s'élance au combat contre le guerrier ennemi.

Nul ne croyait qu'il pût résister une demi-heure à son redoutable adversaire, que son armure rendait invulnérable; mais s'il ne lui porta pas de coups bien meurtriers, il sut, avec une adresse merveilleuse, éviter les siens pendant deux heures que dura la lutte. Tout était en suspens. Le plus vif intérêt se manifestait de part et d'autre. A la fin, notre champion tourne bride et paraît fuir. Tout espoir est désormais perdu; l'ennemi va proclamer son triomphe. Le Wahabi le poursuit, et, d'une main affermie par la confiance du succès, lui jette sa lance; mais Téhaisson, prévoyant le coup, se baisse jusqu'à l'arçon de la selle, et l'arme passe en sifflant au-dessus de sa tête : alors, se retournant brusquement, il enfonce son fer dans la gorge de son adversaire, profitant de l'instant où celui-ci, forcé d'arrêter subitement son cheval devant le sien, lève la tête. Ce mouvement laissant un intervalle, entre le casque et la cuirasse, au-dessous du menton, la lance traversa de part en part, et le tua roide; mais, maintenu en selle par son armure, le cadavre fut emporté par le cheval jusqu'au milieu des siens, et Téhaisson revint triomphant à la tente du drayhy, où il fut reçu avec enthousiasme. Tous les chefs l'embrassèrent, le comblant d'éloges et de présents, et Scheik-Ibrahim ne fut pas un des derniers à lui témoigner sa reconnaissance.

Cependant la guerre et la famine duraient toujours : nous restâmes deux jours sans rien manger sous la tente du drayhy. Le troisième, il reçut trois couffes de riz que Mola-Ismaël, chef des Dalatis, lui envoyait en cadeau. Au lieu de le ménager comme une dernière ressource, il donna ordre de le faire cuire en totalité, et engagea à souper tous ceux qui étaient présents. Son fils Sahep ne voulut pas se mettre à table; mais, pressé par son père, il demanda qu'on lui remît sa portion, et il la porta à sa jument, disant qu'il aimait mieux souffrir lui-même que de la voir manquer de nourriture.

Nous étions au trente-septième jour depuis le commencement de la guerre; le trente-huitième, le combat fut terrible. Le camp des Osmanlis fut pris et saccagé : le pacha eut à peine le temps de rentrer dans Hama, poursuivi par les Wahabis, qui y mirent le siége.

La défaite des Turcs nous était d'autant plus funeste, qu'elle laissait le second corps d'armée de l'ennemi, commandé par le fameux nègre Abou-Nocta, libre de se joindre à Abdallah pour nous attaquer de concert. Le lendemain, commença une lutte affreuse : les Bédouins étaient tellement mêlés, qu'on ne distinguait plus rien. Ils s'attaquaient corps à corps avec le sabre; la plaine entière ruisselait de sang, la couleur du terrain avait totalement disparu; jamais, peut-être, il n'y eut pareille bataille : elle dura huit jours sans discontinuer. Les habitants de Hama, persuadés que nous étions tous exterminés, ne nous envoyaient plus ces rares provisions qui, de loin en loin, nous avaient préservés de mourir de faim. Enfin, le drayhy, voyant le mal à son comble, assemble les chefs et dit :

« Mes amis, il faut tenter un dernier effort. Demain il
» faut vaincre ou mourir. Demain, si Dieu le permet, je dé-
» truirai le camp ennemi : demain nous nous gorgerons de
» ses dépouilles. »

Un sourire d'incrédulité accueillit sa harangue; cependant quelques-uns plus courageux répondirent :

« — Dites toujours, nous vous obéirons.

» — Cette nuit, continua-t-il, il faut faire passer, sans
» bruit, vos tentes, vos femmes et vos enfants, de l'autre
» côté de l'Oronte. Que tout ait disparu avant le lever du
» soleil, sans que l'ennemi s'en aperçoive. Ensuite, n'ayant
» plus rien à ménager, nous tomberons sur lui en désespé-
» rés, et l'exterminerons ou périrons tous. Dieu sera pour
» nous, nous vaincrons. »

Tout fut exécuté ainsi qu'il l'avait dit, avec un ordre, une célérité et un silence incroyables. Le lendemain, il ne restait plus que les combattants. Le drayhy les partagea en quatre corps, ordonnant l'attaque du camp ennemi de quatre côtés à la fois. Ils se jetèrent sur leur proie comme des lions affamés. Ce choc, impétueux et simultané, eut tout le succès qu'on pouvait en attendre. La confusion et le désordre se mirent parmi les Wahabis, qui prirent la fuite, abandonnant femmes, enfants, tentes et bagages. Le drayhy, sans donner aux siens le temps de s'emparer du butin, les força de poursuivre les fuyards jusqu'à Palmyre, et ne les laissa reposer qu'après la dispersion totale de l'ennemi.

Dès que la victoire se fut déclarée pour nous, je partis avec Scheik-Ibrahim pour annoncer cette heureuse nouvelle à Hama; mais personne ne voulut y croire, et peu s'en fallut qu'on ne nous traitât nous-mêmes de fuyards.

Les habitants étaient dans l'agitation la plus extrême. Les uns couraient sur les hauteurs, d'où ils n'apercevaient que des nuages de poussière; les autres préparaient leurs mulets pour fuir vers la côte : mais bientôt, la défaite des Wahabis se confirmant, les démonstrations de la joie la plus extravagante succédèrent à cette grande terreur. Un Tartare fut expédié à Damas, et revint accompagné de quarante charges de blé, vingt-cinq mille piastres, un sabre et une pelisse d'honneur pour le drayhy, qui fit son entrée triomphale à Hama, escorté de tous les chefs des tribus alliées. Il fut reçu par le gouverneur, les agas, le pacha et toute sa cour, d'une manière splendide.

Après quatre jours de réjouissances, nous quittâmes Hama pour rejoindre nos tribus, et les conduire au levant à l'approche de l'hiver. Le drayhy partit avec douze d'entre elles : les autres, réunies en groupes de cinq ou six, se dispersèrent dans le désert de Damas. — Notre premier séjour fut à Tall-el-Déhab, dans le territoire d'Alep, où nous trouvâmes quatre tribus qui n'avaient pas pris part à la guerre. Les chefs vinrent au-devant du drayhy, pénétrés de respect pour ses récents exploits, et sollicitant la faveur d'être admis à signer notre traité d'alliance [1]. De là nous marchâmes sans nous arrêter pour rejoindre notre ami l'émir Faher, qui nous reçut avec les plus vives démonstrations de joie. Nous traversâmes l'Euphrate avec lui et plusieurs autres tribus qui entraient comme nous en Mésopo-

---

[1] Fares-Ebn-Aggib, chef de la tribu El-Bechakez, 500 tentes; Casan-Ebn-Unkban, chef de la tribu El-Chiamssi, 1,000 tentes; Sélamé-Ebn-Nahssan, chef de la tribu El-Fuaher, 600 tentes; Mehanna-el-Saneh, chef de la tribu El-Salba, 800 tentes.

tamie, et allaient, les unes du côté de Hama, les autres au désert de Bassora.

Nous reçûmes en route une lettre de Fares-el-Harba, nous annonçant que six des grandes tribus qui avaient combattu contre nous avec les Wahabis étaient campées dans le Hébassie, près de Machadali; qu'elles étaient assez disposées à faire alliance avec nous, et que si le drayhy voulait m'envoyer auprès de lui avec plein pouvoir de traiter, il se croyait sûr du succès. Je ne perdis pas un moment pour me rendre à son invitation, et, après six jours de marche, j'arrivai chez lui sans accident. Fares-el-Harba, ayant aussitôt fait lever le camp, me conduisit à une journée de ces tribus[1]. Alors j'écrivis en son nom à l'émir Douackhry, le chef de la tribu El-Fedhan, pour l'engager à faire alliance avec le drayhy, lui promettant l'oubli du passé. Douackhry vint en personne chez Fares-el-Harba, et nous fûmes bientôt d'accord; mais il nous dit ne pouvoir répondre que de sa tribu, regardant comme très-difficile de réussir auprès des cinq autres. Il me proposa cependant de l'accompagner chez lui, m'offrant de réunir les chefs, et d'user de toute son influence auprès d'eux. Ayant accepté, je partis avec lui.

Arrivé au milieu de ce qui devait être un campement, je fus péniblement affecté de voir des hordes innombrables de Bédouins accroupis au gros soleil : ayant perdu leurs tentes et leurs bagages dans la bataille, ils n'avaient pas d'autres

[1] La tribu El-Fedhan, composé de 5,000 tentes; celle de El-Sabha, 4,000 tentes; celle de El-Fakaka, 1,500; celle de El-Messahid, 3,500; celle de El-Salca, 3,000; enfin celle de Benni-Dehabb, 5,000.

lits que la terre, d'autre couverture que le ciel. Quelques haillons, suspendus çà et là sur des piquets, donnaient un peu d'ombre à ces malheureux, qui s'étaient dépouillés de leur unique vêtement pour se procurer ce faible abri contre l'ardeur du soleil, et qui gisaient le corps nu, exposés à la piqûre des insectes et aux pointes épineuses de la plante que broutent les chameaux. Plusieurs même n'avaient aucune défense contre la chaleur du jour et la fraîcheur de la nuit, dont le contraste est meurtrier dans cette saison, où l'hiver commençait à se faire sentir.

Jamais je n'avais eu l'idée d'une misère si complète. Ce triste spectacle me serra le cœur et m'arracha des larmes, et je fus quelque temps à me remettre du saisissement qu'il m'avait occasionné.

Le lendemain, Douackhry assembla les chefs et les vieillards; ils étaient au nombre de cinq cents. Seul au milieu d'eux, je désespérai de m'en faire entendre, et surtout de pouvoir les réunir dans un même sentiment. Ces hommes de caractère et de mœurs indépendantes, aigris par le malheur, ouvraient tous des avis différents; et si aucun n'espérait de faire prévaloir le sien, au moins tenait-il à honneur de le soutenir obstinément, laissant chacun libre d'en faire autant. Les uns voulaient aller au pays de Neggde; d'autres, se retirer à Samarcande; ceux-ci vociféraient des imprécations contre Abdallah, chef de l'armée des Wahabis; ceux-là accusaient le drayhy de tous leurs maux.

Au milieu de ce conflit, je m'armai de courage, et cherchai à réfuter les uns et les autres. Je commençai d'abord par ébranler leur confiance dans les Wahabis, leur disant qu'Abdallah était nécessairement devenu leur ennemi depuis qu'il l'avait abandonné au jour du dernier combat, et qu'il cherchait à s'en venger. Qu'en allant dans le Neggde, ils se précipitaient volontairement sous la domination d'Ebn-Sihoud, qui les écraserait de contributions, et chercherait à leur faire supporter tout le poids d'une guerre désastreuse. Qu'ayant une fois déserté sa cause et s'étant tirés de ses griffes, il ne fallait pas faire comme l'oiseau qui, échappé au fusil du chasseur, va tomber dans le filet de l'oiseleur. Enfin, je m'avisai de la fable du faisceau, pensant que cette simple démonstration aurait de l'effet sur ces âmes naïves ; et je me déterminai à en faire devant eux l'application. Les ayant exhortés à se réunir pour résister à toute oppression, je pris des mains des scheiks une trentaine de djérids, et j'en présentai un à l'émir Fares, le priant de le rompre ; ce qu'il fit aisément. Je lui en présentai successivement deux, et puis trois, qu'il rompit de même, car c'était un homme d'une grande force musculaire. Ensuite je lui présentai tout le faisceau, qu'il ne put ni rompre ni plier. « Machalla, lui dis-je, tu n'as pas de » force ; » et je passai les bâtons à un autre, qui ne réussit pas davantage. Alors un murmure général s'élevant dans l'assemblée :

« Qui donc pourrait briser une telle masse ? » s'écrièrent-ils d'un commun accord.

« — Je vous prends par vos paroles, » répondis-je ; et, dans le langage le plus énergique, je leur fis l'application de l'apologue, ajoutant que j'avais tant souffert de les voir sans abri et sans vêtements, que je m'engageais à solliciter du drayhy la restitution de leurs bagages et de leurs tentes; et que je connaissais assez sa magnanimité pour répondre du succès de ma demande, s'ils entraient franchement dans l'alliance dont je venais de leur prouver les avantages. Et tous d'une seule voix s'écrièrent : « Tu as » vaincu, Abdallah; nous sommes à toi à la vie, à la mort! » Et tous vinrent m'embrasser. Ensuite il fut convenu qu'ils donneraient rendez-vous au drayhy dans la plaine de Halla, pour apposer leur cachet au traité.

Le lendemain, ayant de nouveau traversé l'Euphrate, je rejoignis notre tribu, que je rencontrai le cinquième jour. Mes amis étaient en peine de ma longue absence, et le récit de mon heureuse négociation les combla de joie. J'ai si souvent raconté les réunions, les repas et les réjouissances de toutes sortes, que je ne décrirai pas de nouveau ce qui eut lieu à la signature du traité de paix. L'émir Douackhry enterra sept pierres, et consomma ainsi l'alliance.

Après le dîner, il y eut une cérémonie que je n'avais pas encore vue, celle de prêter serment de fidélité sur le pain et le sel. Ensuite le drayhy déclara qu'il était prêt à remplir l'engagement que j'avais pris en son nom, en rendant le butin fait sur les six tribus qui venaient de s'unir à lui. Mais il ne suffisait pas d'avoir cette généreuse volonté, il fallait encore trouver le moyen de l'exécuter. Dans le pillage du camp des Wahabis et de leurs alliés, les dépouilles de cinquante tribus étaient confondues : y reconnaître la propriété de chacun n'était pas chose facile. Il fut décidé que les femmes seules pouvaient y réussir; et l'on ne saurait se faire une idée de la fatigue et de l'ennui des cinq journées qui furent employées à leur faire reconnaître le bétail, les tentes et les bagages des diverses tribus. Chaque chameau et chaque mouton a sur la cuisse deux chiffres marqués avec un fer chaud, celui de la tribu et celui du propriétaire; mais pour peu que les chiffres se ressemblent ou soient à moitié effacés, ainsi qu'il arrive constamment, la difficulté devient extrême; et il fallait plus que de la générosité pour s'exposer à subir ces contestations, et s'exténuer à mettre d'accord les prétentions des uns et des autres. Aussi étais-je tenté de me repentir de mon élan de compassion et de ma promesse imprudente.

A cette époque, une grande caravane, allant de Bagdad à Alep, vint à passer, et fut dépouillée par les Fedans et les Sabhas. Elle était très-richement chargée d'indigo, café, épices, tapis de Perse, cachemires, perles, et autres objets précieux; nous l'évaluâmes à dix millions de piastres. Dès que cette capture fut connue, des marchands arrivèrent, quelques-uns de fort loin, pour troquer ou acheter ces richesses des Bédouins, qui les vendaient, ou plutôt les donnaient presque pour rien. Ainsi, ils échangeaient une mesure d'épices contre une mesure de dattes; un cachemire de mille francs contre un *machlas* noir; une caisse d'indigo contre une robe de toile; des pièces entières de foulards de l'Inde contre une paire de bottes. Un marchand de Moussoul acheta, pour une *chemise,* un *machlas* et une paire de bottes, des marchandises valant plus de quinze mille piastres; et une bague de diamants fut donnée pour un *rotab* de tabac. J'aurais pu faire ma fortune dans cette occasion ; mais M. Lascaris me défendit de rien acheter ou recevoir en cadeau, et j'obéis scrupuleusement.

De jour en jour, il nous arrivait, du pays de Neggde, des tribus qui abandonnaient les Wahabis pour se joindre à nous : les unes attirées par la grande réputation du drayhy, les autres par suite de querelles avec le roi Ebn-Sihoud. Une circonstance de ce genre nous amena à la fois cinq tribus. L'émir de la tribu Beny-Tay avait une fille fort belle, nommée Camare (Lune). Fehrab, fils du chef d'une tribu voisine et parent du Wahabi, en devint épris, et sut gagner son affection. Le père de la jeune fille s'en étant aperçu, lui défendit de parler au prince, refusant lui-même de le recevoir et d'écouter ses propositions de mariage, Camare étant destinée à son cousin Tamer.

C'est un usage chez les Bédouins, et qui rappelle ceux qui nous sont transmis par la Bible, que le plus proche parent soit préféré à tout autre, lorsqu'il y a une jeune fille à marier. Mais Camare, sans se laisser influencer par cette coutume de son pays, ni intimider par les menaces de son père, refusa positivement d'épouser son cousin; et, son amour augmentant en raison des obstacles qu'on y opposait, elle ne cessa de profiter de toutes les occasions de correspondre avec son amant. Cependant celui-ci, ne voyant aucun espoir de l'obtenir de ses parents, résolut de l'enlever, et lui en fit faire la proposition par une vieille femme qu'il avait gagnée. Ayant son consentement, il s'introduisit dans la tribu Beny-Tay déguisé en mendiant, et convint avec elle de l'heure et des circonstances de l'enlèvement. Au milieu de la nuit, la jeune fille sortit furtivement de la tente de son père, rejoignit le prince, qui l'attendait à l'entrée du camp. Il la plaça en croupe sur sa jument, et s'élança dans la plaine. Mais la célérité de la fuite n'avait pu la dérober à l'œil jaloux de Tamer : amoureux de sa cousine et déterminé à soutenir ses droits, il surveillait depuis longtemps les démarches de son rival, et montait lui-même la garde toutes les nuits auprès de la tente de Camare. Il faisait sa ronde autour du camp lorsque les amants s'échappèrent; il les aperçut, et se mit à leur poursuite. La jument de Fehrab, qui avait la vitesse naturelle à la race de Nedgdié, pressa encore sa course, stimulée de toute l'impatience de son maître; mais, chargée du poids de deux personnes, le moment arriva où elle n'eut plus la force d'obéir aux coups redoublés de l'étrier : elle tombe. Fehrab voit Tamer près de l'atteindre : il dépose à terre son amante, et s'apprête à la défendre. Le combat fut terrible et l'issue tragique. Tamer vainqueur tue Fehrab et s'empare de sa cousine; mais, épuisé de fatigue et désormais plein de sécurité, il s'endort un moment à ses côtés. Camare, qui épie son sommeil, saisit le sabre teint du sang de son amant, coupe la tête à son ravisseur, se précipite elle-même sur le fer de sa lance, et se perce le cœur. Tous trois furent trouvés ainsi par ceux qui étaient allés à leur recherche.

Une guerre meurtrière entre les deux tribus suivit ce triste événement; celle de Fehrab, soutenue par les Wahabis, força à la retraite celle de Beny-Tay [1], qui vint avec

---

[1] La tribu Beny-Tay, composée de 4,000 tentes; celle de El-Hamarnid, 1,500 tentes; celle de El-Daffir, 2,500 tentes; celle de El-Hegiager, 800 tentes; enfin celle de El-Khresael, 3,000 tentes.

quatre autres tribus alliées demander protection au drayhy, dont la puissance n'avait désormais plus de rival. Cinq cent mille Bédouins, ralliés à notre cause, ne formaient qu'un seul camp, et couvraient la Mésopotamie comme une nuée de sauterelles.

Pendant que nous étions aux environs de Bagdad, une autre caravane venant d'Alep fut dépouillée par nos alliés. Elle était chargée de produits des manufactures d'Europe : des draps, des velours, des satins, de l'ambre, du corail, etc. Bien que le drayhy ne prît aucune part à cette spoliation, elle était trop dans les mœurs des Bédouins pour qu'il songeât à s'y opposer. — Le pacha de Bagdad demanda satisfaction, mais n'en obtint pas; et, voyant qu'il lui faudrait une armée de cinquante mille hommes au moins pour se faire justice, il renonça à ses prétentions, heureux de rester ami des Bédouins à tout prix.

Scheik-Ibrahim voyait ainsi se réaliser ses espérances au delà même de ses plus brillantes prévisions; mais tant qu'il restait quelque chose à faire, il ne voulait prendre aucun repos. Ainsi, ayant traversé le Tigre à Abou-el-Ali, nous continuâmes notre marche et entrâmes en Perse. Là encore la réputation du drayhy l'avait précédé; et des tribus du pays venaient continuellement fraterniser avec nous; mais dans notre vaste plan ce n'était pas assez de ces alliances partielles, il fallait encore s'assurer de la coopération du grand prince chef de toutes les tribus persanes, l'émir Sahid-el-Bokhrari, qui commande jusqu'aux frontières de l'Inde. La famille de ce prince est, depuis plusieurs siècles, souveraine des tribus errantes de Perse, et prétend descendre des rois Beni-el-Abass qui conquirent l'Espagne, et dont les descendants s'appellent encore les Bokhranis. Nous apprîmes qu'il était dans une province fort éloignée. Le drayhy ayant convoqué tous les chefs en conseil général, on se décida à traverser la Perse, en passant le plus près possible des côtes de la mer, afin d'éviter les montagnes dont l'intérieur du pays est hérissé, et de trouver des pâturages, bien que l'eau dût y être plus rare. Dans l'itinéraire d'une tribu, l'herbe est plus importante à rencontrer sur la route que l'eau, car celle-ci peut se transporter; mais rien ne saurait suppléer au manque de nourriture pour les troupeaux, dont dépend l'existence même de la tribu.

Ce voyage dura cinquante et un jours. Pendant tout ce temps nous ne rencontrâmes aucun obstacle de la part des habitants; mais notre marche fut souvent fort pénible, surtout à cause de la rareté de l'eau. Dans une de ces occasions, Scheik-Ibrahim ayant observé la nature du sol et la fraîcheur de l'herbe, conseilla au drayhy de faire creuser pour en chercher. Les Bédouins du pays traitèrent cette tentative de folie, disant que jamais il n'y en avait eu dans cet endroit, et qu'il fallait en envoyer prendre à six heures de là. Mais le drayhy insistait toujours :

« — Scheik-Ibrahim, disait-il, est un prophète; il faut lui
» obéir en tout. »

On creusa donc sur plusieurs points; et effectivement, à quatre pieds de profondeur, on trouva une eau excellente. En voyant cette heureuse réussite, les Bédouins proclamèrent avec acclamations Scheik-Ibrahim un vrai prophète, sa découverte un miracle; et peu s'en fallut, dans l'excès de leur reconnaissance, qu'ils ne l'adorassent comme un dieu.

Après avoir parcouru les montagnes et les vallées du Karman pendant plusieurs jours, nous arrivâmes à la rivière de Karassan, rapide et profonde; l'ayant traversée, nous nous dirigeâmes vers les côtes, où le chemin devient moins difficile. Nous fîmes connaissance avec les Bédouins de l'Agiam-Estan, qui nous accueillirent fort bien; et, le quarante-deuxième jour de marche depuis notre entrée en Perse, nous arrivâmes à El-Hendouan, où était campée une de leurs plus grandes tribus, commandée par Hebiek-el-Mahdan. — Nous espérions que notre voyage tirait à sa fin; mais le scheik nous apprit que l'émir Sahid était encore à neuf grandes journées de là, à Mérah-Famés, sur les frontières de l'Inde, nous offrant des guides pour nous y conduire, et nous indiquer les endroits où il fallait faire provision d'eau. Sans cette précaution, nous eussions été exposés à périr dans ce dernier trajet.

Des courriers prirent les devants pour avertir le grand prince de notre approche et de nos intentions pacifiques. Le neuvième jour, il vint à notre rencontre, à la tête d'une armée de formidable apparence. Dans le premier moment, nous ne savions pas trop si ce déploiement de forces était pour nous faire honneur ou pour nous intimider. Le drayhy commençait à se repentir de s'être aventuré si loin de ses alliés. — Cependant il fit bonne contenance, plaça les femmes et les bagages derrière les troupes, et s'avança avec l'élite de ses guerriers, accompagné de son ami le scheik Saker, celui à qui il avait, l'année précédente, délégué le commandement au désert de Bassora, et qui avait préparé toutes nos alliances pendant notre voyage en Syrie.

Ils furent bientôt rassurés sur les intentions du prince, qui, se détachant des siens, s'avança, avec quelques cavaliers, jusqu'au milieu de la plaine qui séparait les deux armées. Le drayhy en fit autant; et les deux chefs se rencontrèrent à moitié chemin, descendirent de cheval, et s'embrassèrent avec les démonstrations de la plus cordiale amitié.

Si je n'avais si souvent décrit l'hospitalité du désert, j'aurais bien des choses à raconter sur la réception que nous fit l'émir Sahid, et les trois jours qui se passèrent en festins; mais, pour éviter les répétitions, je n'en parlerai pas, et dirai seulement que les Bédouins de Perse, plus pacifiques que ceux d'Arabie, entrèrent facilement dans nos vues, et comprirent à merveille l'importance des résultats commerciaux que nous voulions établir avec l'Inde. — C'était tout ce qu'il était nécessaire de leur apprendre au sujet de notre entreprise. L'émir promit la coopération de toutes les tribus de Perse qui sont sous sa domination, et offrit son influence pour nous concilier celles de l'Inde, qui ont une grande considération pour lui à cause de l'ancienneté de sa race, et de sa réputation personnelle de sagesse et de générosité. Il fit avec nous un traité particulier, conçu en ces termes :

« Au nom du Dieu clément et miséricordieux, moi Sahid, fils de Bader, fils d'Abdallah, fils de Barakat, fils d'Ali, fils de Bokhrani, de bienheureuse mémoire, je déclare avoir donné ma parole sacrée au puissant drayhy Ebn-Chahllan, au scheik Ibrahim et à Abdallah-el-Kratib. — Je me déclare leur fidèle allié ; j'accepte toutes les conditions qui sont spécifiées dans le traité général qui est entre leurs mains. — Je m'engage à les aider et soutenir dans tous leurs projets, et à leur garder un secret inviolable. — Leurs ennemis seront mes ennemis; leurs amis, mes amis. — J'invoque le grand Ali, le premier parmi les hommes et le bien-aimé de Dieu, en témoignage de ma parole. — Salut. »

— Signé et cacheté.

Nous restâmes encore six jours avec la tribu de Sahid, et nous eûmes occasion de remarquer la différence qui existe entre les mœurs de ces Bédouins et les nôtres : ils sont plus doux, plus sobres, plus patients, mais moins braves, moins généreux, et surtout moins respectueux pour les femmes; ils ont beaucoup plus de préjugés religieux, et suivent les préceptes de la secte d'Ali. Outre la lance, le fusil et le sabre, ils ont encore une hache d'armes.

Le prince Sahid envoya au drayhy deux belles juments persanes, conduites par deux nègres : celui-ci, en retour, lui fit présent d'une jument noire de la race de Nedgdié, appelée Houban-Heggin, d'une grande valeur; il y ajouta quelques ornements pour ses femmes.

Nous étions campés non loin de Ménouna, la dernière ville de Perse, à vingt lieues de la frontière des Indes orientales, au bord d'une rivière que les Bédouins nomment El-Gitan.

Le septième jour, ayant pris congé de Sahid, nous nous remîmes en marche pour regagner la Syrie avant les chaleurs de l'été. Nous marchions rapidement et sans précautions, lorsqu'un jour, dans la province de Karman, nos bestiaux furent enlevés, et le lendemain nous fûmes attaqués nous-mêmes par une tribu puissante, commandée par l'émir Redaini, qui s'institue le gardien du kalifat de Perse : c'est un homme impérieux et jaloux de son autorité. Ces Bédouins, fort supérieurs en nombre, nous étaient de beaucoup inférieurs en courage et en tactique ; nos troupes se trouvaient bien mieux commandées. La position du drayhy était extrêmement critique. Nous étions perdus, si l'ennemi obtenait le moindre avantage : tous ces Bédouins du Karman nous auraient entourés comme d'un réseau, dont il n'aurait pas été possible de s'échapper. Il vit donc la nécessité d'imprimer le respect par une victoire décisive qui leur ôtât à l'avenir l'envie de se mesurer avec lui ; il prit les dispositions les plus habiles et les mieux combinées pour faire triompher le courage sur le nombre ; il déploya toutes les ressources de son génie militaire et de sa longue expérience, et fit lui-même des prodiges de valeur : jamais il n'avait été plus calme dans le commandement et plus impétueux dans le combat. Aussi l'ennemi, vaincu, fut-il obligé de battre en retraite, nous laissant libres de continuer notre voyage. Toutefois le drayhy, pensant qu'il ne serait pas prudent de laisser derrière lui une tribu hostile, quoique battue, ralentit sa marche, et envoya un courrier à l'émir Sahid pour l'instruire de ce qui venait de se passer. Ce messager nous rejoignit au bout de quelques jours, rapportant au drayhy une lettre fort amicale, qui en contenait une seconde adressée à Redaini, conçue en ces termes :

« Au nom de Dieu, le créateur suprême. Hommages et
» prières respectueuses soient adressées au plus grand, plus
» puissant, plus honorable, plus savant et plus beau des
» prophètes ; le courageux des courageux, le grand des
» grands, le calife des califes ; le maître du sabre, le rubis
» rouge, le convertisseur des âmes, l'Iman-Ali. Cette lettre
» est de Sahid-el-Bokrari, le grand des deux mers et des
» deux Perses, à son frère l'émir Redaini, le fils de Krou-
» kiar. Nous vous faisons savoir que notre frère l'émir
» drayhy Ebn-Chahllan, du pays de Bagdad et de Damas,
» est venu de loin pour nous visiter et faire alliance avec
» nous. Il a marché sur notre terre et mangé notre pain.
» Nous lui avons accordé notre amitié, et de plus nous avons
» pris des engagements particuliers avec lui, d'où il résul-
» tera un grand bien et une tranquillité générale. — Nous
» désirons que vous en fassiez autant ; gardez-vous d'y man-
» quer, car vous perdriez notre estime, et vous agiriez
» contre la volonté de Dieu et du glorieux Iman-Ali. »

Ici suivaient plusieurs citations de leurs livres saints, le
Giaffer-el-Giameh, et les saluts d'usage.

Nous envoyâmes cette lettre à l'émir Redaini, qui vint
nous trouver accompagné de cinq cents cavaliers, tous
très-richement vêtus d'étoffes brochées en or ; leurs armes
étaient montées en argent ciselé, et les lames de leurs sabres merveilleusement damasquinées. Des explications amicales ayant eu lieu, Redaini copia de sa main le traité particulier de l'émir Sahid, et y souscrivit ; ensuite il prit le
café, mais refusa de dîner avec nous, les fanatiques de la
secte d'Ali ne pouvant manger ni chez les chrétiens ni chez

les Turcs. Pour ratifier le contrat, il prêta serment sur le pain et sur le sel ; puis il embrassa le drayhy avec de grandes protestations de fraternité. Sa tribu, appelée El-Mehaziz, contient dix mille tentes.

Ayant pris congé de lui, nous continuâmes notre voyage à marches forcées, faisant quinze lieues par jour sans arrêter. Enfin nous arrivâmes devant Bagdad, et Scheik-Ibrahim y entra pour prendre de l'argent; mais la saison nous pressant, nous perdîmes le moins de temps possible. — En Mésopotamie, nous eûmes des nouvelles du Wahabi. Ebn-Sihoud avait fort mal reçu son général Hédal après sa défaite, et avait fait serment d'envoyer une armée plus puissante que la dernière, sous le commandement de son fils, pour tirer vengeance du drayhy et exterminer les Bédouins de la Syrie; mais après s'être mieux informé des ressources que le drayhy avait à lui opposer, et surtout de sa réputation personnelle, il changea de langage, et résolut de l'attirer à lui pour conclure une alliance. Les événements extérieurs, qui se compliquaient, donnaient beaucoup de probabilités à ce bruit, car le pacha d'Égypte, Méhémet-Ali, préparait une expédition pour envahir l'Arabie Pétrée et s'emparer des richesses de la Mecque, qui étaient entre les mains d'Ebn-Sihoud. Nous accueillîmes avec plaisir l'espoir, soit de faire la paix avec lui, soit de le voir affaibli par une puissance étrangère. Nous rencontrions continuellement sur notre route des tribus qui n'avaient pas encore eu occasion de signer le traité, et qui en profitaient avec empressement [1]. En arrivant en Syrie, nous reçûmes un courrier

---

[1] A Makial-el-Abed, nous rencontrâmes deux tribus, celle de Bercaje, commandée par Sahdoum-Ebn-Wuali, forte de 1,300 tentes, et

du roi des Wahabis, qui nous apportait un petit morceau de papier large de trois doigts, et long de six à peu près ; ils affectent d'employer ainsi la forme la plus exiguë, pour contraster avec les Turcs, qui écrivent leurs firmans sur de grandes feuilles. Les caractères arabes prennent si peu de place, que sur ce petit chiffon était écrite une lettre très-longue et assez impérieuse ; elle commençait par une sorte d'acte de foi ou déclaration que Dieu est unique et sans pareil ; qu'il est *un*, universel ; qu'il n'a point de semblable ; ensuite venaient tous les titres du roi, que Dieu a investi de son sabre pour soutenir son unité contre les idolâtres (les chrétiens), qui disent le contraire. Il continuait ainsi :

« Nous, Abdallah, fils d'Abdel-Aziz, fils d'Abdel-Wahabs,
» fils de Sihoud. — Nous vous faisons savoir, ô fils de Chahl-
» lan (puisse le Dieu seul adorable vous diriger dans le droit
» chemin !), que, si vous croyez en Dieu, vous devez obéir à
» son esclave Abdallah, à qui il a délégué son pouvoir, et
» venir chez nous sans crainte. — Vous serez notre bien-
» aimé fils ; nous vous pardonnerons le passé, et vous serez
» traité comme un de nous. — Mais gardez-vous de l'entête-
» ment et de la résistance à notre appel, car celui qui nous
» écoute est compté au nombre des habitants du paradis.

» Salut.

» *Signé* EL-MANHOULD-MENALLA-EBN-SIHOUD-
» ABDALLAH. »

celle de Mahimen, commandée par Fahed-Ebn-Salche, de 300 tentes. En traversant l'Euphrate devant Haiff, nous fîmes également alliance avec Alayan-Ebn-Nadjed, chef de la tribu Bonarba, composée de 500 tentes.

A la réception de cette lettre, nous tînmes un grand conseil de guerre; et, après avoir mûrement pesé tous les périls du voyage contre tous les avantages de l'alliance d'Ebn-Sihoud, le drayhy résolut de se rendre à son invitation. Scheik-Ibrahim m'ayant demandé si je me sentais le courage d'aller voir ce fanatique : « Je sais bien, lui répondis-
» je, que je risque plus que tout autre, à cause de sa haine
» pour les chrétiens; mais je place ma confiance en Dieu.
» Devant mourir une fois, et ayant déjà fait le sacrifice de
» ma vie, je suis prêt à le faire encore, pour conduire jus-
» qu'au bout l'entreprise que j'ai commencée. » Le désir de voir un pays si curieux et cet homme extraordinaire excitait mon courage. Aussi, ayant bien recommandé ma pauvre mère à M. Lascaris dans le cas où je viendrais à mourir, je partis avec le drayhy, son second fils Sahdoun, son neveu, son cousin, deux des principaux chefs et cinq nègres, tous montés sur des dromadaires. Pendant l'absence de son père, Saher devait commander la tribu, et la conduire au Horan à la rencontre du drayhy, qui comptait revenir par le Hégiaz.

Nous fîmes notre première halte chez les Bédouins Beny-Toulab, qui ne possèdent pour tout bien que quelques ânes, et vivent de la chasse des gazelles et des autruches; ils se vêtent de peaux de gazelle grossièrement cousues ensemble, et formant une longue robe à manches très-larges; la fourrure est en dehors, ce qui leur donne l'apparence de bêtes fauves. Je n'ai jamais rien vu de si sauvage que leur aspect.
— Ils nous donnèrent le divertissement d'une chasse aux autruches, qui m'intéressa beaucoup. La femelle de l'autruche dépose ses œufs dans le sable, et s'établit à quelque dis-

tance, le regard fixé sur eux; elle les couve, pour ainsi dire, des yeux, qu'elle ne détourne jamais du nid. Elle reste ainsi immobile la moitié de la journée, jusqu'à ce que le mâle vienne la relever : alors elle va chercher sa nourriture pendant que celui-ci fait la garde à son tour. Le chasseur, lorsqu'il a découvert des œufs, forme une espèce d'abri en pierre pour se cacher, et attend derrière le moment favorable. Lorsque la femelle est seule, et que le mâle est assez loin pour ne pas prendre l'alarme au coup de fusil, il tire à balle, court ramasser l'oiseau atteint du coup mortel, essuie son sang, et le replace dans la même position, près des œufs. Quand le mâle revient, il s'approche sans défiance pour commencer sa faction. Le chasseur, resté en embuscade, le tue, et emporte ainsi une double proie. Si le mâle a eu quelque sujet d'alarme, il s'éloigne en courant avec rapidité : on le poursuit alors, mais il se défend en lançant des pierres derrière lui, à la distance d'une portée de fusil, et avec une grande force. Il serait d'ailleurs dangereux de l'approcher trop quand il est en colère; car son extrême vigueur et sa taille élevée rendraient le combat périlleux, surtout pour les yeux du chasseur.

Lorsque la saison de la chasse aux autruches est passée, les Bédouins montent sur leurs ânes, et vont vendre leurs plumes à Damas et jusqu'à Bagdad.

Lorsqu'un d'eux veut se marier, il engage la moitié de sa chasse de l'année au père de sa fiancée, pour payer sa dot. Ces Bédouins ont une grande vénération pour la mémoire d'Antar, dont ils se prétendent les descendants; mais je ne sais jusqu'à quel point on peut ajouter foi à cette prétention. Ils nous récitèrent plusieurs fragments de son poëme.

Ayant pris congé d'eux, nous marchâmes au grand pas des dromadaires, et vînmes camper sur les bords d'un lac d'une grande étendue, appelé Raam-Beni-Hellal. Il reçoit ses eaux d'une colline que nous avions côtoyée.

Le lendemain, arrivés au milieu d'un désert aride, nous aperçûmes une petite oasis, formée d'un arbuste appelé jorfé; nous n'en étions plus qu'à quelques pas, lorsque nos dromadaires s'arrêtèrent court : nous crûmes d'abord qu'ils voulaient se reposer dans un endroit où un retour de végétation semblait leur annoncer de l'eau; mais nous reconnûmes bientôt que leur répugnance venait d'un effroi instinctif qui se manifestait par tous les signes d'une invincible terreur; ni caresses ni menaces ne pouvaient les faire avancer. Ma curiosité se trouvant excitée au plus haut degré, je mis pied à terre pour connaître la cause de leur épouvante; mais, à peine entré dans le bosquet, je reculai moi-même involontairement. La terre était jonchée de peaux de serpents de toute grandeur et de toute espèce. Il y en avait des milliers; quelques-unes grosses comme des câbles de vaisseau, d'autres minces comme des anguilles. Nous nous éloignâmes précipitamment de cet endroit, rendant grâces à Dieu de n'avoir trouvé que les peaux de ces reptiles venimeux.

Le soir, ne pouvant joindre aucun abri, il nous fallut passer la nuit au milieu du désert; mais j'avoue que mon imagination, frappée du spectacle horrible du bosquet, m'empêcha de fermer l'œil : je m'attendais à chaque instant à voir un énorme serpent se glisser sous ma tente, et dresser sa tête menaçante à mon chevet.

Le lendemain, nous atteignîmes une tribu considérable, tributaire des Wahabis; elle venait de Samarcande. Nous cachâmes soigneusement nos pipes, car Ebn-Sihoud défend sévèrement de fumer, et punit de mort toute infraction à ses ordres. L'émir Medjioun nous donna l'hospitalité, mais ne put contenir sa surprise de notre hardiesse à nous mettre ainsi à la merci du Wahabi, dont il nous peignit le caractère féroce en termes effrayants. Il ne nous dissimula pas que nous courions de grands dangers, Ebn-Sihoud ne se faisant aucun scrupule d'employer de fausses promesses pour user ensuite de trahison infâme. Le drayhy, qui, plein de loyauté, s'était avancé sur la foi de l'invitation du roi, sans s'imaginer qu'on pût manquer à sa parole, commença à se repentir de sa crédule confiance; mais, sa fierté l'empêchant de reculer, nous continuâmes notre voyage. Nous eûmes bientôt atteint le Nedgde, pays entrecoupé de vallons et de montagnes, et couvert de villes et de villages, outre une multitude de tribus errantes. Les villes paraissent fort anciennes, et attestent une population primitivement plus nombreuse et plus riche que celle qui les occupe maintenant. Les villages sont peuplés de Bédouins cultivateurs; le sol produit en abondance du blé, des légumes, et surtout des dattes. On nous raconta que les premiers habitants de ce pays l'abandonnèrent pour aller s'établir en Afrique sous la conduite d'un de leurs princes, nommé Beni-Hétal.

Nous trouvâmes partout une franche hospitalité, mais

partout aussi nous entendîmes des plaintes interminables sur la tyrannie d'Ebn-Sihoud. La crainte seule retenait ces peuples sous sa domination. Enfin, après quatorze jours de marche au pas des dromadaires, ce qui suppose une distance triple de celle d'une caravane dans le même espace de temps, nous arrivâmes dans la capitale des Wahabis. La ville est entourée d'un bois de dattiers ; les arbres se touchent, et laissent à peine le passage d'un cavalier entre leurs troncs ; aussi la ville se dérobe-t-elle derrière ce rempart, appelé les Dattiers de Darkisch. Ayant traversé ce bois, nous trouvâmes comme un second retranchement de monticules formés de noyaux de dattes amoncelés, ressemblant à une digue de petites pierres, et derrière, la muraille de la ville, que nous longeâmes pour arriver à une porte d'entrée qui nous conduisit au palais du roi. Ce palais, fort grand et à deux étages, est bâti en belles pierres de taille blanches. Informé de notre arrivée, Ebn-Sihoud nous fit conduire dans un de ses appartements, élégant et bien meublé, où l'on nous servit un repas copieux.

Nous trouvâmes ce début de bon augure, et nous nous applaudîmes de n'avoir pas cédé aux défiances qu'on avait voulu nous inspirer. Le soir, ayant mis ordre à notre habillement, nous fûmes nous présenter au roi : nous vîmes un homme de quarante-cinq ans environ, l'œil dur, le teint bronzé et la barbe très-noire ; il était vêtu d'une gombaz attachée autour des reins par une ceinture blanche, un turban rayé rouge et blanc sur la tête, un machlas noir jeté sur l'épaule gauche, tenant dans la main droite la baguette du roi Mahlab, insigne de son autorité : il était assis au fond d'une grande salle d'audience assez richement meublée de nattes, de tapis et de coussins. Les grands de sa cour l'entouraient. L'ameublement ainsi que les habillements étaient en coton ou en laine du Yémen, la soie étant défendue dans ses États, ainsi que tout ce qui rappelle le luxe et les usages des Turcs. J'eus le loisir de faire mes observations; car Ebn-Sihoud ayant répondu brièvement et d'un ton glacial au compliment du drayhy, nous nous assîmes, et attendîmes en silence qu'il entamât la conversation. Cependant, au bout d'une demi-heure, le drayhy, voyant qu'il ne commandait pas le café et ne se déridait pas, prit la parole, et dit :

« Je vois, ô fils de Sihoud, que vous ne nous recevez pas
» comme nous avions droit de nous y attendre. Nous avons
» marché sur vos terres et nous sommes entrés sous votre
» toit d'après votre invitation : si vous avez quelque chose
» contre nous, parlez, ne nous cachez rien. »

Ebn-Sihoud, lui lançant un regard de feu :

« Oui certes, répondit-il, j'ai beaucoup de choses contre
» vous : vos crimes sont impardonnables! Vous vous êtes
» révolté contre moi, et vous avez refusé de m'obéir; vous
» avez dévasté la tribu de Sachrer en Galilée, sachant qu'elle
» m'appartenait.

» Vous avez corrompu les Bédouins, et vous les avez
» réunis contre moi et contre mon autorité.

» Vous avez détruit mes armées, pillé mes camps, et sou-
» tenu mes mortels ennemis, les Turcs, ces idolâtres, ces
» profanateurs, ces scélérats, ces débauchés. »

Puis, s'animant de plus en plus et accumulant invectives sur invectives, sa rage ne connut plus de bornes, et il finit par nous ordonner de sortir de sa présence, pour attendre son bon plaisir.

Je voyais les yeux du drayhy s'enflammer, ses narines se gonfler; je craignais à chaque instant une explosion d'impuissante colère, qui n'aurait servi qu'à pousser le roi aux dernières extrémités; mais, se voyant entièrement sans défense, il se contint, et, se levant avec dignité, se retira lentement, pour réfléchir à ce qu'il devait faire. Tout tremblait devant les fureurs d'Ebn-Sihoud; nul n'aurait osé s'opposer à ses volontés. Nous restâmes deux jours et deux nuits dans notre appartement, sans entendre parler de rien : personne ne se souciait de nous approcher; ceux qui avaient paru les plus empressés lors de notre arrivée nous fuyaient, ou se moquaient de notre crédule confiance dans la foi d'un homme si connu pour son caractère perfide et sanguinaire. Nous nous attendions à chaque instant à voir arriver les satellites du tyran pour nous massacrer, et nous cherchions en vain quelques moyens de nous tirer de ses griffes. Le troisième jour, le drayhy, s'écriant qu'il aimait mieux la mort que l'incertitude, envoya chercher un des ministres du Wahabi, nommé Abou-el-Sallem, et lui dit : « Allez de ma » part porter ces paroles à votre maître :

« *Ce que vous voulez faire, faites-le promptement ; je ne* » *vous le reprocherai pas ; je ne m'en prendrai qu'à moi-* » *même de m'être livré entre vos mains.* »

El-Sallem obéit, mais ne revint pas; et, pour toute réponse, nous vîmes vingt-cinq nègres armés se ranger auprès de notre porte. Nous étions donc décidément prisonniers. Combien je maudissais la folle curiosité qui m'avait jeté dans un péril si gratuit! Le drayhy ne craignait pas la mort, mais la contrainte lui était insupportable; il se promenait à grands pas de long en large, comme un lion devant les barreaux de sa cage. Il me dit enfin :

« Je veux en finir; je veux parler à Ebn-Sihoud, et lui re-
» procher sa perfidie. Je vois que la douceur et la patience
» sont inutiles, je veux au moins mourir avec dignité. »

Il fit de nouveau demander El-Sallem, et dès qu'il l'aperçut :

« Retournez auprès de votre maître, lui dit-il; annoncez-
» lui que, par la foi des Bédouins, je réclame le droit de
» parler : il sera toujours à temps d'user de son bon plaisir,
» après qu'il m'aura entendu. »

Le Wahabi ayant accordé une audience, El-Sallem nous introduisit : arrivés en sa présence, le roi nous laissa debout, et, sans répondre au salut d'usage :

« Que voulez-vous? » dit-il brusquement.

Le drayhy, se redressant avec dignité, répondit :

« Je suis venu chez vous, ô fils de Sihoud, sur la foi de
» vos promesses, n'ayant qu'une suite de dix hommes, moi
» qui commande à des milliers de guerriers. Nous sommes

» sans défense entre vos mains; vous êtes au centre de votre
» puissance, vous pouvez nous broyer comme la cendre :
» mais sachez que, depuis la frontière de l'Inde jusqu'à la
» frontière du Neggde, dans la Perse, à Bassora, dans la
» Mésopotamie, le Hemad, les deux Syrie, la Galilée et le
» Horan, tout homme qui porte le caffié vous redemandera
» mon sang, et tirera vengeance de ma mort. Si vous êtes
» roi des Bédouins, comme vous le prétendez, comment
» vous abaissez-vous à la trahison? C'est le vil métier des
» Turcs. La trahison n'est pas pour le fort, mais pour le
» faible ou le lâche. Vous qui vantez vos armées, et qui
» prétendez tenir votre puissance de Dieu même, si vous ne
» voulez pas ternir votre gloire, rendez-moi à mon pays et
» combattez-moi à force ouverte : car, en abusant de ma
» bonne foi, vous vous déshonorez, vous vous rendez l'objet
» du mépris de tous, et causerez la ruine de votre royaume.
» J'ai dit; maintenant faites ce qu'il vous plaira; vous vous
» en repentirez un jour. Je ne suis qu'un sur mille; ma mort
» ne diminuera pas ma tribu, n'éteindra pas la race des
» Chahllan. Mon fils Sahen me remplacera; il reste pour
» conduire mes Bédouins et tirer vengeance de mon sang.
» Soyez donc averti, et que vos yeux s'ouvrent à la vérité. »

Pendant ce discours le roi jouait avec sa barbe, et se calmait peu à peu. Enfin, après un moment de silence :

« Allez en paix, dit-il; il ne vous arrivera rien que de
» bien. »

Nous nous retirâmes alors, mais sans cesser d'être gardés à vue.

Ce premier succès rassura les courtisans, qui avaient entendu avec terreur les paroles hardies du drayhy, et s'étonnaient de la manière dont le tyran les avait supportées. Ils commencèrent à se rapprocher de nous, et Abou-el-Sallem nous fit dîner chez lui. Cependant je n'étais pas très-rassuré pour mon compte; je pensais à la vérité qu'Ebn-Sihoud n'oserait pas pousser les choses aux dernières extrémités avec le drayhy, mais je craignais qu'il ne vînt à rejeter les torts sur mes conseils, et à me sacrifier, moi, obscur giaour, à son ressentiment. Je fis part de mes craintes au drayhy, qui me rassura en jurant qu'on n'arriverait à moi qu'en passant sur son cadavre, et que je sortirais le premier des portes de Darkisch.

Le lendemain, Ebn-Sihoud, nous ayant fait appeler, nous reçut très-gracieusement, et fit apporter le café. Bientôt il se mit à questionner le drayhy sur les personnes qui l'accompagnaient. Voici mon tour qui arrive, pensai-je; et le cœur me battit un peu. Je me remis cependant; et lorsque le drayhy m'eut nommé, le roi, se tournant vers moi :

« C'est donc vous, dit-il, qui êtes Abdallah le chrétien? »

Et sur ma réponse affirmative :

« Je vois, continua-t-il, que vos actions sont beaucoup
» plus grandes que votre personne.

» —La balle d'un fusil est petite, lui dis-je; elle tue pour-
» tant de grands hommes. »

Il sourit.

« J'ai bien de la peine, reprit-il, à croire tout ce qu'on a
» dit de vous : je veux que vous me répondiez franchement.
» Quel est le but de cette alliance à laquelle vous travaillez
» depuis plusieurs années?

» — Ce but est bien simple, lui répondis-je. Nous avons
» voulu réunir tous les Bédouins de la Syrie sous le com-
» mandement du drayhy, pour résister aux Turcs; vous
» voyez que nous formions ainsi une barrière impénétrable
» entre vous et vos ennemis.

» — Fort bien, dit-il; mais s'il en est ainsi, pourquoi
» avez-vous cherché à détruire mes armées devant Hama?

» — Parce que vous étiez un obstacle à nos projets, re-
» pris-je : ce n'était pas pour vous, mais pour le drayhy,
» que nous travaillions; son pouvoir une fois affermi dans la
» Syrie, la Mésopotamie et jusqu'à la Perse, nous voulions
» faire alliance avec vous, et devenir, par ce moyen, invul-
» nérables dans la possession de notre liberté absolue. En-
» fants de la même nation, nous devons défendre la même
» cause : c'est à cette fin que nous sommes venus ici pour
» former avec vous une union indissoluble. Vous nous avez
» reçus d'une manière offensante, et le drayhy vous l'a re-
» proché en termes offensants à son tour; mais nos intentions
» sont franches, et nous l'avons prouvé en venant sans armes
» nous confier à votre loyauté. »

La physionomie du roi s'éclaircissait à mesure que je
parlais, et lorsque j'eus fini il me dit :

« Je suis content. »

Puis, se tournant vers ses esclaves, il ordonna *trois* cafés
Je remerciai Dieu intérieurement de m'avoir si bien inspiré.
Le reste de la visite se passa au mieux, et nous nous retirâmes forts satisfaits. Le soir, nous fûmes invités à un grand souper chez un des ministres, appelé Adramouti, qui nous entretint en confidence des cruautés de son maître, et de l'exécration dans laquelle il était tombé généralement. Il nous parla aussi de ses immenses richesses : celles dont il s'est emparé lors du pillage de la Mecque sont incalculables. Depuis les premiers temps de l'hégire, les princes musulmans, les califes, les sultans et les rois de Perse envoient tous les ans au tombeau du Prophète des présents considérables en bijoux, lampes, candélabres d'or, pierres précieuses, etc., outre les offrandes du commun des fidèles. Le trône seul, cadeau d'un roi de Perse, en or massif, incrusté de perles et de diamants, était d'une valeur inestimable. Chaque prince envoie une couronne d'or, enrichie de pierres précieuses, pour suspendre à la voûte de la chapelle; il y en avait d'innombrables lorsque Ebn-Sihoud la dépouilla; un seul diamant de la grosseur d'une noix, placé sur la tombe, était regardé comme inappréciable. Lorsqu'on pense à tout ce que les siècles avaient accumulé sur ce point unique, on ne s'étonne plus que le roi ait emmené quarante chameaux chargés de pierreries, en outre des objets d'or et d'argent massifs. En calculant ces trésors immenses, et les dîmes qu'il lève tous les ans sur ses alliés, je crois qu'on peut le regarder comme le monarque le plus riche de la terre, surtout si l'on considère qu'il n'a presque aucune dépense à faire; qu'il défend sévèrement le luxe, et qu'en temps de guerre chaque tribu fournit à la subsistance de ses armées, et supporte tous les

frais et pertes, sans jamais obtenir le moindre dédommagement.

Le lendemain, je me sentis si content d'avoir recouvré ma liberté, que j'allai me promener toute la journée, et visiter en détail Darkisch et ses environs. La ville, bâtie en pierres blanches, contient sept mille habitants, presque tous parents, ministres ou généraux d'Ebn-Sihoud. On n'y voit pas d'artisans. Les seuls métiers qui s'y exercent sont ceux d'armurier et de maréchal ferrant; encore sont-ils en petit nombre : on ne trouve rien à acheter, pas même sa nourriture. Chacun vit de son avoir, c'est-à-dire, d'une terre ou jardin qui produit du blé, des légumes et des fruits, et nourrit quelques poulets. Leurs nombreux troupeaux paissent dans la plaine, et tous les mercredis les habitants de l'Yémen et de la Mecque viennent échanger leurs marchandises contre des bestiaux. Cette espèce de foire est l'unique commerce du pays. Les femmes sortent sans voile, mais elles mettent leur machlas noir sur leur tête, ce qui est extrêmement disgracieux; du reste, elles sont généralement laides et brunes à l'excès. Les jardins, situés dans un charmant vallon près de la ville, du côté opposé à celui par lequel nous étions arrivés, produisent les plus beaux fruits du monde : des bananes, oranges, grenades, figues, pommes, melons, etc., entremêlés d'orge et de maïs; ils sont arrosés avec soin.

Le lendemain, le roi nous ayant fait appeler de nouveau, nous reçut très-gracieusement, et me questionna beaucoup sur les divers souverains d'Europe, surtout sur Napoléon, pour lequel il avait une grande vénération. Le récit de ses conquêtes faisait ses délices : heureusement mes fréquents entretiens avec M. Lascaris m'avaient mis à même de lui donner beaucoup de détails. A chaque bataille, il s'écriait :

« Sûrement, cet homme est un envoyé de Dieu; je suis
» persuadé qu'il est en communication intime avec son Créa-
» teur, puisqu'il en est ainsi favorisé. »

Puis se montrant de plus en plus affable envers moi, et changeant de sujet :

« Abdallah, continua-t-il, je veux que vous me disiez la
» vérité : Quelle est la base du christianisme? »

Connaissant les préjugés du Wahabi, je tremblai à cette question; mais ayant prié Dieu de m'inspirer :

« La base de toute religion, ô fils de Sihoud, lui dis-je,
» est la croyance en Dieu : les chrétiens pensent, comme
» vous, qu'il n'y a qu'un Dieu, créateur de l'univers, qui
» punit les méchants, pardonne aux repentants, et récom-
» pense les bons; que lui seul est grand, miséricordieux et
» tout-puissant.

» — C'est bien, dit-il; mais comment priez-vous? »

Je lui récitai le *Pater;* il le fit écrire sous ma dictée par son secrétaire, le relut, et le plaça dans sa veste; puis, continuant son interrogatoire, il me demanda de quel côté nous nous tournions pour prier.

« Nous prions de tous les côtés, répondis-je; car Dieu est
» partout.

» — En cela je vous approuve tout à fait, dit-il; mais vous
» devez avoir des préceptes aussi bien que des prières. »

Je récitai les dix commandements donnés par Dieu à son prophète Moïse; il parut les connaître, et, poursuivant ses questions :

« Et Jésus-Christ, comment le considérez-vous?

» — Comme la parole de Dieu incarnée, comme le Verbe
» divin.

» — Mais il a été crucifié.

» — Comme Verbe il n'a pas pu mourir, mais comme
» homme il a souffert de la part des méchants.

» — C'est à merveille; et le livre sacré que Dieu a ins-
» piré à Jésus-Christ, est-il révéré parmi vous? Suivez-vous
» exactement sa doctrine?

» — Nous le conservons avec le plus grand respect, et
» nous obéissons en tout à ses enseignements.

» — Les Turcs, dit-il, ont fait un dieu de leur prophète,
» et prient sur son tombeau comme des idolâtres. Maudits
» soient ceux qui donnent au Créateur un égal! que le sabre
» les extermine! »

Et, se répandant de plus en plus en invectives contre les Turcs, il blâma l'usage de la pipe, du vin et des viandes impures. Je me trouvai trop heureux de m'être tiré adroitement de questions périlleuses, pour oser le contredire sur des points insignifiants, et je le laissai croire que je méprisais l'usage de cette mauvaise herbe (c'est ainsi qu'il appelait le tabac); ce qui fit sourire le drayhy, qui savait bien que pour moi le plus grand sacrifice possible était la privation de fumer, et que je profitais de tous les instants où je pouvais impunément tirer ma bien-aimée pipe de sa cachette. Ce jour-là surtout, j'en sentais un extrême besoin, ayant beaucoup parlé et pris du café moka très-chargé.

Le roi parut enchanté de notre conversation, et me dit :

« Je vois qu'on apprend toujours quelque chose. J'avais
» cru jusqu'ici que les chrétiens étaient les plus superstitieux
» des hommes, et maintenant je suis convaincu qu'ils appro-
» chent beaucoup plus de la vraie religion que les Turcs. »

A tout prendre, Ebn-Sihoud est un homme instruit et d'une rare éloquence, mais fanatique dans ses opinions religieuses; il a une femme légitime et une esclave, deux fils mariés, et une fille jeune encore. Il ne mange que des aliments préparés par ses femmes, de peur d'être empoisonné; la garde de son palais est confiée à une troupe de mille nègres bien armés. Il peut, du reste, réunir dans ses États quinze cent mille Bédouins capables de porter les armes. Lorsqu'il veut nommer un gouverneur de province, il fait appeler celui auquel il destine ce poste, et l'invite à manger avec lui; après le repas ils font ensemble les ablutions et la prière; ensuite le roi, l'armant d'un sabre, lui dit :

« Je vous ai élu, par ordre de Dieu, pour gouverner ses
» esclaves. Soyez humain et juste; recueillez exactement la
» dîme, et faites couper les têtes des Turcs et infidèles qui
» disent que Dieu a un égal : n'en laissez aucun s'établir
» dans votre pays. Puisse le Seigneur donner la victoire à
» ceux qui croient à son unité! »

Ensuite il lui remet un petit écrit qui enjoint aux habitants d'obéir en tout au gouverneur, sous peine de sévères punitions.

Le jour suivant, nous visitâmes les écuries du roi : il est impossible, je crois, pour un amateur de chevaux, de rien voir de plus beau. Je remarquai d'abord quatre-vingts juments blanches, rangées sur une seule file; elles étaient d'une beauté incomparable, et si exactement pareilles, qu'on ne pouvait les reconnaître l'une de l'autre; leur poil, brillant comme l'argent, éblouissait les yeux. Cent vingt autres de diverses robes, mais également belles de formes, occupaient un autre bâtiment; aussi, malgré mon antipathie pour les chevaux depuis l'accident qui avait pensé me coûter la vie, je ne fus pas moins saisi d'admiration en parcourant ces écuries.

Ce soir-là, nous soupâmes chez le général en chef Hédal, qui se réconcilia avec le drayhy. Le fameux Abou-Nocta, qui s'y trouvait, lui fit aussi beaucoup de politesses. Nous restâmes pendant plusieurs jours réunis en assemblées secrètes, pour traiter de nos affaires avec Ebn-Sihoud. Le détail en serait superflu. Il suffira de dire qu'une alliance fut conclue entre lui et le drayhy, à leur satisfaction réciproque, et le roi déclara que *leurs deux corps n'étaient plus dirigés que par une seule âme*. Le traité terminé, il nous fit pour la première fois manger avec lui, et goûta chaque plat avant de nous l'offrir. Comme il n'avait jamais vu manger autrement qu'avec ses doigts, je fis une cuiller et une fourchette avec un morceau de bois, j'étalai mon mouchoir en guise de nappe, et je me mis à manger à la manière européenne, ce qui le divertit beaucoup.

« Grâces à Dieu, dit-il, chaque nation croit ses usages
» les meilleurs possible, et chacun est ainsi content de sa
» condition. »

Notre départ étant fixé pour le jour suivant, le roi nous envoya en présent sept de ses plus belles juments, conduites en laisse par autant d'esclaves noirs montés sur des chameaux hegui; et lorsque chacun de nous eut fait son choix, on nous présenta un sabre dont la lame était fort belle, mais le fourreau sans aucun ornement. Il fit donner également à nos serviteurs des sabres plus ordinaires, des *machlas* et cent *talaris*. Nous prîmes congé d'Ebn-Sihoud avec les cérémonies d'usage, et nous fûmes accompagnés hors des murs par tous les officiers de sa cour. Arrivés aux portes de la ville, le drayhy s'arrêta, et, se tournant vers moi, m'invita à passer le premier, voulant, me dit-il en souriant, tenir sa promesse. Et je l'avoue, malgré toutes les politesses que nous avions reçues à la fin de notre séjour, les angoisses que j'avais éprouvées au commencement m'avaient fait une telle impression, que je franchis le seuil avec délices.

Nous prîmes le chemin du pays de Hégias, couchant chaque nuit dans les tribus qui couvraient le désert. Le cinquième jour, après avoir passé la nuit sous les tentes de El-Henadi, nous nous levâmes avec le soleil, et sortîmes pour seller nos dromadaires, qu'à notre grand étonnement nous trouvâmes la tête enterrée dans le sable, d'où il nous fut impossible de les faire sortir. Nous appelâmes à notre aide les Bédouins de la tribu, qui nous apprirent que l'instinct des chameaux les portait à se cacher ainsi pour éviter le *simoun*; que c'était un présage de ce terrible vent du désert qui ne tarderait pas à éclater, et que nous ne pouvions nous mettre en route sans courir à une mort certaine. Les chameaux, qui sentent deux ou trois heures à l'avance l'approche de ce terrible fléau, se tournent du côté opposé au vent, et s'enfoncent dans le sable. Il serait impossible de leur faire quitter cette position pour manger ou boire pendant toute la tempête, durât-elle plusieurs jours. La Providence leur a donné cet instinct de conservation, qui ne les trompe jamais.

Lorsque nous apprîmes de quoi nous étions menacés, nous partageâmes la terreur générale, et nous nous hâtâmes de prendre toutes les précautions qu'on nous indiqua. Il ne suffit pas de mettre les chevaux à l'abri, il faut encore leur couvrir la tête et leur boucher les oreilles; autrement ils seraient suffoqués par les tourbillons d'un sable fin et subtil que le vent balaye avec fureur devant lui. Les hommes se rassemblent sous les tentes, en bouchent les ouvertures avec un soin extrême, après s'être pourvus d'eau qu'ils placent à portée de la main; ensuite ils se couchent par terre, la tête couverte de leur *machlas*, et restent ainsi tout le temps que dure l'ouragan dévastateur.

Ce matin-là, tout fut en tumulte dans le camp, chacun cherchant à pourvoir à la sûreté de son bétail, et se retirant ensuite précipitamment sous sa tente. Nous avions à peine abrité nos belles juments neggdiés, que la tourmente commença. Des rafales furieuses amenaient des nuages d'un sable rouge et brûlant qui tourbillonnait avec impétuosité, et renversait tout ce qui se trouvait sur son passage : s'amoncelant en collines, il enterrait tout ce qui avait la force de lui résister. Si dans ces moments-là quelques parties du corps se trouvent atteintes, la chair s'enflamme comme si un fer chaud l'avait touchée. L'eau qui devait nous rafraîchir était devenue bouillante, et la température de la tente surpassait celle d'un bain turc.

La tempête dura dix heures dans sa plus grande furie, et diminua ensuite graduellement pendant six heures : une heure de plus, et nous étions tous suffoqués. Lorsque nous nous hasardâmes à sortir de nos tentes, un affreux spectacle nous attendait : cinq enfants, deux femmes et un homme, gisaient morts sur un sable encore brûlant, et plusieurs Bédouins avaient le visage noirci et entièrement calciné, comme par la bouche d'une fournaise ardente. Lorsque le vent du *simoun* atteint un malheureux à la tête, le sang lui coule à flots par la bouche et les narines, son visage se gonfle, devient noir, et bientôt il meurt étouffé. Nous remerciâmes le Seigneur de n'avoir pas été nous-mêmes surpris par ce terrible fléau au milieu du désert, et d'avoir été ainsi préservés de cette mort affreuse.

Lorsque le temps nous permit de quitter le camp de Henadi, douze heures de marche nous ramenèrent à notre tribu, où j'embrassai Scheik-Ibrahim avec un véritable amour filial; nous passâmes plusieurs jours à raconter nos aventures, et quand je fus parfaitement remis de mes fatigues, M. Lascaris me dit :

« Mon cher fils, nous n'avons plus rien à faire ici; grâce
» à Dieu, tout est terminé, et mon entreprise a réussi au
» delà même de mes espérances; il faut aller maintenant
» rendre compte de notre mission. »

Nous quittâmes nos amis, avec l'espoir de les revoir bientôt à la tête de l'expédition à laquelle nous avions ouvert la route et aplani les voies. Passant par Damas, Alep et la Caramanie, nous arrivâmes à Constantinople au mois d'avril, après quatre-vingt-dix jours de marche, souvent à travers les neiges. Dans ce voyage fatigant, je perdis ma belle jument neggdié, cadeau d'Ebn-Sihoud, que je comptais vendre au moins trente mille piastres; mais ce n'était qu'un avant-coureur des malheurs qui nous attendaient. La peste ravageait Constantinople; le général Andréossy nous fit loger à Keghat-Keni, où nous passâmes trois mois en quarantaine. Ce fut pendant ce temps que nous apprîmes la funeste catastrophe de Moscou, et la retraite de l'armée française sur Paris. M. Lascaris était au désespoir, et ne savait quel parti prendre. Après deux mois d'incertitude, il se décida à retourner en Syrie attendre l'issue des événements. Nous nous embarquâmes sur un bâtiment chargé de blé ; une tempête affreuse nous jeta à Chio, où nous retrouvâmes la peste. M. de Bourville, consul de France, nous procura un logement où nous restâmes enfermés deux mois. Ayant perdu presque tous nos effets dans la tempête, et ne pouvant communiquer au dehors à cause de la contagion, nous nous trouvâmes sans vêtements, exposés à de grandes privations.

Enfin les communications se rouvrirent. M. Lascaris ayant reçu une lettre du consul général de Smyrne, qui l'invitait à aller conférer avec les généraux Lallemand et Savary, se décida à s'y rendre, et me permit d'aller passer quelque temps auprès de ma pauvre mère, que je n'avais pas vue depuis six ans.

Mes voyages n'ayant plus rien d'intéressant, je passe sur l'intervalle qui s'écoula depuis ma séparation d'avec M. Lascaris jusqu'à mon retour en Syrie, et j'arrive au triste dénoûment.

Étant à Latakieh auprès de ma mère, et attendant chaque jour qu'un bâtiment pût me transporter en Égypte, où M. Lascaris m'avait ordonné de le rejoindre, je vois arriver un brick de guerre français ; je cours chercher mes lettres, et j'apprends la désolante nouvelle de la mort de mon bienfaiteur, décédé au Caire. Rien ne peut donner une idée de mon désespoir ; j'avais pour M. Lascaris l'amour d'un fils, et je perdais d'ailleurs avec lui tout mon avenir. M. Drovetti, consul de France à Alexandrie, m'écrivait de me rendre le plus tôt possible auprès de lui : je fus quarante jours avant de pouvoir trouver l'occasion de m'embarquer, et lorsque j'arrivai à Alexandrie, M. Drovetti était parti pour la haute Égypte; je l'y suivis, et le rejoignis à Asscout. Il m'apprit que, M. Lascaris étant arrivé en Égypte avec un passe-port anglais, M. Salt, consul d'Angleterre, s'était emparé de tous ses effets. Il m'engagea à m'adresser à lui pour être payé des appointements (cinq cents talaris par an) qui m'étaient dus depuis six ans environ, et me recommanda surtout d'insister fortement pour obtenir le manuscrit du voyage de M. Lascaris, document d'une haute importance.

Je retournai immédiatement au Caire; M. Salt me reçut très-froidement, et me dit que, M. Lascaris étant mort sous protection anglaise, il avait envoyé ses effets et ses papiers en Angleterre. Toutes mes démarches furent inutiles. Je restai longtemps au Caire, dans l'espoir de me faire payer de mes appointements, et d'obtenir les papiers de M. Lascaris. A la fin M. Salt menaça de me faire arrêter par les autorités égyptiennes; et ce fut grâce à la généreuse protection de M. Drovetti que j'échappai à ce péril. Enfin, las de cette lutte infructueuse, je quittai l'Égypte, et revins à Latakieh auprès de ma famille, plus malheureux et moins riche que lorsque je l'avais quittée en partant d'Alep pour la première fois.

APPENDICE

J'ai vu Fatalla Sayeghir en 1847. Le vieil Arabe arrivait en France en pèlerin plutôt qu'en voyageur. Paris est pour les Orientaux une Mecque de curiosité et de fascination. L'ombre de protection et de puissance que la France chrétienne jetait par delà les mers sur la Syrie a pu décroître et se retirer avec les siècles : elle est restée fixée, dans l'imagination orientale, en mirage de respect et de prestige. La France était d'ailleurs presque une patrie pour Fatalla. Il savait qu'il avait été l'obscur émissaire de sa grandeur dans la Syrie, que ces *vaisseaux du désert* qu'il avait montés dans son grand voyage avec M. Lascaris devaient rapporter au grand sultan des Francs tout un monde d'ambition et de conquêtes.

Je reconnus presque Fatalla en le voyant pour la première fois, tant il est bien l'homme de son récit et de ses aventures. C'est un grand vieillard au profil mince, au nez aquilin, aux traits fins et mobiles : son œil doux et vif brille de l'intelligence et de la divination de l'interprète; sa démarche mêle les gestes cérémonieux du drogman à l'allure brusque et rapide du voyageur. Il avait alors soixante ans; mais sa figure, brûlée par le soleil de la vie nomade, marquait dix ans de plus. Le désert use l'homme comme la nature, et semble le frapper des rides et de la sécheresse de son sol.

Fatalla était vêtu de ce costume maronite dont l'indigence même a sa majesté, et que le regard du passant salue comme une robe de prêtre, quand il traverse les rues de nos villes. Il portait ce large turban syrien aux plis sombres, qui couronne si bien la vieillesse, et qui fait aux cheveux blancs comme une tiare de vénération et de dignité; un large cafetan bleu dont la ceinture éclatante était agrafée d'un poignard, et les babouches à pointes recourbées du voyageur. Sa barbe grise, une de ces barbes de patriarche que les Orientaux baisent en s'inclinant, et sur lesquelles ils jurent comme sur les ornements sacerdotaux de la vieillesse, descendait en touffes épaisses jusque sur sa poitrine. C'était encore l'intrépide et aventureux compagnon de M. Lascaris, mais mûri d'années de sérénité et d'expérience.

Dès le premier jour de son arrivée à Paris, Fatalla s'était informé avec empressement de ma demeure. Il voulait non-seulement remercier celui qui avait payé son humble *odyssée* comme jamais calife n'aurait payé un poëme d'Antar, et qui avait rendu son nom célèbre parmi les Francs, mais encore voir cet émir *Frengi*, dont les drogmans et les cawas de Latakieh lui avaient si souvent parlé. L'imagination orientale est inflammable et féerique comme le sable de ses mirages. Il m'a suffi de traverser la Syrie au galop de beaux chevaux arabes, dans le tourbillon d'une escorte éclatante d'armes et de costumes, en jetant quelques milliers de piastres sur mon passage, pour y laisser un long reflet d'éblouissement et de magnificence. On parle encore de l'émir Frengi, de Bayruth à Jérusalem.

Je fus l'hôte de Fatalla pendant quelques-uns des jours qu'il passa à Paris. Le soir, assis au coin de mon feu, il allumait un des longs chibouques que j'ai rapportés de son pays, et nous causions ensemble longuement des nouvelles et des histoires du désert. C'était une veillée de caravane transportée dans un salon de Paris. Le souvenir est l'incantation du voyageur : la mémoire a, comme l'eau, ses méandres et ses reflets. Il suffit d'une parole ou d'un nom jeté dans le cours d'un entretien, pour dérouler des cercles indéfinis d'horizons, de sites, de villes, de paysages autrefois effleurés, et qu'on croyait à jamais effacés de ses yeux et de son esprit. Je repassai en quelques soirées avec Fatalla tous les sentiers, tous les campements, toutes les haltes, toutes les hospitalités, toutes les rencontres, toutes les contemplations, tous les ravissements, toutes les amitiés d'homme ou de tribu de mon voyage en Orient. Ses réponses évoquaient mes questions, ses récits complétaient les miens ; il fut le drogman de mon souvenir. Je l'interrogeai surtout sur les scheiks et les tribus du grand désert de

Syrie, dont j'avais appris par lui les mœurs, le dénombrement et l'histoire. Je m'intéressai aux héros de cette chevalerie sauvage ; je voulais savoir la fin de leurs romans et de leur épopée, et personne autre que leur ancien hôte ne pouvait me la dire, car le désert garde le silence sur son histoire ; le sphinx est toujours sa divinité ; les mouvements, les guerres, les révolutions de ses tribus nomades, ne laissent pas plus de traces sur sa poussière que le vol, les combats et les migrations des oiseaux du ciel dans l'atmosphère.

Fatalla avait eu la fortune rare, pour un voyageur, de repasser par les sentiers de sa jeunesse. Il répondit à mes questions avec la prolixité voluptueuse d'une mémoire qui se rajeunit en s'épanchant. J'extrais de ces longues causeries quelques fragments qui m'ont semblé les épisodes naturels de son voyage, et je les transcris en leur conservant cette simplicité de ton et de récit qui est, pour ainsi dire, l'accent de la voix orientale.

Je demandai à Fatalla s'il avait revu les tribus dont il avait été l'hôte, le frère d'armes et le diplomate ; et surtout ce drayhy que ses récits avaient grandi, dans mon imagination, à la hauteur des héros fabuleux d'Antar.

« Depuis 1830, me répondit-il, je voyageais comme drogman ou comme interprète à la suite des voyageurs et des négociants européens. En 1843, je fis un dernier voyage : je devais aller jusqu'à Hama. C'était en été, la saison où les Arabes du désert viennent de Bagdad, de Bassora et même de Neggde, chercher les pâturages de

Homs et de Hama. J'avais depuis longtemps comme le mal du pays du désert. Le désir de revoir les tribus dont j'avais mangé le pain et habité les camps me poursuivait sans cesse. Il y avait trente ans que je les avais quittées, et depuis aucune nouvelle ne m'en était parvenue. L'homme des villes n'a qu'une patrie; le voyageur en a autant que de tentes plantées et de puits rencontrés dans le désert.

» Je partis donc un matin de Hama à la recherche de mes anciens hôtes. Au second jour de mon voyage, j'aperçois dans le lointain les tentes de la première tribu, reconnaissables pour moi aux couleurs et aux signes de leurs pavillons. Je presse le trot de mon chameau, j'entre dans le cercle du campement, je crie mon nom aux sentinelles, je me fais reconnaître des chefs : on m'entoure, on m'embrasse, on apporte le café de fête ; la tribu tout entière me reçoit comme un fils adoptif. Mais moi, je cherchais en vain des yeux mes souvenirs et mes images d'autrefois. La tribu avait vieilli comme un ami dont on a connu la jeunesse, et qu'on retrouve en cheveux blancs. Les anciens étaient morts, les jeunes gens étaient devenus des hommes, les hommes des vieillards.

» Quand les premiers saluts du retour furent échangés, les questions et les récits commencèrent. Je leur racontai la mort de Scheik-Ibrahim, et je leur demandai ce qu'était devenu mon ami et mon père d'autrefois, le grand scheik Drayhy-Ebn-Chahllan. A cette question, les visages de mes hôtes se froncèrent, et les femmes se mirent à pleurer.
« Ah! me dirent-ils, voilà déjà bien longtemps que le drayhy est mort et qu'il a emporté avec lui l'âme de la

tribu ! Où est le temps où elle commandait trente mille tentes, et où les poëtes l'appelaient *la fleur de l'Arabie*? Maintenant nos ennemis l'appellent *la mendiante du désert*, car elle est faible et pauvre entre les plus pauvres. Elle, qui autrefois parcourait la Syrie au galop de dix mille chevaux, c'est à peine si maintenant elle se traîne jusqu'en Mésopotamie. On dirait un cavalier sans sa monture. A la mort du drayhy, poursuivaient-ils, toutes les tribus alliées qui marchaient en ordre sous ses drapeaux se sont divisées comme les djérids du faisceau que tu montrais aux chefs d'El-Fedhan. Son fils Sadhoun est mort aussi : il valait moins que son père, mais dix mille fois plus encore que son petit-fils Sahadoun qui nous gouverne aujourd'hui ; car, ajoutaient-ils en secouant la tête, tout décroît et dégénère. »

» Ces paroles m'affligèrent comme si j'avais appris des morts et des malheurs de famille, et la nuit se passa dans les regrets et les souvenirs du passé. Le lendemain, au point du jour, je pris congé de mes hôtes, et, accompagné d'un Bédouin à cheval, je m'enfonçai dans le désert, explorant tous ses sentiers et tous ses horizons, pour y découvrir de nouvelles tribus. Après un jour et une nuit de marche, j'arrivai à une grande plaine où campaient huit tribus, toutes de mes amis et des fils de mes hôtes. Hélas ! j'y retrouvai les mêmes changements et les mêmes vides. Les vieux scheiks étaient morts ; les jeunes gens que j'avais connus étaient déjà des vieillards, et des hommes à barbe noire venaient en s'inclinant me baiser la main, en m'appelant Maître : c'étaient les petits enfants auxquels j'avais autrefois appris à lire sur les genoux de leurs mères. Tous m'interrogèrent sur Scheik-Ibrahim, car sa mémoire était restée en vénération parmi eux ; ils pleurèrent, quand je leur racontai sa mort, car son nom leur rappelait la gloire et la prospérité passées de leur nation. J'entendis là les mêmes plaintes et les mêmes regrets; le désert tout entier semblait encore en deuil de la mort du drayhy.

» Le treizième jour de mon séjour parmi ces tribus, je vois arriver au camp un chameau chargé d'un haudag en drap d'écarlate brodé d'or, et conduit en laisse par deux nègres. Une femme à demi aveugle et courbée par l'âge en descend sur les genoux des guerriers, qui se pressent avec respect autour d'elle. On la conduit au-devant de moi, et elle étend à tâtons ses bras comme pour m'embrasser. Comme l'étonnement me clouait sur place, muet et immobile, elle s'écria : « Fatalla Sayeghir, tu ne me reconnais donc pas? — Hélas! lui dis-je, ne savez-vous donc pas le vers d'Antar : « Les années foulent le visage de l'homme » comme les pas d'une caravane foulent la poussière. » Il y a trente années que j'ai quitté le désert.— Je suis, dit-elle, la fille d'Hédal, la femme de l'émir Bargiass, de la tribu de Mahedgi. C'est moi qui ai détourné le sabre de ta tête, qui t'ai couché sous ma tente, et qui ai veillé trois jours sur ton sommeil. » A ces paroles, je poussai un grand cri, je tombai à genoux, et je baisai sa main en la baignant de mes larmes.

» J'ai raconté dans mon voyage comment, tombé par surprise dans la tribu de Bargiass, alors ennemi de celle du drayhy, vingt sabres avaient rasé mon front. Un geste et un cri de la fille d'Hédal les avaient écartés, et elle m'avait recueilli sous son toit comme une mère plutôt que comme une hôtesse. Après avoir remercié ma libératrice, je lui demandai des nouvelles de sa famille. « Mon mari est vieux et cassé, me répondit-elle, mais les années n'ont point usé son sabre, et il gouverne encore sa tribu par lui-même. Il m'envoie te chercher pour fêter ton retour sous sa tente, et parler ensemble de Scheik-Ibrahim. » J'aurais voulu pouvoir accepter cette offre, mais mon congé de drogman expirait; et je m'excusai en chargeant la femme de Bargiass de reporter à sa tribu les saluts et les bénédictions de mon cœur. Cependant je me disais en moi-même : Fatalla, où est ta patrie? est-elle à Latakieh, ou au désert? Quand tu es rentré dans ta ville natale après six ans d'absence, tu n'as été qu'un homme de plus dans ses murs : et voilà qu'au seul bruit de tes pas sur le sable tout le désert sort de ses tentes et t'entoure comme une famille ; tes anciens hôtes t'appellent par ton nom, les tribus te fêtent comme leur enfant, et une vieille femme qui t'a vu trois jours, il y a trente ans, accourt au-devant de toi comme une mère au-devant de son fils perdu et retrouvé.

» Je repartis le lendemain, après une veillée d'adieux remplie d'histoires et d'aventures. Les histoires sont les livres du désert; elles circulent de bouche en bouche parmi les tribus et les caravanes, comme ces journaux venus d'Europe que les négociants francs de mon pays se passent de main en main quand arrive un bâtiment de Marseille ou de Livourne. Ce soir-là, un riche commerçant arabe nommé Hamzi me raconta une curieuse aventure qui lui était arrivée cinq ans auparavant.

» Hamzi avait entrepris un long voyage pour commercer

avec les tribus éloignées de Neggde et Hamade, dont les chevaux sont la fleur des haras et des pâturages de l'Arabie. Après trois jours de marche dans le désert, il rencontre un voyageur assis par terre, et fumant sa pipe à l'ombre de son chameau, qui broutait les plantes épineuses que germe le sable après les pluies. La solitude est hospitalière; elle rapproche tous ceux qu'elle entoure, et qui se rencontrent dans son sein. Hamzi descend de son chameau, aborde et salue l'étranger, allume sa pipe à la sienne, et les voilà qui se racontent l'un à l'autre les aventures de leur vie et de leurs voyages. L'étranger se nommait Hassan, de la tribu d'Hamour. Ils conversent ainsi longtemps jusqu'au déclin du soleil, qui les avertit de poursuivre leur route. L'un allait au sud, et l'autre au couchant. Ils se lèvent pour se séparer, mais leurs chameaux ont disparu. Hamzi ne conçoit d'abord aucune inquiétude, car le vent agite le désert comme la mer, et soulève parfois en un clin d'œil des vagues de sable entre les voyageurs d'une même caravane, comme les flots cachent les vaisseaux les uns aux autres pendant une tempête. Ils tournent les monticules, ils montent sur les dunes, pour découvrir plus d'horizon; mais le désert est vide comme le ciel. Hamzi dit à son compagnon : « Qui sait si nos chameaux ne se seront pas battus entre eux, et si l'un n'aura pas tué l'autre? Allons chacun de notre côté, et que celui qui le premier aura retrouvé sa monture revienne prendre son frère en croupe, et le ramène dans sa tribu. » Puis, après s'être embrassés amicalement, ils se séparent. Hassan court du côté du sud, et Hamzi du côté du levant.

» Hamzi marche pendant deux heures entre le ciel et le sable, sans voir seulement pointer un brin d'herbe à l'hori-

zon. Le découragement le gagne, la soif brûle ses lèvres, il sent la mort venir avec la nuit; il pense à sa femme, à ses enfants, à sa tribu, et il se couche par terre en s'écriant :
« Dieu est Dieu! mon heure est venue, et voici le lit de mon
» dernier sommeil. »

» Tout à coup il entrevoit, aux dernières lueurs du crépuscule, une grande ombre qui court dans le lointain. Il rassemble ses forces et s'élance pour l'atteindre. O bonheur! c'est un chameau, le sien, sans doute, car il croit reconnaître à tâtons, dans l'obscurité, les sacoches et les outres pendues à ses flancs. Il saute sur son dos, et le lance à la recherche de Hassan ; mais il a beau l'appeler à grands cris et sonder le désert dans tous les sens, rien n'apparaît. Le troisième jour, il tombe dans le campement d'une tribu inconnue : c'était celle d'Hassan. Les Bédouins reconnaissent le chameau de leur frère, ils entourent Hamzi, ils lui demandent où est Hassan, ils l'accusent de l'avoir tué pour lui voler son chameau. Hamzi proteste, et raconte son aventure; mais on refuse de le croire, et on l'entraîne devant le cadi. « Voilà, s'écrièrent les fils et les filles d'Hassan, voilà celui qui a tué notre père. Mort au meurtrier! mort à celui qui massacre ses frères égarés dans le désert! » Le cadi livre Hamzi à la colère de la tribu, et le condamne à être décapité avant le coucher du soleil.

» Hamzi se résigne à la volonté de Dieu; mais il demande aux scheiks une trêve de six jours pour aller faire ses derniers adieux à sa famille et lui distribuer son héritage. Il leur jure, par le ciel, par le Prophète, par la tête de sa mère, par la barbe de son vieux père, de se vouer à leur sabre, et de revenir leur rendre sa tête le sixième jour. Les scheiks consentent à son désir; mais les enfants d'Hassan réclament une caution, non pas une caution d'or, mais une caution de vie et de sang qui réponde de sa vie et de son sang. « Hélas! s'écrie Hamzi, je suis étranger parmi vous : qui voudrait me cautionner contre la mort? » Les enfants d'Hassan répondent d'une seule voix : « Nous ne pouvons laisser boire au sable, comme de l'eau, le sang de notre père. Il s'élèverait en criant, et retomberait sur nous. Il nous faut une tête en otage de la tienne. »

» Hamzi ramasse son courage dans son cœur. Il parcourt en désespéré les tentes de la tribu, en criant d'une voix lamentable : « Où sont parmi vous les hommes de pitié et de miséricorde? » Mais partout les visages se détournent, et les tentes se ferment sur son passage. Enfin, un jeune homme s'avance et lui dit : « C'est moi, Ali, qui serai ta caution; pars, et va dire adieu à ta famille : mais souviens-toi que tu emportes ma tête avec toi. » Il se présente devant le cadi, et jure de se livrer à la justice, si Hamzi n'est pas de retour avant le coucher du soleil du sixième jour; puis se retournant vers Hamzi : « Souviens-toi, lui dit-il, de ta parole, et ne mens pas à Dieu que tu as invoqué. » Hamzi renouvelle son serment : « Par la foi des Arabes, la race de mes pères et la mienne, s'écrie-t-il, je ne mentirai pas à ma parole. Qu'il m'entende, le Dieu qui venge les parjures! » Aussitôt les rangs s'ouvrent devant lui, on lui amène un cheval équipé d'avance, et il part au galop comme un homme qui sent la mort derrière lui.

» Arrivé dans sa tribu, Hamzi rassemble sa famille et ses

troupeaux en caravane, et il repart sans s'arrêter pour le camp de la tribu, dans l'espoir de la fléchir par les prières de ses enfants et par la rançon de ses richesses. Le sixième jour, il arrive dans la plaine qu'il avait laissée couverte de ses tentes; mais il la trouve vide et déserte. La tribu avait levé son camp et poursuivi sa route, car ses troupeaux avaient dévoré les pâturages de toute la contrée. Hamzi, suivi du groupe de suppliants qu'il traîne derrière lui, la suit à la trace de ses pas d'hommes et d'animaux sur le sable.

» Mais, à la fin du sixième jour, les enfants d'Hassan étaient venus dire à Ali : « Vois, le soleil se couche; accomplis ton serment, et meurs à la place de l'étranger. » Ali avait répondu : « Mon sang vous appartient : que Dieu le redemande au parjure qui m'a trompé! » Mais sa famille avait éclaté en plaintes et en lamentations, et elle avait obtenu un délai de trois jours pour les derniers adieux. Le septième jour, Hamzi arrive; il offre tous ses trésors aux enfants d'Hassan pour racheter sa vie; ses fils et ses filles embrassent leurs genoux en pleurant : mais ils restent sourds et inflexibles. L'arrêt est porté, il faut que leur sabre tranche sa tête. Ali intervient : « Vous m'aviez accordé trois jours de sursis, leur dit-il; il est juste que l'étranger en profite. » Les scheiks, consultés, trouvent cette demande équitable, et ils ordonnent aux fils d'Hassan d'attendre trois jours encore. Ali emmène Hamzi sous sa tente; il veut être son hôte comme il a été son otage.

» Le soir du deuxième jour, une heure avant le coucher du soleil, un nuage de poussière s'élève à l'horizon; il se rapproche, il s'écarte; et Hassan en sort sur le chameau d'Hamzi, qu'il presse de ses cris et du fer de sa lance. La tribu se porte en tumulte au-devant de lui; elle le ramène au camp en triomphe; il tombe haletant dans les bras d'Hamzi, qu'il justifie et qu'il appelle son frère; et les deux familles réconciliées se jurent une alliance éternelle.

» Voilà, poursuivit Fatalla, l'histoire d'Hamzi telle que je l'ai recueillie de sa propre bouche. J'ai pensé qu'elle vous plairait, à vous qui aimez les choses et les hommes du désert.

» — Et qu'est devenu, lui demandai-je, le roi des Wahabis, ce terrible Ebn-Sihoud, dont le nom remplit les récits de votre grand voyage?

» — Oh! me répondit Fatalla, sa fin a été aussi tragique que sa vie. Le hasard m'en a fait témoin oculaire.

» Peu de temps avant mon retour au désert, j'avais fait un voyage à Constantinople. Un jour que je me promenais sur le port, j'entendis une grande rumeur autour de moi, comme celle d'une foule qui s'interroge et qui s'écrie. Des groupes de marchands et de bateliers se montraient du doigt un vaisseau égyptien armé en guerre, qui arrivait voiles déployées; et ils levaient les bras au ciel en glorifiant le Prophète. Je m'approchai d'un de ces groupes, et je demandai à un négociant turc quelle cargaison si magnifique ou si rare apportait donc ce vaisseau, pour attirer les yeux et l'attention de tous parmi les milliers de bâtiments qui encombraient le port. « Ce vaisseau, me répondit-il, apporte au padischah la tête du Wahabi Abdallah-Ebn-Sihoud, roi du Neggde, de l'Hégias et de l'Yémen, l'ennemi des Osmanlis et le blasphémateur du Prophète. C'est le pacha d'Égypte qui l'envoie prisonnier au sultan. Demain, sa tête sera au sérail. Ainsi périssent tous les ennemis du Prophète ! » Cette nouvelle me frappa de stupeur, et je rentrai chez moi pensif, louant Dieu et songeant au caprice de la destinée, qui m'avait conduit comme par la main à Constantinople pour voir mourir ce roi des rois, dont j'avais été, moi chétif giaour, le prisonnier et l'esclave. Le dernier de ses cawas n'aurait pas donné alors une piastre de ma tête, et c'était moi qui allais voir tomber la sienne !

» En effet, le lendemain le bruit se répandit dans Constantinople que le sultan, dès qu'il avait appris le débarquement du Wahabi, avait ordonné qu'on lui tranchât la tête, avant le coucher du soleil, sur la place de l'Atméidan. Une foule immense de toutes les nations et de tous les costumes, Arméniens, Grecs, Juifs, Européens, courait déjà par toutes les rues au lieu de l'exécution ; car ce n'est pas un spectacle vulgaire que celui d'un roi décapité par un bourreau !

» A midi, le cortége déboucha sur la place avec un grand bruit d'armes et de chevaux. Le Wahabi, tête nue, les mains liées, les pieds enchaînés, marchait au milieu d'un groupe de bostangis et de cavaliers à longues lances. Je le reconnus malgré son grand âge, car les années n'avaient fait que durcir ses traits et blanchir sa barbe; et son œil lançait encore ce regard de feu qui m'avait fait pâlir quand j'avais comparu au pied de son trône. Arrivé au centre de la place, il regarda un moment la foule, s'agenouilla et fit un signe de la main au bourreau, comme pour l'avertir qu'il était prêt. Il se fit un grand silence, car chacun crut que le moment suprême était arrivé. Mais le bourreau se pencha vers lui pour lui demander quel était son dernier désir : ainsi le veut la loi musulmane. Le Wahabi demanda le temps de faire une dernière prière, puis il se tourna du côté de l'orient et pria pendant quelques minutes, aussi calme que s'il eût été dans sa mosquée de Darkisch. Quand il se releva, il riait d'un air moqueur, comme un homme qui raille et qui méprise du fond de l'âme. Cet éclat de rire sous le sabre qui allait trancher sa tête parut si étrange aux officiers du sultan qui assistaient au supplice, qu'ils se pressèrent autour du patient pour lui en demander la cause.

« Je ris, répondit-il, de la folie du sultan et de la vanité de sa colère. Il ne pense qu'au jour de sa vengeance, sans s'inquiéter du lendemain. Je suis en son pouvoir, ma tête est sous le fil de son sabre, il peut la faire tomber quand il voudra d'un signe de sa main; et il se hâte de me tuer comme un enfant étourdi qui casse une branche dont les épines l'ont piqué, sans songer à cueillir ses fruits. N'aurait-il pas dû, avant d'ordonner mon supplice, s'informer de mes plans, de mes secrets, de la richesse de mon trésor, du nombre de mes tentes, de la puissance de mon armée; demander combien de milliers d'hommes avaient combattu sous mes drapeaux, combien étaient morts dans mes défaites, comment j'étais monté au trône du désert, pourquoi j'avais conquis le Hégias et changé la religion de ses tribus? Encore une fois, le sultan est un insensé, et sa vengeance est celle d'un enfant sans barbe. »

» A ces paroles, un aga qui se trouvait mêlé au cortége s'écria : « Le Wahabi a raison contre lui-même ; le proverbe arabe a dit vrai : « La sagesse est sur les lèvres de ceux qui » vont mourir. » Et il courut à cheval au sérail rapporter au sultan les paroles d'Ebn-Sihoud, en ordonnant au bourreau de surseoir à l'exécution jusqu'à son retour. Mais il revint quelques instants après ; le sultan, sans vouloir l'entendre, l'avait renvoyé en colère à l'Atméidan, avec l'ordre de lui rapporter avant une heure la tête du Wahabi. Ebn-Sihoud, qui avait continué sa prière jusqu'au retour de l'aga, tendit tranquillement sa tête, et le bourreau l'abattit d'un seul coup de sabre. — Quelques jours après ce grand spectacle, je retournai à Latakieh, où je suis resté jusqu'à mon départ pour la France. »

Cet appendice n'est qu'une des heures de nos longs entretiens avec Fatalla. Les Orientaux sont conteurs comme tous les peuples assis au soleil. Les histoires, les légendes, les voyages, les aventures, tous les bruits et toutes les rumeurs qui traversent ces pays de silence s'amassent lentement dans leur mémoire, comme les pluies rares de leur ciel dans les citernes du désert : ils les versent à leurs hôtes aussi largement que l'eau de leurs puits. Chez eux, le récit est en quelque sorte une des fonctions et des offices de l'hospitalité. Mais je craindrais de fatiguer le lecteur en lui faisant veiller ces mille et une nuits du souvenir. Elles ne peuvent intéresser que ceux qui, comme moi, aiment dans l'Orient le pays natal de leur imagination.

FRAGMENTS

DU POËME D'ANTAR

FRAGMENTS

DU POËME D'ANTAR

PREMIER FRAGMENT

Un jour, Antar étant venu chez son oncle Mallek, fut agréablement surpris de l'accueil favorable qu'il en reçut. Il devait cet accueil, nouveau pour lui, aux vives remontrances du roi Zohéir, qui, le matin même, avait fortement engagé Mallek à se rendre enfin aux désirs de son neveu en lui accordant sa cousine Ablla, qu'il aimait passionnément. On parla des préparatifs de la noce; et Ablla ayant voulu savoir ée son cousin quels étaient ses projets : « Je » compte, lui dit-il, faire tout ce qui pourra vous convenir. » — Mais, reprit-elle, je ne demande pour moi que ce qui » a lieu pour d'autres : ce qu'a fait Kaled-Eben-Mohareb

» lors de son mariage avec sa cousine Djida. — Insensée!
» s'écria son père d'un air courroucé, qui vous en a fait le
» récit?... Non, mon neveu, ajouta-t-il, nous ne voulons
» pas suivre cet exemple. » Mais Antar, heureux de voir
pour la première fois son oncle si bienveillant à son égard,
et désirant satisfaire sa cousine, la pria de lui raconter les
détails de cette noce.

« —Voici, dit-elle, ce que m'ont rapporté les femmes qui
» sont venues me complimenter sur votre retour: Kaled, le
» jour de son mariage, a tué mille chameaux et vingt lions,
» ces derniers de sa propre main. Les chameaux apparte-
» naient à Malaeb-el-Assné, émir renommé parmi les plus
» vaillants guerriers. Il a nourri pendant trois jours trois
» grandes tribus qu'il avait conviées. Chaque plat contenait
» un morceau de la chair des lions. La fille du roi Eben-el-
» Nazal conduisait par son licol la naka[1] que montait Djida.
» —Quoi donc de si admirable dans tout cela? reprit Antar.
» Par le roi de Lanyam et le Hattim! nulle autre ne con-
» duira votre naka que Djida elle-même, la tête de son mari
» dans un sac pendu à son cou. »

Mallek gronda sa fille d'avoir entamé ce sujet, feignant
d'en être mécontent; tandis que c'était lui qui, secrètement,
avait engagé ces femmes à donner tous ces détails à Ablla,
pour jeter Antar dans l'embarras. Après le serment de son
neveu, satisfait et désirant rompre la conversation, il lui fit
verser du vin, espérant qu'il s'engagerait de plus en plus
vis-à-vis de sa fille.

[1] Chamelle.

A la fin de la soirée, comme Antar allait se retirer, Mallek le pria d'oublier les demandes d'Ablla, voulant ainsi les lui rappeler indirectement. Rentré chez lui, Antar dit à son frère Chaiboud de lui préparer son cheval, El-Abgea; et il partit aussitôt après, se dirigeant vers la montagne de Beni-Touailek. Chemin faisant, il raconta à Chaiboud ce qui s'était passé le soir même chez Ablla. — « Maudit soit votre
» oncle ! s'écria son frère. Quel méchant homme ! De qui
» Ablla tenait-elle ce qu'elle vous a raconté, si ce n'est de
» son père, qui veut se débarrasser de vous en vous préci-
» pitant dans de si grands dangers ? » — Antar, sans faire la moindre attention aux paroles de Chaiboud, lui dit de hâter sa marche, afin d'arriver un jour plus tôt : tant il était pressé de remplir son engagement; puis il récita les vers suivants :

« Je parcours les mauvais chemins pendant l'obscurité de la nuit. Je marche à travers le désert, plein de la plus vive ardeur, sans autre compagnon que mon sabre, ne comptant jamais les ennemis. Lions, suivez-moi!... vous verrez la terre jonchée de cadavres servant de pâture aux oiseaux du ciel.

» Kaled[1] n'est plus bien nommé depuis que je le cherche. Djida n'a plus lieu de se glorifier.

» Leur pays n'est plus en sûreté : bientôt les tigres seuls l'habiteront.

» Ablla, recevez d'avance mes félicitations sur tout ce qui doit orner votre triomphe !

[1] Heureux.

» O vous dont les regards, semblables aux flèches meurtrières, m'ont fait d'inguérissables blessures, votre présence est un paradis, votre absence est un feu dévorant!

» O Allan-el-Fandi, sois bénie par le Dieu tout-puissant!

» J'ai bu d'un vin plus doux que le nectar; car il m'était versé par la main de la beauté.

» Tant que je verrai la lumière, je célébrerai son mérite; et si je meurs pour elle, mon nom ne périra pas. »

Quand il eut fini, le jour commençait à paraître. Il continua sa route vers la tribu de Beni-Zobaïd. Kaled, le héros de cette tribu, y jouissait de plus de considération que le roi lui-même. Il était si redoutable à la guerre, que son nom seul faisait trembler les tribus voisines. Voici son histoire et celle de sa cousine Djida.

Deux émirs, Mohareb, père de Kaled, et Zaher, père de Djida, gouvernaient les Bédouins appelés Beni-Aumaya, renommés pour leur bravoure. Ils étaient frères. L'aîné, Mohareb, commandait en chef; Zaher servait sous ses ordres. Un jour, à la suite d'une vive querelle, Mohareb leva la main sur son frère, qui revint chez lui le cœur plein de ressentiment. Sa femme, apprenant le motif de l'état violent dans lequel elle le voyait, lui dit : — « Vous ne deviez pas
» souffrir un tel affront, vous le plus vaillant guerrier de la
» tribu, vous renommé pour votre force et votre courage.
» — J'ai dû, répondit-il, respecter un frère aîné. — Eh

» bien! quittez-le, ajouta sa femme; allez ailleurs établir
» votre demeure : ne restez pas ici dans l'hnmiliation; sui-
» vez les préceptes d'un poëte dont voici les vers :

« Si vous éprouvez des contrariétés ou des malheurs dans
un endroit, éloignez-vous, et laissez la maison regretter
celui qui l'a bâtie.

» Votre subsistance est la même partout; mais votre âme
une fois perdue, vous ne sauriez la retrouver.

» Il ne faut jamais charger un autre de ses affaires; on
les fait toujours mieux soi-même.

» Les lions sont fiers, parce qu'ils sont libres.

» Tôt ou tard l'homme doit subir sa destinée : qu'importe
le lieu où il meurt?

» Suivez donc les conseils de l'expérience. »

Ces vers firent prendre à Zaher la résolution de s'éloigner
avec tout ce qui lui appartenait; et, prêt à partir, il récita
les vers suivants :

« J'irai loin de vous, à une distance de mille années,
chacune longue de mille lieues. Quand vous me donneriez,
pour rester, mille Égyptes, chacune arrosée de mille Nils,
je préférerais m'éloigner de vous et de vos terres, disant,
pour justifier notre séparation, un couplet qui n'aura pas

de second « L'homme doit fuir les lieux où règne la bar-
» barie. »

Zaher s'étant mis en route, alla jusqu'à la tribu de Beni-
Assac, où il fut reçu à merveille et choisi pour chef. Zaher
reconnaissant s'y fixa. Quelque temps après, il eut une fille
nommée Djida, qu'il fit passer pour un garçon, et qui grandit sous le nom de Giaudar. Son père la faisait monter à
cheval avec lui, l'exerçait aux combats, et développait ainsi
ses dispositions naturelles et son courage. Un savant de la
tribu lui enseignait l'art de lire et d'écrire, dans lequel elle
fit de rapides progrès; c'était une perfection, car elle joi-
gnait à toutes ces qualités une admirable beauté. Aussi di-
sait-on de toute part : « Heureuse la femme qui épousera
l'émir Giaudar! »

Son père étant tombé dangereusement malade, et se
croyant près de mourir, fit appeler sa femme, et lui dit :
— « Je vous en conjure, après ma mort ne contractez pas
» un nouveau mariage qui vous séparerait de votre fille;
» mais faites en sorte qu'elle continue de passer pour un
» homme. Si, après moi, vous ne jouissez pas ici de la même
» considération, retournez chez mon frère : il vous recevra
» bien, j'en suis sûr. Conservez avec soin vos richesses.
» L'argent vous fera considérer partout. Soyez généreuse et
» affable, vous en serez récompensée. Enfin, agissez tou-
» jours comme vous le faites présentement. »

Après quelques jours de maladie, Zaher se rétablit;
Giaudar continua ses excursions guerrières, et fit preuve de
tant de valeur en toute circonstance, qu'il était passé en

proverbe de dire : « Gardez-vous d'approcher la tribu de Giaudar. »

Quant à Kaled, il suivait son père Mohareb dans ses exercices journaliers, auxquels prenaient part les plus courageux de la tribu. C'était une guerre véritable, ayant chaque fois ses blessés ; Kaled y trouvait un motif d'émulation à devenir un guerrier redoutable, émulation qu'augmentait encore la réputation de valeur de son cousin : il mourait d'envie d'aller le voir, mais n'osait le faire, connaissant les dissensions qui existaient entre leurs parents. A l'âge de quinze ans, Kaled était devenu le plus vaillant guerrier de sa tribu, lorsqu'il eut le malheur de perdre son père : il fut choisi pour le remplacer, et comme il montrait les mêmes vertus que lui, il ne tarda pas à gagner l'estime et la considération générales. Ayant un jour proposé à sa mère d'aller voir son oncle, ils se mirent en route, suivis de riches présents en chevaux, harnais, armes, etc. Zaher les reçut à merveille, et combla de soins et de prévenances son neveu, dont la réputation était arrivée jusqu'à lui. Kaled embrassa tendrement son cousin Giaudar, et prit pour lui un vif attachement pendant le peu de temps qu'il passa chez son oncle ; chaque jour il se livrait à ses exercices militaires, et charmait Giaudar, qui voyait en lui un guerrier accompli, plein de courage et de générosité, affable, éloquent, et d'une mâle beauté ; ils passaient ensemble des journées entières et même la plus grande partie des nuits. A la fin Giaudar s'attacha tellement à Kaled, qu'un jour il entra chez sa mère et lui dit : « Si mon cousin retourne à sa tribu sans moi, j'en mourrai de chagrin, car je l'aime éperdument. — Je suis loin de vous désapprouver, lui répondit sa

mère; vous avez raison de l'aimer, car il a tout pour plaire:
c'est votre cousin; vous êtes du même sang, presque du
même âge; jamais il ne pourra trouver un meilleur parti
que vous. Mais laissez-moi d'abord parler à sa mère, que
je lui apprenne votre sexe; attendons jusqu'à demain. Quand
elle viendra chez moi, comme de coutume, je l'instruirai
de tout; nous arrangerons votre mariage, et nous partirons
ensemble. »

Le lendemain, elle se mit à lui peigner les cheveux à
l'heure à laquelle venait ordinairement la mère de Kaled;
et quand celle-ci, entrant dans la tente, lui eut demandé
quelle était cette belle fille, elle lui raconta l'histoire de
Djida, et la volonté de son père de la laisser cachée sous
des habits d'homme. — « Je vous découvre ce secret, ajouta-
t-elle, parce que je veux la donner en mariage à votre fils.
— J'y consens volontiers, répondit la mère de Kaled. Quel
honneur pour mon fils de posséder cette beauté unique! »
— Puis, allant trouver Kaled, elle lui raconta cette histoire,
affirmant qu'il n'existait pas une femme dont la beauté pût
être comparée à celle de sa cousine. « Allez donc, lui dit-
elle, la demander en mariage à votre oncle; et s'il veut
bien vous l'accorder, vous serez le plus heureux des mortels.

» — J'étais décidé, répondit son fils, à ne plus me séparer de mon cousin Giaudar, tant je lui étais attaché; mais
puisque c'est une fille, je ne veux plus rien avoir de commun avec elle; je préfère la société des guerriers, les combats, la chasse aux éléphants et aux lions; à la possession
de la beauté. Qu'il ne soit donc plus question de ce ma-

riage, car je veux partir à l'instant même. » — En effet, il ordonna les préparatifs du départ, et fut prendre congé de son oncle, qui lui demanda ce qui le pressait tant, le priant de rester quelques jours de plus. — « Impossible, répondit Kaled ; ma tribu est sans chef ; il faut que j'y retourne. » A ces mots, il se mit en route avec sa mère, qui avait fait ses adieux à celle de Djida, et l'avait instruite de sa conversation avec son fils.

En apprenant le refus de son cousin. Djida se livra à la plus vive douleur, ne pouvant ni manger ni dormir, tant était grande sa passion pour Kaled. Son père, la voyant en cet état, la crut malade, et cessa de l'emmener avec lui dans ses excursions. Un jour qu'il était allé au loin surprendre une tribu ennemie, elle dit à sa mère : — « Je ne veux pas mourir pour une personne qui m'a traitée avec si peu d'égards ; avec l'aide de la Providence, je saurai à mon tour lui faire éprouver toutes les souffrances, même celle de l'amour. » Puis, se levant avec la fureur d'une lionne, elle monta à cheval, disant à sa mère qu'elle allait à la chasse, et partit pour la tribu de son cousin, sous le costume d'un Bédouin de Kégiaz. Elle fut loger chez un des chefs, qui l'ayant prise pour un guerrier, la reçut de son mieux. Le lendemain, elle se présenta à l'exercice militaire commandé par son cousin, et commença avec lui une lutte qui dura jusqu'à midi. Le combat de ces deux héros fit l'admiration de tous les spectateurs. Kaled, étonné au dernier point de rencontrer un guerrier qui pût lui tenir tête, ordonna d'avoir pour lui tous les égards possibles. Le lendemain revit la même lutte, qui continua le troisième et le quatrième jour. Pendant tout ce temps, Kaled fit l'impossible pour connaître cet étranger, sans pouvoir y réussir. Le quatrième jour, le combat dura jusqu'au soir, sans que, pendant tout ce temps, l'un pût parvenir à blesser l'autre ; quand il fut terminé, Kaled dit à son adversaire : « Au nom du Dieu qui vous a donné tant de vaillance, faites-moi connaître votre pays et votre tribu. » — Alors Djida, levant son masque, lui dit : « Je suis celle qui, éprise de vous, voulait vous épouser, et que vous avez refusée, préférant, avez-vous dit, à la possession d'une femme, les combats et la chasse. Je suis venue pour vous faire connaître la bravoure et le courage de celle que vous avez repoussée. » Après ces paroles, elle remit son masque et revint chez elle, laissant Kaled triste, irrésolu, sans force et sans courage, et tellement épris qu'il finit par en perdre connaissance. Quand il revint à lui, son goût pour la guerre et la chasse des bêtes féroces avait fait place à l'amour ; il rentra chez lui, et fit part à sa mère de ce changement subit, en lui racontant son combat avec sa cousine. « Vous méritez ce qui vous arrive, lui répondit-elle ; vous n'avez pas voulu me croire autrefois ; votre cousine a agi comme elle le devait, en vous punissant de votre fierté à son égard. » Kaled lui ayant fait remarquer qu'il n'était pas en état de supporter ses reproches et qu'il avait plutôt besoin de compassion, la supplia d'aller demander sa cousine pour lui. Elle partit aussitôt pour la tribu de Djida, tourmentée pour son fils, qu'elle laissait dans un état déplorable.

Quant à Djida, après s'être fait connaître à son cousin, elle revint chez elle. Sa mère était inquiète de son absence ; elle lui conta son aventure, et l'étonna par le récit de tant de bravoure. Trois jours après son retour, arriva la mère de

Kaled, qui voulut sur-le-champ parler à Djida; elle lui dit qu'elle venait de la part de son cousin pour les unir, et lui apprit en même temps dans quel triste état elle l'avait laissé.

« Un tel mariage est désormais impossible, répondit Djida; je n'épouserai jamais celui qui m'a refusée : mais j'ai voulu lui donner une leçon, et le punir de m'avoir tant fait souffrir. » Sa tante lui représentant que s'il lui avait causé quelque peine, il était en ce moment bien plus malheureux qu'elle : « Quand je devrais mourir, reprit Djida, je ne serai jamais sa femme. » — Son père n'étant pas encore de retour, la mère de Kaled ne put lui parler. Voyant d'ailleurs qu'elle n'obtiendrait rien de Djida, elle revint chez son fils, qu'elle trouva malade d'amour et très-changé; elle lui rendit compte du résultat de sa mission, ce qui augmenta son désespoir et ses maux. « Il ne vous reste plus qu'un moyen, dit-elle : prenez avec vous les chefs de votre tribu et ceux des tribus vos alliées, et allez vous-même la demander à son père; s'il vous dit qu'il n'a pas de fille, racontez-lui votre histoire, il ne pourra nier plus longtemps, et sera forcé de vous l'accorder. »

Kaled, à l'instant même, convoqua les chefs et les vieillards de la tribu, et leur fit part de ce qui lui était arrivé; ce récit les frappa d'étonnement. « C'est une histoire mer-
» veilleuse, dit Mehdi-Karab, l'un d'eux; elle mériterait
» d'être écrite à l'encre d'or. Nous ignorions que votre
» oncle eût une fille; nous ne lui connaissions qu'un fils,
» nommé Giaudar : d'où lui vient donc cette héroïne? Nous
» vous accompagnerons quand vous irez demander sa main;
» personne n'en est plus digne que vous. »

Kaled ayant appris le retour de son oncle, partit accompagné des vingt principaux chefs de sa tribu et de cent cavaliers : il était suivi de riches présents. Zaher les accueillit de son mieux, sans rien comprendre au prompt retour de son neveu, dont il ignorait la rencontre avec sa fille. Le quatrième jour de son arrivée, Kaled ayant baisé la main de son oncle, lui demanda sa cousine en mariage, le suppliant de revenir habiter avec lui; et comme Zaher affirmait n'avoir qu'un garçon, nommé Giaudar, le seul enfant que Dieu lui eût donné, disait-il, Kaled lui raconta tout ce qui lui était arrivé avec sa cousine. A ce récit, Zaher troublé garda quelques instants le silence, puis après : « Je ne croyais pas, dit-il, qu'un jour ce secret serait découvert; mais puisqu'il en est autrement, plus que tout autre vous pouvez prétendre à la main de votre cousine, et je vous l'accorde. » Le prix de Djida fut ensuite fixé devant témoins à mille chameaux roux, chargés des plus belles productions du Yémen; ensuite Zaher entrant chez sa fille, lui annonça l'engagement qu'il venait de prendre avec Kaled. « J'y souscris, répondit-elle, à condition que, le jour de mon mariage, mon cousin tuera mille chameaux choisis parmi ceux de Malaeb-el-Assné, de la tribu Beni-Hamer. » — Son père, souriant à cette demande, engagea son neveu à l'accepter : celui-ci, à force de prières, ayant décidé son oncle à revenir avec lui, ils se mirent tous en route le lendemain; Zaher fut comblé de soins et d'égards dans son ancienne tribu, et y obtint le premier rang.

Le lendemain de son arrivée, Kaled, à la tête de mille guerriers choisis, fut surprendre la tribu de Beni-Hamer, lui livra un combat sanglant, blessa dangereusement Malaeb, auquel il prit un plus grand nombre de chameaux que celui demandé par Djida, et revint chez lui triomphant. A quelques jours de là, comme il priait son oncle de hâter son mariage, sa cousine lui dit qu'il ne la verrait jamais sous sa tente, s'il ne lui amenait la femme ou la fille d'un des émirs les plus vaillants de Kaïl, pour tenir le licol de sa monture le jour de sa noce ; « car je veux, ajouta-t-elle, que toutes les jeunes filles me portent envie. » Pour satisfaire à cette nouvelle demande, Kaled, à la tête d'une nombreuse armée, attaqua la tribu de Nihama-Eben-el-Nazal, et, à la suite de plusieurs batailles, il finit par s'emparer d'Aniamé, fille de Nihama, qu'il ramena avec lui. Djida n'ayant plus rien à lui demander, il commença la chasse aux lions.

L'avant-veille de son mariage, comme il se livrait à cette chasse, il rencontra un guerrier qui, s'avançant vers lui, lui cria de se rendre et de descendre de cheval à l'instant même, sous peine de la vie. Kaled, pour toute réponse, attaqua vivement cet ennemi inconnu; le combat devint terrible, et dura plus d'une heure; enfin, fatigué de la résistance d'un adversaire qu'il ne pouvait vaincre : — « O fils » de race maudite, dit Kaled, qui êtes-vous? quelle est votre » tribu? et pourquoi venez-vous m'empêcher de continuer » une chasse si importante pour moi? Malédiction sur vous! » Que je sache du moins si je me bats contre un émir ou » contre un esclave. » Alors son adversaire, levant la visière de son casque, lui répondit en riant : — « Comment un » guerrier peut-il parler de la sorte à une jeune fille? » Kaled, ayant reconnu sa cousine, n'osa pas lui répondre, tant il éprouvait de honte. — « J'ai pensé, continua Djida, que » vous étiez embarrassé pour votre chasse; et je suis venue

» vous aider. — Par le Tout-Puissant! s'écria Kaled, je ne
» connais aucun guerrier aussi vaillant que vous, ô la reine
» des belles! » Ils se séparèrent alors en convenant de se
réunir le soir au même endroit, et s'y rejoignirent en effet,
Kaled ayant tué un lion, et Djida un mâle et une femelle.
Ils se quittèrent de plus en plus charmés l'un de l'autre.

La noce dura trois jours au milieu des réjouissances de
toute espèce. Plus de mille chameaux et vingt lions furent
tués, ces derniers de la propre main de Kaled, à l'exception
des deux provenant de la chasse de sa cousine. Aniamé conduisit par le licol la naka que montait Djida. Les deux époux
étaient au comble du bonheur.

Zaher mourut quelque temps après ce mariage, laissant
le commandement suprême à ses deux enfants, Kaled et
Djida. Bientôt ces deux héros réunis devinrent la terreur du
désert.

Revenons à Antar et à son frère. Quand ils furent arrivés
aux environs de la tribu, Antar envoya son frère reconnaître
la disposition du terrain et l'emplacement de la tente de Kaled, afin de prendre ses mesures pour l'attaquer. Chaiboud
revint le lendemain lui annoncer que son bonheur surpassait
la méchanceté de son oncle, puisque Kaled était absent. —
« Il n'y a dans la tribu, ajouta-t-il, que cent cavaliers avec
» Djida. Son mari est parti avec Mehdi-Karab, et c'est elle
» qui est chargée de veiller à la sûreté commune. Chaque
» nuit elle monte à cheval, suivie d'une vingtaine de cava-
» liers, pour faire sa ronde, et s'éloigne quelquefois, d'après
» ce que m'ont dit les esclaves. » — Antar, charmé de cette

nouvelle, dit à son frère qu'il espérait faire Djida prisonnière le soir même; que, quant à lui, sa tâche serait d'arrêter ses compagnons au passage, afin qu'aucun d'eux ne pût aller avertir la tribu, qui se mettrait alors à leur poursuite. — « Si vous en laissez échapper un seul, ajouta-t-il, » je vous coupe la main droite. — Je ferai tout ce que vous » exigerez, répondit Chaiboud, puisque je suis ici pour vous » aider. » — Ils restèrent cachés toute la journée, et se rapprochèrent de la tribu après le coucher du soleil. Bientôt ils virent venir à eux plusieurs cavaliers. Djida était à leur tête, et chantait les vers suivants :

« La poussière des chevaux est bien épaisse; la guerre est mon état.

» La chasse aux lions est une gloire et un triomphe pour les autres guerriers, mais rien pour moi.

» Les astres savent que ma bravoure a effacé celle de mes pères.

» Qui ose m'approcher quand je parcours de nuit les montagnes et la plaine?

» Plus que personne j'ai acquis de la gloire en terrassant les plus redoutables guerriers. »

Ayant entendu ces vers, Antar dit à son frère de prendre sur la gauche; et lui-même, se jetant vers la droite, poussa son cri de guerre d'une voix tellement forte, qu'il jeta la terreur parmi les vingt cavaliers de la suite de Djida. Antar, sans perdre de temps, se précipita sur elle, abattit son cheval d'un coup de sabre, et la frappa elle-même si violemment à la tête, qu'elle en perdit connaissance. Il la quitta pour se mettre à la poursuite de ses compagnons, en tua douze en peu de temps, et mit les autres en fuite. Chaiboud, qui les attendait au passage, en abattit six à coups de flèche, et Antar, accourant à son aide, se défit des deux autres. Il dit alors à son frère de courir promptement lier Djida avant qu'elle reprît ses sens, et d'emmener pour elle un des chevaux des cavaliers qu'ils venaient de tuer. Mais Djida, après être restée une heure sans connaissance, était revenue à elle, et, trouvant un cheval abandonné, s'en était emparée. Avertie par la voix d'Antar, elle tira son sabre et lui dit : « Ne vous » flattez pas, fils de race maudite, de voir Djida tomber en » votre pouvoir. Je suis ici pour vous faire mordre la pous- » sière; et jamais vous ne m'auriez vue à terre, si vous » n'aviez pas eu le bonheur de tuer mon cheval. »

A ces mots, elle se précipita sur Antar avec la fureur d'une lionne qui a perdu ses petits. Celui-ci soutint bravement le choc, et un combat des plus terribles s'engagea entre eux. Il dura trois heures entières, sans avantage marqué d'aucun côté. Tous deux étaient accablés de fatigue. Chaiboud veillait de loin à ce qu'aucun secours ne pût arriver à Djida, qui, bien qu'affaiblie par sa chute et blessée en plusieurs endroits, faisait cependant une résistance opiniâtre, espérant en vain être secourue. Enfin, Antar, se précipitant sur elle, la saisit à la gorge et lui fit perdre de nouveau connaissance. Il en profita pour la désarmer et lui lier les bras. Alors Chaiboud engagea son frère à partir avant que les événements de la nuit parvinssent à la con-

naissance de la tribu de Djida et de ses alliés, qui se mettraient à leur poursuite. Mais Antar s'y refusa, ne voulant pas retourner à Beni-Abess sans butin. « Nous ne pouvons,
» dit-il, abandonner ainsi les beaux troupeaux de cette tribu,
» car il faudrait revenir une seconde fois à l'époque de la
» noce d'Ablla. Attendons le jour ; quand ils iront au pâtu-
» rage, nous nous en emparerons, et retournerons alors à
» Beni-Abess. »

Le matin, les troupeaux étant venus paître, Antar s'empara de mille nakas et de mille chameaux avec leurs conducteurs, les confia à Chaiboud pour les emmener, et resta pour chasser les gardiens, dont il fit un grand carnage. Ceux qui purent s'échapper coururent à la tribu dire qu'un seul guerrier nègre s'était emparé de tous les troupeaux, après avoir tué un grand nombre d'entre eux, et restait sur le champ de bataille, attendant qu'on vînt l'attaquer. « Nous
» croyons, ajoutèrent-ils, qu'il a tué ou pris Djida. — Est-
» il au monde un guerrier qui puisse tenir tête à Djida, et à
» plus forte raison la vaincre ? » dit Giabe, un des chefs les plus renommés. Les autres, la sachant partie de la veille, et ne la voyant pas de retour, pensaient qu'elle était peut-être à la chasse. Ils convinrent, dans tous les cas, de partir sur-le-champ pour reprendre leurs troupeaux. Ils marchaient par vingt et par trente, et rejoignirent bientôt Antar, qui, à cheval et appuyé sur sa lance, attendait le combat. Tous lui crièrent à la fois : « Insensé ! qui êtes-vous
» pour venir ainsi chercher une mort certaine ? »

Sans daigner répondre, Antar les attaqua avec impétuosité, et, malgré leur nombre (ils étaient quatre-vingts), il les mit facilement en déroute, après en avoir blessé plusieurs. Il pensa ensuite à rejoindre son frère, dans la crainte que les bergers ne vinssent à se défaire de lui ; mais comme il se mettait en chemin, il vit une grande poussière s'élever du milieu du désert, et pensant que c'était l'ennemi : « C'est aujourd'hui, dit-il, que l'homme doit se montrer. »

— Il continuait sa route lorsqu'il rencontra Chaiboud qui revenait vers lui. Il lui demanda ce qu'il avait fait de Djida et des troupeaux : « Quand les bergers ont aperçu cette
» poussière, répondit son frère, ils se sont révoltés et n'ont
» pas voulu continuer de marcher, disant que c'était Kaled
» qui revenait avec son armée. J'en ai tué trois ; mais vous
» sachant seul contre tous, je suis venu à votre secours.
» Mieux vaut mourir ensemble que séparés.

» — Misérable ! reprit Antar, vous avez eu peur, et avez
» abandonné Djida et les troupeaux ; mais, je le jure par le
» Tout-Puissant, je ferai aujourd'hui des prodiges qui se-
» ront cités dans les siècles à venir ! » — A ces mots, il se précipite sur les traces de Djida, que les bergers avaient déliée après le départ de Chaiboud. Elle était à cheval, mais souffrante et sans armes. Antar, ayant tué quatre des bergers sans pouvoir arrêter les autres, poursuivit Djida, qui cherchait à rejoindre l'armée qui s'avançait, la croyant de sa tribu. Mais quand elle fut au milieu des cavaliers, elle les entendit répéter ces paroles : « Antar, vaillant héros,
» nous venons vous aider, quoique vous n'ayez pas besoin
» de notre secours. »

C'était en effet l'armée de Beni-Abess, commandée par le roi Zohéir en personne. Ce prince ne voyant plus Antar, et craignant que son oncle ne l'eût, comme d'habitude, engagé dans quelque périlleuse entreprise, avait envoyé chercher Chidad, son père, pour en avoir des nouvelles. Ne pouvant en obtenir par lui, il en avait fait demander à Mallek, qui avait feint de n'être pas mieux instruit. Chidad alors avait interrogé Ablla, dont il connaissait la franchise, et en ayant tout appris, en avait informé le roi, dont les fils, irrités contre Mallek, s'étaient sur-le-champ décidés à partir à la recherche d'Antar, disant que s'ils le trouvaient sain et sauf, ils célébreraient son mariage aussitôt son retour; et que s'il était mort, ils tueraient Mallek, cause de la perte de ce héros si précieux à sa tribu. Instruit du projet de ses fils Chass et Maalek, le roi avait résolu de se mettre lui-même à la tête de ses plus vaillants guerriers, et avait quitté la tribu, suivi de quatre mille cavaliers au nombre desquels était Mallek.

Pendant la route, celui-ci ayant demandé au roi quel était son dessein : « Je veux, répondit Zohéir, aller tirer » Antar du mauvais pas où vous l'avez engagé. — Je vous » assuré, reprit Mallek, que je n'ai nulle connaissance de cela. » Ablla est la seule coupable : pour en finir, je retourne » chez moi lui trancher la tête. » — Chass, prenant la parole : « Sur mon honneur, Mallek, mieux vaudrait que vous » fussiez mort. Si ce n'était par respect pour mon père et » par amitié pour Antar, je ferais voler votre tête de dessus » vos épaules. » — A ces mots, il le frappa violemment de son courbach, lui enjoignant de s'éloigner lui et les siens.

De retour à la tribu, Mallek, ayant réuni ses parents et ses amis, s'éloigna, suivi de sept cents des siens. Le Ra-

bek, un des chefs les plus renommés, et Héroné-Eben-el-Wuard, l'accompagnèrent avec cent cavaliers de choix. Ils marchèrent tout le jour, et le soir dressèrent leurs tentes pour tenir conseil et décider où ils devaient aller, et à quelle tribu ils pourraient se joindre. « Nous sommes, dit le Ra-
» bek, plus de sept cents. Attendons ici des nouvelles d'An-
» tar; s'il échappe aux dangers et revient à Beni-Abess,
» Zohéir viendra bien certainement nous chercher; s'il pé-
» rit, nous irons nous établir plus loin. » — Cet avis ayant prévalu, ils restèrent en cet endroit. Quant à Zohéir, il avait continué de marcher à la recherche d'Antar, qu'il venait enfin de rencontrer poursuivant Djida. Celle-ci, ayant obtenu la vie sauve, fut liée de nouveau, et confiée à la garde de Chaiboud.

Dès qu'Antar aperçut le roi, il descendit de cheval et alla baiser sa sandale, en disant : — « Seigneur, vous faites
» trop pour votre esclave; pourquoi prendre tant de peine
» pour moi? — Comment voulez-vous, répondit Zohéir,
» que je laisse un héros tel que vous seul dans un pays en-
» nemi? Vous auriez dû m'instruire des exigences de votre
» oncle : ou je l'aurais satisfait en lui donnant de mes pro-
» pres troupeaux, ou je vous aurais accompagné dans votre
» entreprise. »

Antar l'ayant remercié, alla saluer les deux fils du roi, Chass et Maalek, et son père Chidad, qui lui apprit ce qui était arrivé au père d'Ablla. — « Mon oncle, dit Antar,
» connaît mon amour pour sa fille et en abuse ; mais, grâce
» à Dieu et à la terreur qu'inspire notre roi Zohéir, je suis
» venu à bout de mon projet ; et si j'avais eu avec moi seu-

» lement cinquante cavaliers, je me serais rendu maître de
» tous les troupeaux des trois tribus, qui n'étaient défendus
» par personne. Mais, puisque je vous trouve ici, nous
» irons nous en emparer. Il ne sera pas dit que le roi se soit
» mis inutilement en campagne. Il faut qu'il se repose ici
» un jour ou deux, pendant que nous irons dépouiller ces
» tribus. »

Zohéir ayant approuvé ce projet, fit dresser les tentes à l'endroit même, recommandant sur toutes choses, aux guerriers qui faisaient partie de l'expédition, de respecter les femmes. Ils restèrent absents trois jours, pendant lesquels ils firent, presque sans combat, un butin si considérable, que le roi en fut tout émerveillé.

Le lendemain, l'ordre du départ ayant été donné, l'armée reprit le chemin de la tribu à la satisfaction de tous, si ce n'est de Djida, qui, entourée de plusieurs cavaliers, faisait la route, montée sur un chameau que conduisait un nègre. A trois journées de marche de la tribu, ils campèrent dans une vaste plaine. Antar la trouvant heureusement disposée pour livrer bataille, le roi lui fit observer qu'elle était également propice à la chasse. — « Mais, répondit Antar, je n'aime
» que la guerre, et je souffre quand je reste longtemps sans
» combattre. » — Quelques heures après, on aperçut une poussière épaisse qui semblait se diriger vers le camp. Bientôt on vit briller des fers de lance, puis on entendit des pleurs et des cris de souffrance. Zohéir, pensant que c'était l'armée de Kaled qui avait été attaquer la tribu de Beni-Amar, et qui revenait avec ses prisonniers, dit à Antar de se préparer au combat. — « Soyez sans inquiétude, répon-

» dit celui-ci; sous peu, tous ces guerriers seront en votre
» pouvoir. » — Aussitôt il ordonna tous les préparatifs, laissant dix cavaliers et plusieurs nègres pour garder le butin.
Il brûlait de se mesurer avec son ennemi.

Avant d'aller plus loin, il est nécessaire de faire connaître au lecteur l'armée qui s'avançait. Kaled, parti avec cinq mille guerriers et les deux chefs Kaiss-Eben-Mouchek et Mehdi-Karab pour attaquer Beni-Amar, avait trouvé le pays désert. Les habitants, prévenus, s'étaient retirés dans les montagnes avec leurs richesses. Il n'avait donc fait aucun butin ; et comme il revenait sans avoir pu prendre un seul chameau, ses compagnons l'avaient engagé à aller surprendre la tribu Beni-Abess, la plus riche du pays. Kaled, ayant pris la route de cette tribu, avait rencontré le camp du père d'Ablla, l'avait attaqué, et, après un jour entier de combat, s'était emparé des guerriers qui le composaient, ainsi que des femmes et des troupeaux.

Ablla, tombée au pouvoir de Kaled, se réjouissait d'un malheur qui la sauvait du mariage que son père voulait la forcer de contracter avec un de ses parents, nommé Amara, aimant mieux être prisonnière que la femme d'un autre qu'Antar. Elle ne cessait de l'appeler, en disant : — « Cher
» Antar, où êtes-vous? Que ne pouvez-vous voir dans quelle
» position je me trouve! » — Kaled ayant demandé à un des prisonniers quelle était cette femme qui prononçait si souvent le même nom, celui-ci, ennemi juré d'Antar, avait répondu qu'elle s'appelait Ablla, et qu'elle avait exigé de son cousin qu'il lui amenât Djida pour tenir le licol de sa naka le jour de son mariage. — « Nous nous sommes sépa-

» rés de notre tribu, avait-il ajouté, ne voulant pas ac-
» compagner, dans cette entreprise, le roi Zohéir, qui est
» parti avec tous les siens, moins trois cents restés pour
» garder Beni-Abess, sous le commandement de Warka, un
» de ses fils. » — A cette nouvelle, Kaled furieux avait envoyé Medhi-Karab, à la tête de mille guerriers, pour s'emparer des femmes et des troupeaux de Beni-Abess, avec
ordre de massacrer tous les hommes qu'il trouverait. Quant
à lui, il avait continué sa route pour revenir à sa tribu,
traitant fort mal ses prisonniers et vivement inquiet de
Djida. Pour charmer ses ennuis, il dit les vers suivants :

« J'ai conduit des chevaux garnis de fer, et portant des
guerriers plus redoutables que des lions.

» J'ai été au pays de Keni-Benab, de Beni-Amar et de
Beni-Kelal. A mon approche, les habitants ont fui dans les
montagnes.

» Beni-Abess court de grands dangers; ses habitants
pleureront nuit et jour.

» Tous ceux qui ont échappé au carnage sont tombés en
mon pouvoir.

» Que de filles dont les beaux yeux versent des larmes !
Elles appellent Beni-Abess à leur secours; mais Beni-Abess
est dans les fers.

» Zohéir est allé avec ses guerriers chercher la mort dans
un pays où les femmes sont plus vaillantes que les hommes.

Malheur à lui si l'on m'a dit vrai! Il a laissé le certain pour l'incertain.

» Le jour du combat prouvera lequel de nous deux s'est trompé.

» Mon glaive se réjouit dans ma main victorieuse; le fer de mon ennemi verse des larmes de sang.

» Les guerriers les plus redoutables tremblent à mon aspect.

» Mon nom doit troubler leur sommeil, si la terreur leur permet de goûter quelque repos.

» Si je ne craignais d'être accusé de trop d'orgueil, je dirais que mon bras seul suffit pour ébranler l'univers. »

Kaled ayant continué sa route, se trouvait alors en présence de l'armée de Beni-Abess. Les pleurs et les cris des prisonniers étant parvenus aux oreilles d'Antar et de ses guerriers, ils crurent reconnaître des voix amies, et allèrent en prévenir Zohéir, qui envoya sur-le-champ un cavalier nommé Abssi pour reconnaître l'ennemi. Kaled, l'apercevant de loin, s'écria : — « Voilà un envoyé de Beni-Abess qui » vient me faire des propositions; je ne veux en écouter au- » cune. J'entends faire une guerre d'extermination; tous les » prisonniers seront esclaves. Mais d'où leur vient le butin » qu'on aperçoit? sans doute ils s'en seront emparés pendant » que Djida était à la chasse aux lions. » Alors il envoya Zé-

baïde, un de ses guerriers, à la rencontre de l'envoyé de Zohéir, avec ordre de prendre connaissance de sa mission, et de s'informer du sort de Djida. Quand ils se furent joints, Zébaïde, prenant la parole : — « O vous qui venez ici cher-
» cher la mort, dit-il, hâtez-vous de dire ce qui vous amène,
» avant que votre tête roule dans la poussière. — Je méprise
» vos vaines menaces, répondit Abssi ; bientôt nous nous
» rencontrerons sur le champ de bataille. Je viens ici pour
» trois choses : vous annoncer, vous prévenir, et m'informer.
» Je vous annonce que nous nous sommes emparés de vos
» femmes et de vos troupeaux. Je vous préviens que nous
» allons vous livrer un combat terrible, sous la conduite du
» vaillant Antar. Je viens m'informer du butin que vous
» avez fait, car nous savons que vous avez attaqué les trois
» tribus Beni-Kenab, Beni-Amar et Beni-Kélal. J'ai dit ; ré-
» pondez. — Ce butin, dit Zébaïde, nous est venu sans
» peine ; la terreur du nom de Kaled a suffi. » — Puis il raconta ce qu'on a lu plus haut touchant le père d'Ablla, et ajoutant que mille guerriers avaient été envoyés pour surprendre Beni-Abess : « A mon tour, continua-t-il, je vous
» demande des nouvelles de Djida. — Elle est prisonnière,
» répondit Abssi, et souffrante de ses blessures. — Qui donc
» a pu la vaincre, elle aussi brave que son mari? dit l'envoyé
» de Kaled. — Un héros à qui rien ne résiste, reprit Abssi :
» Antar, fils de Chidad. »

Les deux envoyés ayant rempli leur mission, revinrent en rendre compte à leurs chefs. Abssi, en arrivant, s'écria : « O Beni-Abess, courez aux armes pour laver l'affront que
» vous a fait Beni-Zobaïd. » — Puis, s'adressant à Zohéir, il dit les vers suivants :

» Beni-Abess, surpris par l'ennemi, demeure dépeuplé. Un vent destructeur a balayé la place; l'écho seul est resté.

» On vous a dépouillé de vos biens; les hommes ont été massacrés; vos enfants et vos femmes sont au pouvoir de l'ennemi. Entendez leurs cris de détresse; ils appellent votre secours. Beni-Zobaïd est triomphant; courez à la vengeance.

» O Antar, si vous voyiez le désespoir d'Ablla! combien il surpasse celui de ses compagnes!

» Ses vêtements sont trempés de larmes; la terre même en est inondée.

» Ablla, la belle parmi les belles!

» Courez donc aux armes! le jour est venu de vaincre ou de mourir. Que la mort suive les coups de vos bras redoutables. »

A ce récit, Zohéir ne put s'empêcher de verser des pleurs. Son affliction fut partagée par tous les chefs qui l'entouraient. Antar seul éprouva une sorte de satisfaction en apprenant le triste sort de son oncle, cause de tous ses malheurs; mais son amour lui fit promptement oublier le plaisir de la vengeance.

L'envoyé de Kaled, arrivé en sa présence, déchira ses vêtements en récitant ces vers :

« O Beni-Zobaïd, vous avez été surpris par les guerriers de Beni-Abess, portés sur des chevaux rapides comme le vent.

» Vos biens les plus précieux vous ont été ravis.

» Serez-vous généreux envers ceux qui ont enlevé jusqu'à vos femmes?

» O Kaled! si vous pouviez voir Djida les yeux baignés de larmes!

» O vous le plus redoutable des guerriers, courez, le sabre à la main, attaquer vos ennemis!

» La mort des braves est préférable à une vie sans honneur.

» Que les méchants ne puissent pas nous flétrir du nom de lâches! »

A ce récit, Kaled irrité donna l'ordre de marcher au combat. Zohéir, voyant ce mouvement, s'avança, également suivi des siens. La plaine et les montagnes tremblèrent à l'approche des deux armées. Zohéir s'adressant à Antar :
— « L'ennemi est nombreux, dit-il; la journée sera terrible. » — Seigneur, répondit Antar, l'homme ne doit mourir » qu'une fois. Enfin voici le jour que j'ai tant désiré. Je dé- » livrerai nos femmes et nos enfants, Kaled eût-il avec lui » César et le roi de Perse; ou je périrai. » — Puis il récita les vers suivants :

« L'homme, quelle que soit sa position, ne doit jamais supporter le mépris.

» L'homme généreux envers ses hôtes leur doit le secours de son bras.

» Il faut savoir supporter le destin, quand la valeur ne donne pas la victoire.

» Il faut protéger ses amis, et rougir sa lance dans le sang de son ennemi.

» L'homme qui n'a pas ces vertus ne mérite nulle estime.

» Je veux à moi seul tenir tête à l'ennemi.

» Ce qui nous a été ravi, je le reprendrai aujourd'hui.

» Le combat que je vais livrer fera trembler les plus hautes montagnes.

» Qu'Ablla se réjouisse, sa captivité va finir. »

En entendant ces vers, Chass s'écria : — « Que votre » voix se fasse toujours entendre, vous qui surpassez tous » les savants en éloquence, et tous les guerriers en valeur! »

Kaled, avant d'en venir aux mains, donna l'ordre de faire le plus de prisonniers possible.

Antar se porta du côté des captifs pour tâcher de délivrer

Ablla; mais il les trouva gardés par un nombre considérable de cavaliers. Kaled s'approcha également du côté où se trouvait Djida, se flattant que Beni-Abess ne tiendrait pas une heure entière devant lui. Il commença par attaquer les guerriers qui entouraient Zohéir, et parvint à blesser Chass. Son père se défendit comme un lion, et le combat dura jusqu'à la fin de la journée; l'obscurité seule sépara les deux armées, qui regagnèrent leurs camps. Après des prodiges de valeur, Antar de retour apprit du roi que Kaled avait blessé son fils. « Par le Tout-Puissant! dit-il, demain je
» commencerai par vaincre Kaled; j'aurais dû le faire aujourd'hui, mais j'ai cherché à délivrer Ablla sans pouvoir
» y réussir. Une fois Kaled tué ou prisonnier, son armée se
» dispersera promptement, et nous pourrons alors sauver
» nos malheureux amis. Beni-Zobaïd verra que nous le surpassons en valeur. — O le brave des braves, répondit Zohéir, je ne doute pas du succès, mais je ne puis m'empêcher de frémir en pensant que Mehdi-Karab, à la tête de
» nombreux guerriers, est allé surprendre notre tribu, gardée seulement par mon fils Warka et un petit nombre des
» nôtres. Je crains qu'il ne parvienne à s'emparer de nos
» femmes et de nos enfants. Que deviendrons-nous, si demain nous ne sommes pas vainqueurs! » — Antar ayant promis d'en finir le lendemain, ils prirent un léger repas, et se retirèrent dans leurs tentes pour y goûter quelque repos.

Au lieu de s'y livrer comme les autres, Antar, ayant changé de cheval, partit pour faire sa ronde, accompagné de Chaiboud, à qui, chemin faisant, il raconta ses tentatives infructueuses pour délivrer Ablla. « Plus heureux que vous, lui dit
» Chaiboud, après bien des efforts, je suis parvenu à l'aper-

» cevoir aujourd'hui, et voici comment. Quand j'ai vu le
» combat engagé dans la plaine, j'ai pris un long détour en
» traversant le désert, et je suis arrivé à l'endroit où se trou-
» vaient les prisonniers. J'ai vu le Rabek, son frère Héroné-
» Eben-el-Wuard, votre oncle Mallek, son fils, et les autres
» guerriers de notre tribu, liés en travers sur des chameaux :
» près d'eux étaient les femmes, et parmi elles Ablla, dont
» les beaux yeux versaient des torrents de larmes. Elle ten-
» dait les bras vers notre camp en s'écriant : — O Beni-
» Abess, n'est-il pas un de tes enfants qui vienne nous déli-
» vrer? pas un qui puisse instruire 'Antar du triste état dans
» lequel je suis?—Cent guerriers entouraient les captifs,
» comme une bague entoure le doigt. J'ai cependant tenté
» d'enlever Ablla, mais j'ai été reconnu et poursuivi. En
» fuyant je leur décochais des flèches. J'ai passé ainsi tout
» le jour, revenant sans cesse à la charge, et toujours pour-
» suivi. Je leur ai tué plus de quinze cavaliers. — Mais vous
» voyez la triste position d'Ablla. » — Ce récit arracha des
larmes à Antar, qui suffoquait de rage. Ayant fait un grand
détour, ils arrivèrent enfin à leur destination.

Au point du jour, les deux armées, s'étant préparées au
combat, n'attendaient pour en venir aux mains que les ordres des chefs, quand le bruit se répandit dans Beni-Abess
qu'Antar avait disparu. Cette funeste nouvelle découragea les
guerriers de Zohéir, qui se regardaient dès lors comme vaincus. Celui-ci allait faire demander une suspension d'armes
pour attendre le retour d'Antar, lorsqu'on vit au loin s'élever
une poussière épaisse qui augmentait en s'approchant. On
finit par entendre des cris de désespoir et de souffrance. Cette
troisième armée fixa l'attention des deux autres. Bientôt on

put distinguer des cavaliers souples comme de jeunes branches, tout couverts de fer, accourant joyeusement au combat. A leur tête marchait un guerrier haut comme un cèdre, ferme comme un roc : la terre tremblait sous ses pas. Devant lui étaient des hommes liés sur des chameaux, et entourés de cavaliers conduisant plusieurs chevaux non montés. Ces cavaliers criaient : *Beni-Zobaïd!* et leurs voix remplissaient le désert. C'était Mehdi-Karab, envoyé par Kaled pour dépouiller Beni-Abess. Il revenait après s'être heureusement acquitté de sa mission. En effet, arrivé à cette tribu au lever du soleil, il s'était aussitôt emparé de tous les chevaux, des meilleurs chameaux, et de plusieurs filles des premières familles. Mais Warka, ayant réuni à la hâte le peu de guerriers qu'il avait, s'était mis à sa poursuite. Se voyant atteint, Mehdi-Karab, après avoir envoyé son butin en avant sous l'escorte de deux cents cavaliers, avait attaqué le corps de Warka, qui, bien que très-inférieur en nombre, avait soutenu le combat avec opiniâtreté jusqu'à la fin du jour. Alors Beni-Abess ayant perdu la moitié des siens et Warka ayant été pris, le reste s'était dispersé. Mehdi-Karab, après cette affaire, s'était mis en route ; et ayant hâté sa marche, il arrivait à temps pour prendre part à l'action qui allait commencer. Il se mit aussitôt en bataille. A cette vue Zohéir s'écria : — « Voilà mes craintes réali-
» sées ! Mais n'importe : que le sabre seul en décide ! Tout
» est préférable à la honte de voir nos femmes réduites en
» esclavage, et devenir des corps sans âme. »

Reçu avec des transports de joie, Mehdi-Karab, après avoir raconté son expédition, s'informa de Kaled, et apprit avec étonnement qu'étant monté à cheval la veille au soir pour faire la garde, il n'était pas encore de retour. Cachant son inquiétude, il fondit avec impétuosité sur Beni-Abess, suivi de tous les siens poussant leur cri de guerre. Les guerriers de Zohéir soutinrent ce choc terrible en désespérés, aimant mieux mourir que de vivre séparés de leurs amies. Des flots de sang inondèrent le champ de bataille. A midi, la victoire était encore indécise; mais Beni-Abess commençait à faiblir. L'ennemi faisait un ravage affreux dans ses rangs. Zohéir, qui se trouvait à l'aile gauche avec ses enfants et les principaux chefs, voyant le centre et l'aile droite plier, était dans le plus grand embarras, ne sachant comment arrêter son armée prête à se disperser, quand il aperçut derrière l'ennemi un corps de mille guerriers de choix, criant : *Beni-Abess!* Il était commandé par Antar, qui, semblable à une tour d'airain, et couvert de fer, accourait en toute hâte, précédé de Chaiboud criant d'une voix forte :

— « Malheur à vous, enfants de Beni-Zobaïd! Cherchez
» votre salut dans la fuite. Dérobez-vous à la mort qui va
» pleuvoir sur vous. Si vous ne me croyez pas, levez les
» yeux, et voyez au bout de ma lance la tête de votre chef,
» Kaled-Ebn-Mohareb. »

DEUXIÈME FRAGMENT

Antar, pendant sa captivité en Perse, ayant rendu au roi de ce pays d'importants services, ce prince lui accorda la liberté, et le renvoya comblé de riches présents en argent, chevaux, esclaves, troupeaux et armes de toutes sortes. Antar ayant rencontré sur sa route un guerrier renommé pour sa valeur, qui s'était emparé d'Ablla, le tua, et ramena sa cousine avec lui. Près d'arriver à sa tribu, il envoya prévenir ses parents, qui le croyaient mort depuis longtemps; l'annonce de son retour les combla de joie, et ils partirent pour aller à sa rencontre, accompagnés des principaux chefs et du roi Zohéir lui-même. En les apercevant, Antar, ivre de bonheur, mit pied à terre pour aller baiser l'étrier du roi, qui l'embrassa; les autres chefs, heureux de le revoir, le pressèrent dans leurs bras; Amara, son rival dédaigné, paraissait seul mécontent.

Pour faire honneur à son souverain, Antar continua la route à ses côtés, confiant la garde de sa fiancée à dix nègres qui, pendant la nuit, s'endormirent sur leurs chameaux. Ablla, en ayant fait autant dans son haudag, fut alarmée, à son réveil, de se trouver loin du reste de la troupe; ses cris éveillèrent les nègres, qui s'aperçurent alors que leurs montures avaient changé de route. Pendant qu'ils s'étaient éloignés pour tâcher de retrouver leur chemin, Ablla, descendue de son haudag, se sentit saisir par un cavalier qui l'enleva, et la plaça en croupe derrière lui; c'était Amara, qui, furieux de la considération qu'on témoignait à son rival, s'était éloigné, et, rencontrant sa cousine seule, avait pris le parti de s'emparer d'elle; comme elle lui reprochait cette lâcheté, indigne d'un émir : — « J'aime » mieux, lui dit-il, vous enlever, que de mourir de chagrin » en vous voyant épouser Antar. » Puis, continuant sa route, il alla chercher un refuge dans une tribu puissante, ennemie de Beni-Abess. Pendant ce temps, les nègres, ayant retrouvé leur route, étaient venus reprendre le haudag, ne se doutant pas qu'Ablla l'avait quitté. Antar, ayant accompagné le roi jusque chez lui, revint au-devant de sa fiancée, qu'à son grand étonnement il ne trouva plus dans son haudag; ses informations auprès des nègres étant restées sans résultats, il remonta à cheval, et courut à la recherche d'Ablla durant plusieurs jours, se lamentant de sa perte en disant les vers suivants :

« Le sommeil fuit ma paupière ; mes larmes ont sillonné mes joues.

» Ma constance fait mon tourment, et ne me laisse aucun repos.

» Nous nous sommes vus si peu de temps, que mes souffrances n'ont fait qu'augmenter.

» Cet éloignement, ces séparations continuelles, me déchirent le cœur. Beni-Abess, combien je regrette vos tentes !

» Que de pleurs inutiles versés loin de ma tendre amie !

» Je n'ai demandé, pour rester heureux près de vous, que le temps qu'accorderait un avare pour laisser voir son trésor. »

Antar, de retour après de longues et infructueuses recherches, se décida à faire partir son frère Chaiboud, caché sous un déguisement : celui-ci, à la suite d'une absence assez longue, revint lui apprendre qu'il avait découvert Ablla chez Mafarey-Eben-Hammarn, qui lui-même l'avait enlevée à Amara, dans le dessein de l'épouser : mais celle-ci, ne voulant pas y consentir, feignait la folie ; et son ravisseur, pour la punir, la forçait de servir chez lui, où elle se trouvait en butte aux mauvais traitements de la mère de Mafarey, qui l'employait aux travaux les plus rudes. Je l'ai entendue vous nommer, ajouta Chaiboud, en disant les vers que voici :

« Venez me délivrer, mes cousins; ou du moins instruisez Antar de ma triste position.

» Mes peines ont épuisé mes forces; tous les malheurs m'accablent depuis que je suis loin du lion.

» Un vent léger suffisait pour me rendre malade; jugez de ce que j'éprouve dans l'état de souffrance où je suis réduite!

» Ma patience est à sa fin; mes ennemis doivent être contents. Que d'humiliations depuis que j'ai perdu le héros de mon cœur!

» Ah! s'il est possible, rapprochez-moi d'Antar : le lion peut seul protéger la gazelle!

» Mes malheurs attendriraient des rochers. »

Antar, sans vouloir en entendre davantage, partit à l'instant, et, après de longs et sanglants combats, parvint à délivrer Abla.

PENSÉES D'ANTAR.

―――

« Que vos ennemis craignent votre glaive! Ne restez pas là où vous seriez dédaigné.

» Fixez-vous parmi les témoins de vos triomphes, ou mourez glorieusement les armes à la main.

» Soyez despote avec les despotes, méchant avec les méchants.

» Si votre ami vous abandonne, ne cherchez pas à le ramener; mais fermez l'oreille aux calomnies de ses rivaux.

» Il n'est pas d'abri contre la mort.

» Mieux vaut mourir en combattant que vivre dans l'esclavage.

» Pendant que je suis compté au nombre des esclaves, mes actions traversent les nuages pour s'élever jusqu'aux cieux.

» Je dois ma renommée à mon glaive, non à la noblesse de ma naissance.

» Mes hauts faits feront respecter ma naissance aux guerriers de Beni-Abess qui seraient tentés de la dédaigner.

» Les guerriers et les coursiers eux-mêmes sont là pour attester les victoires de mon bras.

» J'ai lancé mon cheval au milieu de l'ennemi, dans la poussière du combat, pendant le feu de l'action ;

» Je l'en ai ramené taché de sang, se plaignant de mon activité sans égale ;

» A la fin du combat, il n'était plus que d'une seule couleur.

» J'ai tué leurs plus redoutables guerriers, Rabiha-Hafreban, Giaber-Eben-Mehalka ; et le fils de Rabiha-Zabrkan est resté sur le champ de bataille.

» Zabiba [1] me blâme de m'exposer la nuit; elle craint que je ne succombe sous le nombre.

» Elle voudrait m'effrayer de la mort, comme s'il ne fallait pas la subir un jour.

» La mort, lui ai-je dit, est une fontaine à laquelle il faut boire tôt ou tard.

» Cessez donc de vous tourmenter, car si je ne meurs pas, je dois être tué.

» Je veux vaincre tous les rois qui déjà sont à mes genoux, craignant les coups de mon bras redoutable.

» Les tigres et les lions même me sont soumis.

» Les coursiers restent mornes comme s'ils avaient perdu leurs maîtres.

» Je suis fils d'une femme au front noir, aux jambes d'autruche, aux cheveux semblables aux grains de poivre.

» O vous qui revenez de la tribu, que s'y passe-t-il?

» Portez mes saluts à celle dont l'amour m'a préservé de la mort.

» Mes ennemis désirent mon humiliation; sort cruel! mon abaissement fait leur triomphe.

[1] Mère d'Antar.

» Dites-leur que leur esclave déplore leur éloignement pour lui.

» Si vos lois vous permettent de me tuer, satisfaites votre désir ; personne ne vous demandera compte de mon sang. »

Antar, s'étant précipité au milieu de l'ennemi, disparut aux yeux des siens, qui, craignant pour sa vie, se disposaient à lui porter secours ; lorsqu'il reparut, tenant la tête du chef des ennemis, il dit les vers suivants :

« Si je ne désaltère pas mon sabre dans le sang de l'ennemi, s'il ne découle pas de son tranchant, que mes yeux ne goûtent aucun repos, même en renonçant au bonheur de voir Ablla dans mes songes !

» Je suis plus actif que la mort même, car je brûle de détruire ceux qu'elle consentirait à attendre.

» La mort, en voyant mes exploits, doit respecter ma personne. Les bras des Bédouins seront courts contre moi, le plus redoutable des guerriers ; moi, le lion en fureur ; moi, dont le glaive et la lance rendent aux âmes leur liberté.

» Quand j'apercevrai la mort, je lui ferai un turban de mon sabre, dont le sang relève l'éclat.

» Je suis le lion qui protége tout ce qui lui appartient.

» Mes actions iront à l'immortalité.

» Mon teint noir devient blanc, quand l'ardeur du combat vient embraser mon cœur; mon amour devient extrême; la persuasion alors n'a plus d'empire sur moi.

» Que mon voisin soit toujours triomphant, mon ennemi humilié, craintif et sans asile!

» Par le Tout-Puissant, qui a créé les sept cieux et qui connaît l'avenir, je ne cesserai de combattre jusqu'à la destruction de mon ennemi, moi, le lion de la terre, toujours prêt à la guerre.

» Mon refuge est dans la poussière du champ de bataille.

» J'ai fait fuir les guerriers ennemis, en jetant à terre le cadavre de leur chef.

» Voyez son sang qui découle de mon sabre.

» O Beni-Abess, préparez vos triomphes, et glorifiez-vous d'un nègre qui a un trône dans les cieux.

» Demandez mon nom aux sabres et aux lances, ils vous diront que je m'appelle Antar [1]. »

Le père d'Ablla, ne voulant pas donner sa fille à Antar, avait quitté la tribu pendant son absence. A son retour, ce héros, ne trouvant plus sa cousine, dit les vers suivants :

[1] Courageux.

« Comment nier l'amour que je porte à Ablla, quand mes larmes témoignent de la douleur que me cause son absence? Loin d'elle, le feu qui me dévore devient chaque jour plus ardent; je ne saurais cacher des souffrances qui se renouvellent sans cesse.

» Ma patience diminue pendant que mon désir de la revoir augmente.

» A Dieu seul je me plains de la tyrannie de mon oncle, puisque personne ne me vient en aide.

» Mes amis, l'amour me tue, moi si fort, si redoutable.

» O fille de Mallek, je défends le sommeil à mon corps fatigué : pourrait-il d'ailleurs s'y livrer sur un lit de braise?

» Je pleure tant, que les oiseaux même connaîtront ma douleur, et pleureront avec moi.

» Je baise la terre où vous étiez; peut-être sa fraîcheur éteindra-t-elle le feu de mon cœur.

» O belle Ablla, mon esprit et mon cœur sont égarés, pendant que vos troupeaux restent en sûreté sous ma garde.

» Ayez pitié de mon triste état : je vous serai fidèle jusqu'à l'éternité.

» En vain mes rivaux se réjouissent, mon corps ne goûtera aucun repos. »

NOUVEAU FRAGMENT

DU POËME D'ANTAR

Nous complétons ces fragments d'Antar par un épisode emprunté à la collection de la *Revue française*. Notre recueil a été, pour ainsi dire, un butin de femmes et de troupeaux, de sabres et de flèches, ramassés et choisis à leur beauté ou à leur éclat dans ce poëme, vaste comme le désert, confus comme un champ de bataille. Le cheval manquait à ce trophée de la chevalerie nomade. Le voici chanté tel qu'il est dans la vie, dans l'imagination et dans le sentiment de l'Arabe; sacré comme une idole, aimé comme une maîtresse, fraternel comme un compagnon d'armes. Cet épisode est, après les strophes de Job, le poëme par excellence du cheval et de l'équitation orientale.

NOUVEAU FRAGMENT

DU POËME D'ANTAR

Le roi Cais, se défiant des mauvais desseins d'Hadifah, avait envoyé de tous côtés des esclaves à la recherche d'Antar. Il arriva que l'un de ces esclaves, de retour auprès du roi, lui dit : « Pour Antar, je n'ai pas même entendu parler de lui ; mais comme je passais près de la tribu de Témim, je dormis sous les tentes de celle de Ryah. Là, je vis le plus remarquable des poulains pour sa beauté. Il appartient à un homme nommé Jabir, fils d'Awef. Jamais je n'ai vu un poulain si beau, ni si rapide à la course. » Ce récit fit une vive impression sur le cœur de Cais.

En effet, ce jeune animal était le miracle de ce temps, et

jamais, parmi les Arabes, on n'en avait élevé de plus beau. Il était d'ailleurs généreux et illustre par sa naissance et par sa race; car son père était Ocab et sa mère Helweh, deux animaux qui passaient chez les Arabes pour être aussi prompts que l'éclair. Toutes les tribus les admiraient pour leurs formes, et celle de Ryah était devenue célèbre parmi toutes les autres, à cause de la jument et de l'étalon qu'elle possédait.

Mais pour en revenir au beau poulain, un jour que son père Ocab était ramené aux demeures, conduit par la fille de Jabir (c'était le long d'un lac, et il était midi), il vit la jument Helweh qui se tenait près de la tente de son maître. Il se mit à hennir, et se débarrassa de sa longe. La jeune fille, tout interdite, laissa aller le cheval, et se hâta, par modestie, de chercher refuge dans l'une des tentes. L'étalon resta là jusqu'à ce que la demoiselle revînt. Elle reprit sa longe, et le ramena à l'écurie.

Mais le père s'aperçut du trouble que sa fille ne pouvait cacher. Il la questionna, et elle dit ce qui s'était passé. A ce récit, le père devint furieux de colère, car il était naturellement violent; il courut aussitôt au milieu des tentes, et, levant son turban : « Tribu de Ryah! tribu de Ryah! » cria-t-il de toute sa force; et aussitôt les Arabes coururent autour de lui. « Parents, leur dit-il après avoir raconté ce qui avait eu lieu, je ne laisserai pas le sang de mon cheval dans les flancs d'Helweh ; je ne suis nullement disposé à le vendre. même au prix des moutons et des chameaux les plus précieux; et si l'on ne me permet pas d'enlever l'embryon du corps d'Helweh, je chargerai quelqu'un de tuer cette jument. — Allons, dirent tous les Arabes, faites comme il vous plaira, car nous ne pouvons nous y opposer. » (Tel était l'usage alors en Arabie.) On amena la jument, et on la lia à terre devant le plaignant, qui, après avoir relevé ses manches jusqu'aux épaules, mouilla ses mains dans un vase d'eau en y mêlant de l'argile, puis se mit à frapper les flancs de la jument, dans l'intention de détruire ce dont Dieu avait ordonné l'existence. Cela fait, il retourna plus calme chez lui.

Malgré cela, la jument Helweh conçut heureusement, et, au bout d'un an moins quelques jours, elle mit au monde un poulain parfait. En le voyant, le maître de la jument ressentit une grande joie, et lui donna le nom de Dahis (qui est frappé), pour faire allusion à ce que Jabir avait fait.

Le poulain, en grandissant, devint encore plus beau que son père Ocab. Il avait la poitrine large, le cou long, les sabots durs, les narines bien ouvertes; sa queue balayait la terre, et son caractère était doux; enfin, c'était l'animal le plus parfait que l'on eût jamais vu. On l'éleva avec grand soin, et sa taille fut telle, qu'il devint comme l'arc d'un palais. Enfin, un jour que la jument Helweh, suivie de son poulain, allait du côté du lac, Jabir, le possesseur d'Ocab, les aperçut par hasard. Il s'empara du jeune cheval et l'emmena, laissant sa mère regretter sa perte. Pour Jabir, il disait : « Ce poulain m'appartient, et j'ai sur lui un droit mieux établi que celui de qui que ce soit. »

La nouvelle de cet enlèvement parvint bientôt au maître

du jeune cheval. Il convoqua les chefs de la tribu, leur dit ce qui était arrivé. On alla trouver Jabir, auquel on fit des reproches. « Jabir, lui dit-on, vous avez fait à la jument de votre allié tout ce qu'il vous a convenu de faire; c'est un point que nous vous avons accordé : et maintenant vous voulez vous emparer de ce qui appartient à cet homme, et lui faire une injustice. — N'en dites pas plus long, interrompit Jabir, et ne m'injuriez pas, car, par la foi d'un Arabe, je ne rendrai pas ce poulain, à moins que vous ne me le preniez de force; mais alors je vous ferai la guerre. » En ce moment la tribu n'était pas disposée à se laisser aller aux dissensions. Aussi plusieurs dirent-ils à Jabir : « Nous vous aimons trop pour pousser les choses si loin; nous sommes alliés et parents, nous ne combattrons pas pour ce différend, quand même il s'agirait d'une idole d'or. » Alors Kerim, fils de Wahhab (c'était le nom du maître de la jument et du poulain, homme renommé par sa générosité parmi les Arabes), Kerim voyant l'obstination de Jabir, lui dit : « O mon cousin! pour le poulain, il est à vous, il vous appartient. Quant à la jument que voilà, acceptez-la en présent de ma main, afin que le poulain et sa mère ne soient pas séparés; et ne laissez croire à personne que je puisse être capable de faire tort à mon parent. »

La tribu applaudit hautement à ce procédé; et Jabir fut si humilié de la générosité qui lui était faite, qu'il rendit le poulain et la jument à Kerim, en y joignant encore une paire de chameaux et de chamelles.

Dahis devint bientôt un cheval parfait à tous égards; et lorsque son maître Kerim voulait lui faire disputer la course avec un autre, il le montait lui-même, et avait coutume de dire à son antagoniste : « Quand vous partiriez devant moi comme un trait de flèche, je vous rattraperais, je vous dépasserais; » ce qui arrivait effectivement.

Dès que le roi Caïs eut entendu parler de ce cheval, il devint comme hors de lui-même, et le sommeil l'abandonna. Il envoya quelqu'un à Kerim pour l'engager à lui vendre ce poulain pour autant d'or et d'argent qu'il en désirerait, ajoutant que ces richesses lui seraient envoyées sans délai. Ce message enflamma Kerim de colère. « Caïs n'est-il donc qu'un sot et un homme mal élevé? s'écria-t-il. Pense-t-il que je suis un marchand qui vend ses chevaux, et supposerait-il que je suis incapable de les monter moi-même? Oui, j'en jure par la foi d'un Arabe, s'il m'eût demandé Dahis en présent, je le lui aurais envoyé tout aussitôt, avec un assortiment de chameaux et de chamelles; mais si c'est par la voie du trafic qu'il compte l'avoir, cela ne sera jamais, dussé-je boire dans la coupe de la mort! »

Le messager retourna vers Caïs, et lui rapporta la réponse de Kerim, ce qui fâcha beaucoup le roi. « Suis-je le roi des tribus d'Abs, d'Adnan, de Fazarah et de Dibyan, s'écria-t-il, et un vil Arabe sera-t-il assez hardi pour me contredire? » Il fit avertir aussitôt son monde et ses guerriers. A l'instant les armures, les cottes de mailles, les épées et les casques brillèrent; les héros montèrent leurs coursiers, agitèrent leurs lances, et l'on se mit en marche vers la tribu de Ryah. A peine y furent-ils arrivés dès le matin, qu'ils se jetèrent à travers les pâturages, où ils firent un immense butin en troupeaux, que Caïs abandonna à tous ses alliés. De là ils se portèrent vers les tentes et y surprirent les habitants, qui n'étaient nullement préparés à cette attaque, Kérim étant absent, et engagé avec tous ses guerriers dans quelque expédition du même genre. Caïs, à la tête des Absiens, pénétra donc dans les habitations, où l'on s'empara des épouses et des filles.

Pour Dahis, il était attaché entre les cordes qui maintiennent les tentes; car Kerim ne s'en servait jamais pour combattre, dans la crainte qu'il ne lui arrivât quelque accident, ou qu'il ne fût tué. Un des esclaves resté dans les demeures, et qui s'était aperçu des premiers de l'invasion des Absiens, alla vers Dahis avec l'intention de rompre la corde qui lui liait les pieds; mais il ne put jamais y parvenir. Toutefois il monta dessus, le poussa de ses talons, et le cheval, bien que ses pieds fussent liés, se mit à fuir en sautant et en cabriolant comme un faon, jusqu'à ce qu'il eût atteint le désert. Ce fut en vain que les cavaliers absiens coururent après lui; ils ne purent même atteindre la trace de poussière qu'il laissait derrière lui.

Aussitôt que Caïs eut aperçu Dahis, il le reconnut, et le désir de le posséder s'augmenta encore. Il s'avança du côté de celui qui le montait, jusqu'à ce que son regret devînt extrêmement vif, parce qu'il s'aperçut qu'il avait beau le suivre, il ne pourrait jamais l'atteindre. Enfin, lorsque l'esclave se vit à une grande distance des Absiens, il mit pied à terre, délia le pied de Dahis, remonta, et partit. Caïs, qui le suivait toujours, avait gagné du terrain pendant la halte; lorsqu'il fut assez près de l'esclave pour se faire entendre : « Arrête, ô Arabe! cria-t-il; ne crains rien, je te donne ma protection, par la foi d'un noble Arabe ! » A ces paroles, l'esclave s'arrêta. « As-tu l'intention de vendre ce cheval? dit le roi Cais; dans ce cas, tu as rencontré le plus curieux des acheteurs de tous les guerriers arabes. — Je ne veux point le vendre, monseigneur, répondit l'Arabe, à moins que son prix ne soit la restitution de tout le butin. — Je vous l'achète, » dit aussitôt Cais; et il tendit la main à l'Arabe pour confirmer le marché. L'esclave consentit; et étant descendu de dessus le jeune cheval, il le livra au roi Cais, qui, plein de joie de voir ses souhaits accomplis, sauta dessus, et alla retrouver les Absiens, auxquels il ordonna de restituer tout le butin qu'ils avaient fait : ce qui fut exécuté strictement.

Le roi Cais, enchanté du succès de son entreprise et d'être devenu possesseur de Dahis, retourna chez lui. La passion qu'il avait pour ce cheval était telle, qu'il le pansait et lui donnait la nourriture de ses propres mains.

Sitôt que Ḥadifah, chef de la tribu de Fazarah, sut que Cais possédait Dahis, la jalousie entra dans son cœur. De concert avec d'autres chefs, il médita la mort de ce beau cheval...

Il arriva dans ce temps que Hadifah donna une grande fête. Carwash, parent du roi Cais, y assistait. A la fin du repas, et quand le vin circulait abondamment autour de la table, la conversation tomba sur les plus fameux chefs de ce temps. Ce sujet épuisé, les convives commencèrent à parler de ceux de leurs chevaux qui avaient le plus de célébrité, puis des courses qui se font dans le désert : « Parents, dit

Carwash, on n'a jamais vu un cheval comme Dahis, celui de mon allié Cais. On chercherait en vain son égal; il effraye par sa rapidité ceux qui le voient courir. Il chasse le chagrin de l'esprit de celui qui le regarde, et il protége comme une tour celui qui le monte. » Carwash ne s'en tint pas là, et il continua à louer le cheval Dahis, en employant des termes si pompeux et si brillants, que tous ceux de la tribu de Fazarah et de la famille de Zyad sentirent leur cœur se gonfler de colère. « L'entendez-vous, mon frère? dit Haml à Hadifah. Allons, en voilà bien assez, ajouta-t-il en se tournant du côté de Carwash. Tout ce que vous venez de dire là au sujet de Dahis n'a pas le sens commun; car en ce moment il n'y a ni de meilleurs ni de plus beaux chevaux que les miens ou ceux de mon frère. » Après ces mots, il ordonna à ses esclaves de faire passer ses chevaux devant Carwash; ce qui fut fait : « Allons, Carwash, regarde ici ce cheval.—Il ne vaut pas les herbes sèches qu'on lui donne, » dit l'autre. Alors on fit passer ceux de Hadifah, parmi lesquels étaient une jument nommée Ghabra et un étalon appelé Marik. « Eh bien! reprit alors Hadifah, regarde donc ceux-ci. — Ils ne valent pas les herbes sèches dont on les nourrit, » répéta Carwash. Hadifah, outré de dépit en entendant ces paroles, s'écria : « Quoi! pas même Ghabra? — Pas même Ghabra ni tous les chevaux de la terre, répéta Carwash. — Voulez-vous faire un pari pour le roi Cais? — Oui, dit Carwash : que Dahis battra tous les chevaux de la tribu de Fazarah, quand on lui mettrait même un quintal de pierres sur le dos. » Ils se disputèrent longtemps à ce sujet, l'un disant oui, l'autre non, jusqu'à ce que Hadifah mit fin à cette altercation en disant : « Eh bien, soit; que le vainqueur prenne du vaincu autant de chameaux et de chamelles qu'il lui plaira. — Vous me jouerez un mauvais tour, dit Carwash, et moi je ne veux pas vous tromper. Je ne gagerai pas avec vous plus de vingt chameaux : ce sera le prix que donnera celui dont le cheval sera vaincu; » et l'affaire fut ainsi réglée. Ils achevèrent la journée à table jusqu'à la nuit, pendant laquelle ils se reposèrent.

Le lendemain, Carwash sortit de ses tentes de bon matin, se rendit à la tribu d'Abs, alla trouver Cais, et lui fit part de tout ce qui avait eu lieu à l'occasion du pari. « Vous avez eu tort, dit Cais; vous auriez pu faire ce pari avec qui que ce soit, excepté Hadifah, qui est l'homme aux prétextes et aux ruses; et si vous avez arrêté cette gageure, il faut la rompre. » Cais attendit que quelques personnes qui étaient auprès de lui se fussent retirées; puis il monta aussitôt après à cheval, et se rendit à la tribu de Fazarah, où il trouva tout le monde prenant le repas dans leurs tentes.

Cais descendit de cheval, se débarrassa de ses armes, s'assit auprès d'eux, et se mit à manger comme un généreux Arabe. « Cousin, lui dit Hadifah désirant le plaisanter, quelles grosses bouchées vous prenez! Que le ciel nous préserve d'avoir un appétit semblable au vôtre! — Il est vrai que je meurs de faim, dit Cais; mais, par Celui qui a toujours duré et qui durera toujours, je ne suis pas venu ici seulement pour manger votre repas. Mon intention est d'annuler la gageure qui a été faite hier entre vous et mon parent Carwash. Je vous prie de rompre cet engagement, car tout ce qui se fait et se dit au milieu des flacons ne compte pas et doit être oublié. — Sachez, Cais, que je ne renon-

cerai pas à ce défi, à moins que l'on ne me remette les chameaux et les chamelles. Lorsque cette condition sera remplie, le reste me sera parfaitement indifférent. Cependant, si vous le voulez, je m'en emparerai de force, ou, si cela vous fait plaisir, j'y renoncerai, mais à titre de grâce. »
Malgré tout ce que Cais put dire et redire, Hadifah resta inébranlable dans sa proposition ; et comme le frère de celui-ci se mit à rire en regardant Cais, Cais devint furieux, et, le visage rouge de colère, il demanda à Hadifah :
« Qu'avez-vous parié avec mon cousin ?—Vingt chamelles, dit Hadifah. — Pour cette première gageure, continua Cais, je l'annule, et je vous en proposerai une autre : je parie trente chamelles. — Quarante, reprit Hadifah. — Cinquante, dit Cais. — Soixante, dit Hadifah ; » et ils continuèrent ainsi, en élevant toujours le nombre des chamelles jusqu'à cent. Le contrat fut passé entre les mains d'un homme nommé Sabic, fils de Wahhab, et en présence d'une foule de vieillards et de jeunes gens rassemblés autour d'eux. « Quel sera l'espace à parcourir ? fit observer Hadifah à Cais. — Cent portées de trait, répondit Cais ; et nous avons un archer, Ayas, fils de Mansour, qui mesurera le terrain. » Ayas était en effet le plus vigoureux, le plus habile et le plus célèbre archer qu'il y eût alors parmi les Arabes. Le roi Cais, par le fait, désirait que la course fût longue, à cause de la force qu'il connaissait à son cheval ; car plus Dahis avait une longue distance à parcourir, plus il gagnait de vivacité dans ses mouvements par l'accroissement de son ardeur. — « Eh bien, déterminez maintenant, dit Cais à Hadifah, quand la course aura lieu.— Quarante jours sont nécessaires, répondit Hadifah, à ce que je pense, pour dresser les chevaux. — C'est bien, » dit Cais ; et tout

deux convinrent que les chevaux seraient dressés pendant quarante jours, que la course aurait lieu près du lac de Zatalirsad, et que le cheval qui arriverait le premier au but gagnerait. Toutes les conditions étant réglées, Caïs retourna à ses tentes.

Cependant un des cavaliers de la tribu de Fazarah dit à ses voisins : « Parents, soyez assurés que des dissensions s'élèveront entre la tribu d'Abs et celle de Fazarah, à propos de la course de Dahis et de Ghabra. Les deux tribus, soyez-en certains, seront désunies, car le roi Caïs a été là en personne : or, il est prince et fils de prince. Il a fait tous ses efforts pour annuler le pari, ce à quoi Hadifah n'a pas voulu consentir. Tout cela est une affaire dont il suivra une guerre qui peut durer cinquante ans, et il y en aura plus d'un qui périra dans les combats. » Hadifah, ayant entendu ces prédictions, dit : « Je m'embarrasse fort peu de tout cela, et je méprise cet avis. — O Hadifah, s'écria Ayas, je vais vous apprendre quel sera le résultat de tout ceci et de votre obstination envers Caïs. Il lui parla ainsi en vers :

« En toi, ô Hadifah, il n'y a pas de beauté ; et dans la
» pureté de Caïs il n'y a point de tache. Combien son avis
» était sincère et honnête ! mais il a en partage l'à-propos et
» les convenances. Parie avec un homme qui n'ait pas même
» un âne en sa possession, et dont le père n'ait jamais
» acheté un cheval. Laisse là Caïs ; il a des richesses, des
» terres, des chevaux, un caractère fier ; et ce Dahis en-
» fin, qui est toujours le premier le jour de la course, soit
» qu'il s'élance ou qu'il soit en repos, ce Dahis, animal dont

» les pieds même, quand la nuit répand son obscurité, s
» font apercevoir comme des tisons ardents. »

« Ayas, répliqua Hadifah, penserais-tu que je ne tiendrai pas ma parole? Je recevrai les chameaux de Cais, et je ne souffrirai pas que mon nom soit mis au nombre de ceux qui ont été vaincus. Laisse aller les choses selon leur cours. »

Aussitôt que le roi Cais eut rejoint ses tentes, il s'empressa d'ordonner à ses esclaves de dresser les chevaux, mais de donner particulièrement leurs soins à Dahis; puis il raconta à ses parents tout ce qui avait eu lieu entre lui et Hadifah. Antar (le héros du roman) était présent à ce récit; et comme il prenait un intérêt très-vif à tout ce qui touchait ce roi: « Cais, lui dit-il, calmez votre cœur, tenez vos yeux bien ouverts, faites la course, et n'ayez aucune crainte. Car, par la foi d'un Arabe, si Hadifah fait naître quelque trouble et quelque mésintelligence, je le tuerai, ainsi que toute la tribu de Fazarah. » La conversation dura sur ce sujet jusqu'à ce que l'on arriva près des tentes, dans lesquelles Antar ne voulut pas entrer avant d'avoir vu Dahis. Il tourna plusieurs fois autour de cet animal, et reconnut qu'en effet il rassemblait en lui des qualités faites pour étonner tous ceux qui le voyaient...

Hadifah ne tarda pas à apprendre le retour d'Antar, et sut que ce héros encourageait le roi Cais à faire la course. Haml, le frère d'Hadifah, était aussi au courant de ces nouvelles; et dans le trouble qu'elles lui causaient: « Je crains, dit-il à Hadifah, qu'Antar ne tombe sur moi ou sur quelqu'un de la famille de Beder, qu'il ne nous tue, et que nous ne soyons déshonorés. Renoncez à la course, ou nous sommes perdus. Laissez-moi aller vers le roi Cais, et je ne le quitterai pas que je ne l'aie engagé à venir vers vous pour rompre le contrat. — Faites comme il vous plaira, » répondit Hadifah. D'après cela, Haml monta à cheval, et alla à l'instant même chez le roi Cais. Il le trouva avec son oncle Asyed, homme sage et prudent. Haml s'avança vers Cais, lui donna le salut en lui baisant la main ; et après lui avoir fait entendre qu'il lui portait un grand intérêt : « O mon parent, dit-il, sachez que mon frère Hadifah est un pauvre sujet dont l'esprit est plein d'intrigues. J'ai passé ces trois derniers jours à lui faire mille représentations pour l'engager à abandonner la gageure. Oui, c'est bien, m'a-t-il dit enfin : si Cais revient vers moi, s'il désire d'être débarrassé du contrat, je l'annulerai; mais qu'aucun Arabe ne sache que j'ai abandonné le pari par crainte d'Antar. Maintenant, Cais, vous savez qu'entre parents la plus grande preuve d'attachement que l'on puisse se donner est de céder. Aussi me suis-je rendu ici pour vous prier de venir avec moi chez mon frère Hadifah, afin de lui demander de renoncer à la course avant qu'il s'élève aucun trouble et que la tribu soit exterminée de ses terres. » A ce discours de Haml, Cais devint rouge de honte, car il était confiant et généreux. Il se leva aussitôt, et, laissant à son oncle Asyed le soin de ses affaires domestiques, il accompagna Haml au pays de Fazarah. Lorsqu'ils furent à moitié chemin, Haml se mit devant Cais, auquel il prodigua des louanges, tout en blâmant la conduite de son frère, par ces mots:

« O Cais, ne vous laissez pas aller à la colère contre

Hadifah, car ce n'est qu'un homme obstiné et injuste dans ses actions! O Cais, si vous persistez dans le maintien de la gageure, de grands malheurs s'ensuivront! Vous et lui vous êtes vifs et emportés tous deux, ce qui me donne de l'inquiétude sur vous, Cais. Mettez de côté, je vous prie, vos intérêts privés; soyez bon et généreux, avant que l'oppresseur devienne l'opprimé. »

Haml continua d'injurier son frère, en flattant Cais par son admiration, jusque vers le soir, où ils arrivèrent à la tribu de Fazarah. Hadifah, qui en ce moment était entouré de plusieurs chefs puissants sur le secours desquels il comptait au besoin, avait changé d'avis depuis le départ de son frère Haml; et, au lieu d'entrer en accommodement et de faire la paix avec Cais, il avait au contraire pris la résolution de ne céder en rien, et de maintenir rigoureusement toutes les conditions de la course. Il parlait même de cette affaire avec l'un des chefs, au moment où Cais et Haml se présentèrent devant lui.

Sitôt que Hadifah vit Cais, il résolut de l'accabler de honte. Se tournant donc vers son frère : « Qui t'a ordonné d'aller vers cet homme? lui demanda-t-il. Par la foi d'un noble Arabe, quand tous les hommes qui couvrent la surface de la terre viendraient m'importuner et me dire : « O Hadifah, abandonne un poil de ces chameaux, » je ne l'abandonnerais pas, à moins que la lance n'eût percé ma poitrine et que l'épée n'eût fait sauter ma tête. » Cais devint rouge, et remonta aussitôt à cheval, en reprochant à Haml sa conduite. Il revint en toute hâte chez lui, où il trouva ses oncles et ses frères qui l'attendaient avec une anxiété extrême. « O mon fils, lui dit son oncle Asyed sitôt qu'il l'aperçut, tu viens de faire une triste démarche, car elle t'a déshonoré. — Si ce n'eût été quelques chefs qui entourent Hadifah et lui donnent de perfides conseils, j'aurais accommodé toute l'affaire, dit Cais; mais maintenant il ne reste plus qu'à s'occuper du pari et de la course. »

Le roi Cais se reposa toute la nuit. Le lendemain, il ne pensa plus qu'à dresser son cheval pendant les quarante jours déterminés. Tous les Arabes du pays s'étaient promis entre eux de venir aux pâturages pour voir la course; et lorsque les quarante jours furent expirés, les cavaliers des deux tribus vinrent en foule près du lac de Zatalirsad. Puis arriva l'archer Ayas, qui, tournant le dos au lac, point d'où les chevaux devaient partir, tira, en marchant vers le nord, cent coups de flèche jusqu'à l'endroit qui devint le but. Bientôt arrivèrent les cavaliers du Ghitfan et du Dibyan, car ils étaient du même pays; et, à cause de leurs relations d'amitié et de parenté, on les comprenait sous le nom de tribu d'Adnan. Le roi Cais avait prié Antar de ne pas se montrer en cette occasion, dans la crainte que sa présence ne donnât lieu à quelque dissension. Antar écouta cet avis, mais ne put rester tranquille dans les tentes. L'intérêt qu'il prenait à Cais, et la défiance que lui inspirait la lâcheté des Fazaréens, toujours prêts à user de trahison, l'engagèrent à se montrer. Ayant donc ceint son épée Dhami [1], et étant monté sur son fameux cheval Abjer, il se fit accom-

---

[1] Chez les Arabes, comme en Europe, à l'époque retracée par les romans de la Table Ronde, les guerriers donnaient un nom à leur épée. Ils faisaient de même pour leurs chevaux, etc., ainsi qu'on l'a vu.

pagner de son frère Chaiboud, et se rendit à l'endroit désigné pour la course, afin de veiller à la sûreté des fils du roi Zohéir. En arrivant, il apparut à toute cette multitude comme un lion couvert d'une armure. Il tenait son épée nue à la main, et ses yeux lançaient des flammes comme des charbons ardents. Dès qu'il eut pénétré au milieu de la foule : « Holà! nobles chefs arabes et hommes fameux rassemblés ici, cria-t-il d'une voix terrible, vous savez tous que je suis celui qui a été soutenu, favorisé par le roi Zohéir, père du roi Cais; que je suis l'esclave de sa bonté et de sa munificence; que c'est lui qui m'a fait reconnaître par mes parents, qui m'a donné un rang, et qui enfin m'a fait compter au nombre des chefs arabes. Bien qu'il ne vive plus, je veux lui témoigner ma reconnaissance, et faire que les rois de la terre, même après sa mort, lui soient soumis. Il a laissé un fils que ses autres frères ont reconnu et qu'ils ont placé sur le siége de son père, Cais, qu'ils ont distingué à cause de sa raison, de sa droiture et de ses sentiments élevés. Je suis l'esclave de Cais, je lui appartiens. Je serai l'appui de celui qui l'aime, l'ennemi de celui qui lui résiste. Il ne sera jamais dit, tant que je vivrai, que j'aie pu supporter qu'un ennemi lui fît un affront. Quant au contrat et à la gageure, il est de notre devoir d'en aider l'exécution. Ainsi, il n'y a rien de mieux à faire que de laisser courir librement les chevaux, car la victoire vient du Créateur du jour et de la nuit. Je jure donc, par la maison sacrée, par le temple, par le Dieu éternel, qui n'oublie jamais ses serviteurs et qui ne dort jamais, que si Hadifah commet quelque acte de violence, je le ferai boire dans la coupe de la vengeance et de la mort, et que je rendrai toute la tribu de Fazarah la fable du monde entier. Et vous, ô chefs arabes, si vous désirez vraiment que la course se fasse, assistez-y avec justice et impartialité ; autrement, par les yeux de ma chère Ablla, je ferai marcher les chevaux dans le sang! — Antar a raison! » s'écrièrent de tous côtés les cavaliers.

Hadifah choisit alors, pour monter sa jument Ghabra, un écuyer de la tribu de Dibyan. Cet homme avait passé tous les jours et une partie des nuits de sa vie à élever et à soigner les chevaux. Mais Cais choisit, pour monter son cheval Dahis, un écuyer de la tribu d'Abs, bien plus instruit et bien plus exercé dans son art que le Dibyanien ; et quand les deux antagonistes furent montés chacun sur son cheval, le roi Cais donna cette instruction à son écuyer :

« Ne lâche pas trop les rênes à Dahis! Si tu t'aperçois qu'il sue, tiens-toi sur l'étrier, et presse-lui doucement les flancs avec tes jambes ; mais si tu le pousses trop, tu lui ôteras tout son courage. »

Hadifah entendit ce que venait de dire Cais, et, voulant l'imiter, il répéta :

« Ne lâche pas trop les rênes à Ghabra! Si tu t'aperçois qu'elle sue, tiens-toi sur l'étrier, et presse-lui doucement les flancs avec tes jambes ; mais si tu la pousses trop, tu lui ôteras tout son courage. »

Antar se mit à rire. « Par la foi d'un Arabe! dit-il à Hadifah, vous serez vaincu. Eh! les expressions sont-elles si rares, que vous soyez forcé d'employer précisément celles de Cais? Mais, au fait, Cais est un roi et le fils d'un roi ; il doit toujours être imité; et puisque vous l'avez suivi mot à mot dans ce qu'il a dit, c'est la preuve que votre cheval suivra le sien dans le désert. »

A ces mots, Hadifah, le cœur gonflé de colère et d'indignation, jura par serment qu'il ne laisserait pas courir son cheval en ce jour, et qu'il voulait que la course n'eût lieu que le lendemain, au lever du soleil. Au fait, ce délai lui paraissait indispensable pour préparer la perfidie qu'il méditait; car il n'eut pas plus tôt aperçu Dahis, qu'il resta interdit de l'étonnement que lui causèrent la beauté et les perfections de ce cheval.

Les juges étaient donc déjà descendus de cheval, et les cavaliers des différentes tribus se préparaient à retourner chez eux, quand Chaiboud se mit à crier d'une voix retentissante : « Tribus d'Abs, d'Adnan, de Fazarah et de Dibyan, et vous tous qui êtes ici présents, attendez un instant pour moi, et écoutez des paroles qui seront répétées de génération en génération ! » Tous les guerriers s'arrêtèrent: « Parle, dirent-ils; que veux-tu? Peut-être y aura-t-il quelque chose de bon dans tes paroles. — O illustres Arabes, dit alors Chaiboud, vous savez ce qui s'est passé à propos du défi entre Dahis et Ghabra : eh bien, je vous assure sur ma vie que je les vaincrai tous deux à la course, quand bien même ils seraient plus vites que le vent. Mais voici ma condition : Si je suis vainqueur, je prendrai les cent chameaux mis en gage; que si, au contraire, je suis vaincu, je n'en donnerai que cinquante. » Sur cela un des scheiks de Fazarah se récria, en disant : « Qu'est-ce que tu dis là, vil esclave? Pourquoi prendrais-tu cent chameaux si tu gagnes, et n'en donnerais-tu que cinquante si tu perds? — Pourquoi, vieux bouc né sur le fumier? pourquoi? dit Chaiboud. Parce que je ne cours que sur deux jambes et qu'un cheval court sur quatre, sans compter qu'il a une queue. » Tous les Arabes se mirent à rire : cependant, comme ils furent très-étonnés des conditions que Chaiboud avait faites, et qu'ils étaient extrêmement curieux de le voir courir, ils consentirent à ce qu'il tentât cette chanceuse entreprise.

Mais quand on fut rentré dans les tentes, Antar dit à Chaiboud : « Eh bien, toi, fils d'une mère maudite, comment as-tu osé dire que tu vaincrais ces deux chevaux, pour lesquels tous les cavaliers des tribus se sont rassemblés, et qui, au dire de tout le monde, n'ont point d'égaux à la course, pas même les oiseaux? — Par Celui qui produit les sources dans les rochers; et qui sait tout, répondit Chaiboud, je dépasserai les deux chevaux, fussent-ils aussi prompts que les vents. Oui, et il en résultera un grand avantage : car lorsque les Arabes auront entendu parler de cet événement, ils n'auront plus l'idée de me suivre quand je courrai à travers le désert. » Antar sourit, car il se douta du projet de Chaiboud. Pour celui-ci, il alla trouver le roi Cais, ses frères, et tous les spectateurs de la course, et devant eux tous jura, sur sa vie, qu'il dépasserait les deux chevaux. Tous ceux qui étaient présents se portèrent témoins de ce qu'il venait de dire, et se séparèrent fort étonnés d'une semblable proposition.

Pour le perfide Hadifah, dès le soir même il fit venir un de ses esclaves, nommé Valek, fanfaron s'il en fut. « O Valek, lui dit-il, tu te vantes souvent de ton adresse; mais jusqu'à présent je n'ai pas eu l'occasion de la mettre à l'épreuve. — Mon seigneur, répondit l'esclave, dites-moi en quoi je pourrais vous être utile. — Je désire, dit Hadifah, que tu ailles te poster au grand défilé. Demeure en cet endroit, et va t'y cacher demain dès le matin. Observe bien les chevaux, et vois si Dahis est devant. Dans ce dernier cas, présente-toi subitement à lui, frappe-le à la tête, et fais en sorte qu'il s'arrête, afin que Ghabra passe devant, et que nous n'encourions pas la disgrâce d'être vaincus. Car, je l'avoue, dès que j'ai vu Dahis, sa conformation m'a fait naître des doutes sur l'excellence de Ghabra, et j'ai peur que ma jument ne soit vaincue, et que nous ne devenions un sujet de dérision parmi les Arabes. — Mais, seigneur, comment distinguerai-je Dahis de Ghabra, quand ils s'avanceront tous deux environnés d'un nuage de poussière? » Hadifah répondit : « Je vais te donner un signe, et t'expliquer l'affaire de manière à ne te laisser aucune difficulté. » En disant ces mots, il ramassa quelques pierres à terre, et ajouta : « Prends ces pierres avec toi. Quand tu verras le soleil se lever, tu te mettras à les compter, et tu les jetteras à terre quatre à quatre. Tu répéteras cette opération cinq fois; c'est à la dernière que doit arriver Ghabra. Tel est le calcul que j'ai fait. Que s'il se présentait à toi un nuage de poussière et qu'il te restât encore quelques pierres dans la main, par exemple, un tiers ou la moitié, ce serait la preuve que Dahis aurait gagné les devants et qu'il serait devant tes yeux. Alors jette-lui une pierre à la tête comme je t'ai dit, arrête-le dans sa course, afin que ma jument puisse le dépasser [1]. » L'esclave consentit à tout. S'étant

---

[1] Il y a des variantes dans les manuscrits d'*Antar*, à ce passage où

muni de pierres, il alla se cacher au grand défilé, et Hadifah se regarda comme certain de gagner le pari.

Dès l'aube du jour, les Arabes, venus de tous côtés, étaient rassemblés au lieu de la course. Les juges donnèrent le signal pour le départ des chevaux, et les deux écuyers poussèrent un grand cri. Les coursiers partirent comme des éclairs qui éblouissent les yeux, et ils ressemblaient au vent lorsqu'à mesure qu'il court il devient plus furieux. Ghabra passa devant Dahis, et le laissa derrière. « Te voilà perdu, mon frère de la tribu d'Abs, cria l'écuyer fazaréen à l'Absien; ainsi, arrange-toi pour te consoler de ton malheur. — Tu mens, répliqua l'Absien; et dans quelques instants tu verras jusqu'à quel point tu fais mal ton compte. Attends seulement que nous ayons dépassé ce terrain inégal. Les juments vont toujours mieux dans les chemins difficiles qu'en rase campagne. » En effet, quand ils arrivèrent à la plaine, Dahis se lança comme un géant, laissant un sillon de poussière derrière lui. On eût dit qu'il n'avait plus de jambes, on n'apercevait que son corps, et en un clin d'œil il fut devant Ghabra. « Holà! cria alors l'écuyer absien au Fazaréen, envoie un courrier de ma part à la famille de Beder, et toi, goûte un peu de l'amertume de la patience derrière moi. »

Cependant Chaiboud, rapide comme le vent du nord, gardait son avance sur Dahis, en sautant comme un faon et

---

Hadifah fait le calcul comparatif du nombre des pierres jetées à terre, avec la vitesse des deux chevaux. La version anglaise est obscure en cet endroit, et la traduction que nous en donnons ici nous a été communiquée obligeamment par M. Reinaud.

courant avec la persévérance d'une autruche mâle, jusqu'à ce qu'il arriva au grand défilé où Valek était caché. Celui-ci n'avait encore jeté qu'un peu moins du quart de ses cailloux, lorsqu'il regarda, et vit Dahis qui venait. Il attendit que le cheval passât près de lui, et, se présentant inopinément à lui en criant, il lui jeta avec force une pierre dans les yeux. Le cheval se cabra, s'arrêta un instant, et l'écuyer fut sur le point d'être démonté. Chaïboud fut témoin de tout, et ayant regardé l'esclave attentivement, il reconnut qu'il appartenait au lâche Hadifah. Dans l'excès de sa rage, il se jeta en passant sur Valek, le tua d'un coup d'épée, puis il alla à Dahis, dans l'intention de lui parler pour le flatter et le remettre en carrière, quand, hélas! la jument Ghabra s'avança, rasant la terre comme le vent. Alors Chaïboud, craignant d'être vaincu, pensant aux chameaux qu'il aurait à donner, se mit à courir de toute sa force vers le lac, où il arriva en avance de deux portées de trait. Ghabra vint ensuite, puis enfin Dahis, portant sur son front la marque du coup qu'il avait reçu; ses joues étaient couvertes de sang et de pleurs.

Tous les assistants furent stupéfaits à la vue de l'activité et de la force de Chaïboud; mais sitôt que Ghabra eut atteint le but, les Fazaréens jetèrent tous de grands cris de joie. Dahis fut ramené tout sanglant, et son écuyer apprit à ceux de la tribu d'Abs ce que l'esclave avait fait. Caïs regarda la blessure de son cheval, et se fit expliquer en détail comment l'accident avait eu lieu. Antar rugissait de colère, portait la main sur son invincible épée Dhami, impatient d'anéantir la tribu de Fazarah. Mais les scheiks le retinrent, bien qu'avec peine; après quoi ils allèrent vers

Hadifah, pour le couvrir de honte et lui reprocher l'infâme action qu'il avait faite. Hadifah nia, en faisant de faux serments, qu'il sût rien touchant le coup qu'avait reçu Dahis, puis ajouta : « Je demande les chameaux qui me sont dus, et je n'admettrai pas la lâche excuse que l'on allègue.

» — Ce coup ne peut être que d'un sinistre augure pour la tribu de Fazarah, dit Cais; Dieu certainement nous rendra triomphants et victorieux, et les détruira tous. Car Hadifah n'a désiré faire cette course que dans l'idée de faire naître des troubles et des dissensions; et la commotion que va donner cette guerre peut exciter les tribus les unes contre les autres, en sorte qu'il y aura beaucoup d'hommes tués et d'enfants orphelins. » Les conversations s'animèrent peu à peu, devinrent violentes, des cris confus se firent entendre de tous côtés, et enfin les épées nues brillèrent. On était sur le point de faire usage des armes, quand les scheiks et les sages descendirent de leurs chevaux, découvrirent leurs têtes, pénétrèrent au milieu de la foule, s'humilièrent, et parvinrent à arranger cette affaire aussi convenablement qu'il fut possible. Ils décidèrent que Chaiboud recevrait les cent chameaux de la tribu de Fazarah, montant du pari, et que Hadifah mettrait fin à toute prétention et à toute dispute.

Tels furent les efforts qu'ils firent pour éteindre les animosités et les désordres prêts à se déclarer au milieu des tribus. Alors les différentes familles se retirèrent dans leurs demeures, mais leurs cœurs étaient remplis d'une haine profonde. L'un de ceux dont le ressentiment parut le plus violent était Hadifah, surtout lorsqu'il reçut la nouvelle de la mort de son esclave Valek. Pour Caïs, il était aussi rempli d'une colère sourde et d'une haine enracinée. Cependant Antar cherchait à le remettre : « O roi, lui disait-il, n'abandonnez pas votre cœur au chagrin; car, j'en jure par la tombe du roi Zohéir votre père, je ferai tomber la disgrâce et l'infamie sur Hadifah, et ce n'est que par égard pour vous que je l'ai ménagé jusqu'à ce moment. » Bientôt chacun alla retrouver ses tentes.

Dès le matin suivant, Chaiboud tua vingt des chameaux qu'il avait gagnés la veille, et en fit la distribution aux veuves et aux blessés. Il en égorgea vingt autres avec lesquels il donna des festins à la tribu d'Abs, y compris les esclaves hommes et femmes. Enfin, le jour d'après il tua le reste des chameaux, et donna un grand repas près du lac de Zatalirsad, auquel il invita les fils du roi Zohéir et ses plus nobles chefs. A la fin de cette fête, et lorsque le vin circula parmi les assistants, tous louèrent la conduite de Chaiboud.

Mais la nouvelle des chameaux égorgés et de toutes ces fêtes fut bientôt sue de la tribu de Fazarah. Tous les insensés de cette tribu s'empressèrent d'aller trouver Hadifah. « Hé quoi! dirent-ils, c'est nous qui avons été les premiers à la course, et les esclaves de ces traîtres d'Absiens ont mangé nos chameaux! Envoyez quelqu'un vers Caïs, et demandez ce qui vous est dû. S'il envoie les chameaux, c'est bien; mais s'il les refuse, suscitons une guerre terrible aux Absiens. » Hadifah leva les yeux sur son fils Abou-Firacah : « Monte à cheval sur-le-champ, lui dit-il, et va dire à Caïs : Mon père dit que vous devez lui payer à l'instant la gageure; qu'autrement il viendra vous en arracher le prix de vive force, et vous précipitera dans l'affliction. » Il y avait alors là présent un chef d'entre les scheiks, qui, entendant l'ordre que Hadifah venait de donner à son fils, lui dit : « O Hadifah, n'es-tu pas honteux d'envoyer un tel message à la tribu des Absiens? Ne sont-ils pas nos parents et nos alliés? Ce projet s'accorde-t-il avec la raison et le désir d'apaiser les dissensions? L'homme véritable se reconnaît à la générosité et à la bienfaisance. Je pense qu'il serait à propos que tu renonçasses à ton obstination, qui n'aboutira qu'à nous faire exterminer. Cais a montré de l'impartialité, il n'a fait d'outrage à personne ; ainsi, entretiens la paix avec les cavaliers de la tribu d'Abs. Fais attention à ce qui est arrivé à ton esclave Valek : il a frappé Dahis, le cheval du roi Cais, et Dieu l'en a puni sur-le-champ ; il est resté baigné dans son sang noir [1]. Je t'ai conseillé de ne prêter l'oreille qu'aux bons conseils : agis noblement, et renonce à toute vile pratique. Maintenant que te voilà prévenu sur ta situation, jette un regard prudent sur tes affaires. » Ce discours rendit Hadifah furieux : « Méprisable scheik, chien de traître ! s'écria-t-il. Hé quoi! j'aurais peur de Cais et de toute la tribu des Absiens? Par la foi d'un Arabe! que tous les hommes d'honneur sachent que si Cais ne m'envoie pas les chameaux, je ne laisserai pas une de ses tentes debout. » Le scheik fut choqué, et, pour jeter encore plus de crainte dans l'âme de Hadifah, il lui parla ainsi en vers :

« L'outrage est une lâcheté, car il surprend celui qui ne
» s'y attend pas, comme la nuit enveloppe ceux qui errent

---

[1] Le texte arabe porte seulement que cet esclave était très-noir.

» dans le désert. Quand l'épée sera une fois tirée, prends
» garde à ses coups! Sois juste, et ne te revêts pas de dés-
» honneur. Interroge ceux qui connaissent le destin de The-
» moud et de sa tribu, lorsqu'ils commirent des actes de
» rébellion et de tyrannie : on te dira comment un ordre du
» Dieu d'en haut les a détruits en une nuit; oui, en une nuit!
» Et le lendemain ils étaient tous gisants sur la terre, les
» yeux tournés vers le ciel [1]. »

Hadifah non-seulement montra du mépris pour ces vers et le scheik qui les avait prononcés, mais ordonna aussitôt à son fils de retourner vers Cais au moment même. Abou-Firacah retourna donc à la tribu d'Abs, et sitôt qu'il fut arrivé, il se rendit à la demeure de Cais, qui était absent. L'envoyé demanda alors sa femme Modelilah, fille de Rebia. « Que voulez-vous de mon mari? lui dit-elle. — Je demande ce qui nous est dû, le prix de la course. — Malheur sur toi et sur ce que tu demandes, répliqua-t-elle, fils de Hadifah! Ne crains-tu pas les suites d'une telle perfidie? Si Cais était ici, il t'enverrait à l'instant même dans la tombe! » Abou-Firacah revint vers son père, auquel il rapporta ce que la femme de Cais lui avait dit. « Hé quoi! lâche, s'écria Hadifah, tu reviens sans avoir fini cette affaire! Est-ce que tu as peur de la fille de Rebia? Retourne. »

Cependant Abou-Firacah ayant fait observer à son père qu'il était presque nuit déjà, le message fut remis au lendemain.

---

[1] Voyez sur cet événement l'ouvrage de M. Reinaud sur les monuments arabes, persans et turcs, du cabinet de M. le duc de Blacas, t. I, p. 142.

Pour Caïs, lorsqu'il rentra chez lui, il apprit de sa femme qu'Abou-Firacah était venu pour lui demander les chameaux. « Par la foi d'un Arabe! dit-il, si j'avais été là, je l'aurais tué. Mais c'est une affaire finie; laissons passer cela ainsi. » Cependant le roi Caïs passa la nuit dans le chagrin et la tristesse jusqu'au lever du soleil, heure à laquelle il se rendait à sa tente. Antar vint le voir; Caïs se leva, puis l'ayant fait asseoir auprès de lui, il lui parla de Hadifah. « Croiriez-vous, lui dit-il, qu'il a eu l'impudence d'envoyer son fils me demander les chameaux? Ah! si j'eusse été présent, j'aurais tué ce messager. » Il finissait à peine de prononcer ces mots, quand Abou-Firacah se présenta à cheval devant lui. Sans descendre, sans faire ni salut ni avertissement, il dit : « Caïs, mon père désire que vous lui envoyiez ce qui lui est dû; en agissant ainsi, votre conduite sera celle d'un homme généreux : mais, dans le cas contraire, mon père s'élèvera contre vous, reprendra son bien par la force, et vous plongera dans l'affliction. »

En entendant ces mots, Caïs sentit la lumière se changer en obscurité dans ses yeux : « O toi, fils d'un vil cornard, cria-t-il, comment se fait-il que tu n'es pas plus respectueux en m'adressant la parole? » Il saisit une javeline, et la lança dans la poitrine d'Abou-Firacah. Percé de part en part, le jeune messager se laissa aller sur son coursier, d'où Antar le prit et le jeta à terre. Puis ayant tourné la tête du cheval du côté de Fazarah, il lui donna un coup de houssine dans le flanc. Le cheval prit le chemin de ses pâturages, et rentra enfin dans son étable tout couvert de sang. Aussitôt les bergers le conduisirent aux tentes, criant : Malheur! malheur!

Hadifah devint furieux. Il se frappait la poitrine en répétant : « Tribu de Fazarah! aux armes! aux armes! aux armes! » Et tous les insensés de s'approcher de nouveau de Hadifah, et de l'engager à déclarer la guerre aux Absiens et à se venger d'eux. « O mes parents, reprit bientôt Hadifah, qu'aucun de nous ne repose cette nuit que tout armé!» Ce qui eut lieu.

A la pointe du jour Hadifah était à cheval; les guerriers étaient prêts, et on ne laissa dans les tentes que les enfants et ceux qui n'étaient pas en état de combattre.

De son côté, Cais, après avoir tué Abou-Firacah, pensa bien que les Fazaréens viendraient l'attaquer, lui et ses guerriers; il se prépara donc au combat. Ce fut Antar qui se chargea de toutes les précautions à prendre en ce cas. Il ne laissa donc dans les tentes que les femmes, les enfants et tous ceux qui ne pouvaient porter l'épée; puis il se mit à la tête des héros de Carad. Rien n'était plus resplendissant que n'étaient les Absiens couverts de leurs cottes de mailles et de leurs armures luisantes. Ces apprêts furent un terrible moment pour les deux partis. Ils marchaient l'un contre l'autre; et le soleil paraissait à peine, que les cimeterres étincelaient et que toute la contrée était en émoi.

Antar était impatient de se jeter en avant, et de soulager son cœur en combattant; mais voilà que Hadifah, vêtu d'une robe noire, s'avance, le cœur brisé de la mort de son fils. « Fils de Zohéir, cria-t-il à Cais, c'est une vilaine action que d'avoir tué un enfant; mais il est bien de se présenter au combat pour décider, par ses lances, qui mérite le commandement, de vous ou de moi. » Ces paroles blessèrent Cais. Entraîné par le ressentiment, il s'échappa de dessous ses étendards et se rua sur Hadifah. Ce fut alors que ces deux chefs, animés par une haine mutuelle, combattirent ensemble de dessus leurs nobles coursiers jusqu'à la nuit. Cais était monté sur Dahis, et Hadifah sur Ghabra. Dans le cours de ce combat il se passa des faits d'armes qui n'avaient jamais été vus auparavant. Chaque tribu désespérait de son chef, et elles voulaient faire une attaque générale, afin de suspendre leurs efforts et diminuer la fureur qu'ils mettaient à se combattre. Alors les cris commencèrent à se faire entendre dans les airs. Les cimeterres furent tirés, et les lances s'avançaient entre les oreilles des chevaux arabes. Antar s'approcha de quelques chefs absiens, et leur dit : « Attaquons ces lâches. » Ils allaient partir, quand les anciens des deux tribus s'avancèrent au milieu de la plaine, la tête découverte, les pieds nus, et *les idoles* [1] suspendues à leurs épaules. Placés entre les deux armées, ils parlèrent ainsi : « Parents et alliés, au nom de l'union qui a régné jusqu'ici entre nous, ne faisons rien qui nous rende la fable de nos esclaves. Ne fournissons pas à nos ennemis et à nos envieux une occasion de nous faire de justes reproches. Oublions tout sujet de dispute et de dissension. Des femmes ne faisons point des veuves, ni des enfants des orphelins. Satisfaites votre ardeur pour les combats en attaquant ceux d'entre les Arabes qui sont vraiment nos ennemis. Et vous, parents de Fazarah, montrez-vous plus humbles envers vos frères, les Absiens. Surtout n'oubliez pas que l'outrage a souvent causé la perte de maintes tribus, qui se sont repen-

---

[1] Le texte arabe porte quelquefois *leurs enfants en bas âge*.

ties de leur action impie; qu'il a privé bien des hommes de leurs propriétés, et qu'il en a plongé un grand nombre dans le puits du désespoir et du regret. Attendez donc l'heure fatale de la mort, le jour de la dissolution; car il est là. Alors vous serez déchirés par les aigles menaçantes de la destruction, et vous serez enfermés dans les réduits ténébreux du tombeau. Faites donc en sorte que quand vos corps seront inanimés, on ne conserve, en pensant à vous, que le souvenir de vos vertus. »

Les scheiks parlèrent longtemps, et jusqu'à ce que la flamme des passions qui s'était allumée dans l'âme des héros fût éteinte. Hadifah se retira du combat, et il fut convenu que Cais payerait le prix du sang d'Abou-Firacah avec une grande quantité de troupeaux et une file de chameaux. Les scheiks ne voulurent pas même quitter le champ de bataille avant que Cais et Hadifah se fussent embrassés, et eussent consenti à tous les arrangements.

Antar rugissait de fureur : « O roi Cais, que faites-vous là? s'écria-t-il. Quoi! nos épées nues brillent dans nos mains, et la tribu de Fazarah exigera de nous le prix du sang de son mort! Et nos prisonniers, nous ne pourrons les racheter qu'avec la pointe de nos lances! Le sang de notre mort aura été versé, et nous ne le vengerons pas? » Hadifah était hors de lui en entendant ces paroles. « Et toi, vil bâtard, lui dit Antar en l'apostrophant, toi, fils d'une vile mère, est-ce qu'il y a quelque chose qui puisse t'honorer, et nous, nous flétrir? Si ce n'était la présence de ces nobles scheiks, je t'anéantirais, toi et ton monde, sur-le-champ. » Alors l'indignation et la colère de Hadifah furent portées à leur comble. « Par la foi d'un Arabe! dit-il aux scheiks, je ne veux plus entendre parler de paix, quand même l'ennemi devrait me percer de ses lances. — Ne parlez pas de la sorte, fils de ma mère, dit Haml à son frère. Ne vous élancez pas sur la route de l'imprudence; abandonnez ces tristes résolutions. Restez en paix avec nos alliés les Absiens, car ils sont les étoiles brillantes, le soleil resplendissant qui conduit tous les Arabes qui aiment la gloire. Ce n'est que l'autre jour, lorsque vous les avez outragés en faisant frapper leur cheval Dahis, que vous avez commencé à vous éloigner de la voie de la justice. Quant à votre fils, il a été tué justement, car vous l'avez envoyé demander une chose qui ne vous était pas due. D'après tout cela, il n'y a rien de plus convenable que de faire la paix; car celui qui cherche et provoque la guerre est un tyran, un oppresseur. Acceptez donc les compensations qui vous sont offertes, ou vous allez faire naître encore autour de nous une flamme qui nous brûlera des feux de l'enfer. » Haml continua en récitant ces vers :

« Par la vérité de *Celui* qui a fortement enraciné les mon-
» tagnes sans fondation, si vous n'acceptez pas les compen-
» sations des Absiens, vous êtes dans l'erreur. Ils reconnais-
» sent Hadifah pour un chef; sois donc véritablement un chef,
» et contente-toi des troupeaux et des richesses qui te sont
» offertes. Descends de dessus le cheval de l'outrage et ne le
» monte plus, car il te conduirait à la mer des chagrins et
» de l'affliction. Hadifah, renonce en homme généreux à
» toute violence, mais particulièrement à l'idée de combattre
» les Absiens. Fais d'eux et de leur supériorité, au contraire,
» un puissant rempart pour nous contre les ennemis qui

» pourraient nous attaquer. Fais d'eux des amis qui nous
» restent fidèles, car ce sont des hommes qui ont les plus
» nobles intentions; ce sont des Absiens enfin; et si Cais a
» agi avec toi d'une manière injuste, c'est toi qui le premier
» lui as donné cet exemple, il y a quelques jours. »

Dès que Haml eut achevé de réciter ces vers, les chefs des différentes tribus lui adressèrent des remercîments; et Hadifah ayant consenti à accepter la compensation offerte, tous les Arabes renoncèrent à la violence et à la guerre. Tous ceux qui portaient les armes rentrèrent chez eux. Cais envoya à Hadifah deux cents chamelles, dix esclaves mâles, dix femelles, et dix têtes de chevaux. Alors la paix fut rétablie, et tout le monde resta tranquille dans le pays.

LETTRES

DES ROIS DE FRANCE

LETTRES

DES ROIS DE FRANCE

———

Nous avons souvent parlé dans cet ouvrage des traditions d'alliance, de fraternité et de famille qui ont toujours rattaché le mont Liban, comme une France orientale, à la France européenne. Voici des lettres de saint Louis, de Henri IV, de Louis XIV et de Louis XV, qui sont les chartes et les titres généalogiques de cette parenté de foi et de cœur.

LETTRE DE SAINT LOUIS A L'ÉMIR DES MARONITES DU MONT LIBAN,
AINSI QU'AU PATRIARCHE ET AUX ÉVÊQUES DE CETTE NATION.

Les rois de France avaient, depuis les croisades, toujours accordé leur protection plus ou moins efficace, suivant les circonstances, aux chrétiens du mont Liban. Les Maronites avaient fait une alliance avec les croisés, et y étaient toours restés fidèles. A la bataille de Mansourah, Louis IX comptait dans son armée un grand nombre de ces braves montagnards, *armés de foi au dedans et de fer au dehors*. Le saint roi, délivré de captivité, fut accueilli, à son arrivée à Saint-Jean d'Acre, par vingt-cinq mille Maronites que leur prince envoyait à sa rencontre, sous la conduite d'un de ses fils, chargés d'approvisionnements et de présents de toutes sortes. Ce fut à cette occasion que le roi de France écrivit au prince chrétien du Liban la lettre suivante, dont la traduction arabe, faite sur l'original écrit en latin, se trouve dans les archives des Maronites.

« Notre cœur s'est rempli de joie lorsque nous avons vu votre fils Simon, à la tête de vingt-cinq mille hommes, venir nous trouver de votre part pour nous apporter l'expression de vos sentiments, et nous offrir des dons, outre les beaux chevaux que vous nous avez envoyés. En vérité, la sincère amitié que nous avons commencé à ressentir avec tant d'ardeur pour les Maronites, pendant notre séjour à Chypre, où ils sont établis, s'est encore augmentée. Nous sommes persuadé que cette nation, que nous trouvons établie sous le nom de saint Maron, est une partie de la nation française, car son amitié pour les Français ressemble à l'amitié que les Français se portent entre eux. En conséquence, il est juste que vous et tous les Maronites jouissiez de la même protection dont les Français jouissent près de nous, et que vous soyez admis dans les emplois comme ils le sont eux-mêmes. Nous vous invitons, illustre émir, à travailler avec zèle au bonheur des habitants du Liban, et à vous occuper de créer des nobles parmi les plus dignes d'entre vous, comme il est d'usage de le faire en France. Et vous, seigneur patriarche, seigneurs évêques, tout le clergé; et vous, peuple maronite, ainsi que votre noble émir, nous voyons avec une grande satisfaction votre ferme attachement à la religion catholique et votre respect pour le chef de l'Église, successeur de saint Pierre à Rome; nous vous engageons à conserver ce respect, et à rester toujours inébranlables dans votre foi. Quant à nous et à ceux qui nous succéderont sur le trône de France, nous promettons de vous donner, à vous et à votre peuple, protection comme aux Français eux-mêmes, et de faire constamment ce qui sera nécessaire pour votre bonheur.

» Donné près Saint-Jean d'Acre, le vingt et unième jour de mai douze cent cinquante, et de notre règne le vingt-quatrième. »

Plus tard, le commerce de la soie appela les Maronites en France, où, héritiers des sentiments de leurs pères, ils manifestèrent leur attachement et leur dévouement pour le pays et ses souverains. Sous les Valois, dans la personne de François Ier; sous les Bourbons, dans celles de Henri IV et surtout de Louis XIV et de Louis XV, ces démonstrations d'attachement furent plus intimes, et, de la part de la France, une protection plus immédiate fut assurée aux Maronites, comme il résulte des lettres originales ci-après de ces deux derniers souverains.

LETTRES DE PROTECTION ACCORDÉES AU RÉVÉRENDISSIME PATRIARCHE D'ANTIOCHE ET A LA NATION DES MARONITES, PAR LE ROI DE FRANCE LOUIS XIV.

« Du 28 avril 1649.

» Louis, par la grace de Dieu, roy de France et de Navarre, à tous ceux qui ces présentes lettres verront, salut. Sçavoir faisons que par l'advis de la reyne régente, notre très-honorée dame et mère, qu'ayant pris et mis, comme nous prenons et mettons par ces présentes signées de notre main, en notre protection et sauvegarde spéciale, le révérendissime patriarche, et tous les prélats, ecclésiastiques et séculiers chrétiens maronites, qui habitent particulièrement dans le mont Liban, nous voulons qu'ils en ressentent l'effet en toute occurrence; et pour cette fin nous mandons à notre amé et féal le sieur de la Hayenentelay, conseiller en nos conseils et notre ambassadeur en Levant, et à tous ceux qui lui succéderont en cet emploi, de les favoriser, conjointement ou séparément, de leurs soins, offices, instances et protection, tant à la Porte de notre très-cher et parfait ami le Grand Seigneur, que partout ailleurs que besoin sera, en sorte qu'il ne leur soit fait aucun mauvais traitement, mais au contraire qu'ils puissent librement continuer leurs exercices et fonctions spirituelles. Enjoignons aux consuls et vice-consuls de la nation françoise établis dans les ports et échelles du Levant, ou autres arborant la bannière de France, présents et à venir, de favoriser de tout leur pouvoir ledit sieur patriarche et tous lesdits chrétiens maronites dudit mont Liban, et de faire embarquer, sur les vaisseaux françois ou autres, les jeunes hommes et tous autres chrétiens maronites qui y voudront passer en chrétienté, soit pour y étudier ou pour quelque autre affaire, sans prendre ni exiger d'eux que les nolis qu'ils leur pourront donner, les traitant avec toute la douceur et charité possible. Prions et requérons les illustres et magnifiques seigneurs, les bachas et officiers de Sa Hautesse, de favoriser et assister le sieur archevêque de Tripoly et tous les prélats et chrétiens maronites, offrant, de notre part, de faire le semblable pour tous ceux qui nous seront recommandés de la leur.

» Donné à Saint-Germain en Laye, le vingt-huitième jour d'avril mil six cent quarante-neuf, et de notre règne le sixième.

» *Signé* Louis.

» Par le roy, la reyne régnante sa mère présente :

» DE LOMÉNIE. »

LETTRES DE PROTECTION ACCORDÉES AU RÉVÉRENDISSIME PATRIARCHE D ANTIOCHE ET A LA NATION DES MARONITES, PAR L'EMPEREUR ET ROI TRÈS-CHRÉTIEN LOUIS XV.

« Du 12 avril 1737.

» Louis, par la grâce de Dieu, empereur et roy très-chrétien de France et de Navarre, à tous ceux qui ces présentes lettres verront, salut. Le patriarche d'Antioche et les chrétiens maronites établis au mont Liban nous ont fait représenter que, depuis un temps infini, leur nation est dessous la protection des empereurs et roys de France, nos glorieux prédécesseurs, dont ils ont ressenti les effets en toutes occasions; et ils nous ont très-humblement fait supplier de vouloir bien leur accorder nos lettres de protection et sauvegarde, à l'exemple du feu roy notre très-honoré seigneur et bisayeul, qui leur en fit expédier de pareilles le vingt-huit avril mil six cent quarante-neuf. Et voulant de notre part traiter favorablement les exposants : pour ces causes et autres considérations à ce nous mouvant, nous les avons pris et mis, comme par ces présentes signées de notre main nous les prenons et mettons en notre protection et sauvegarde; nous voulons qu'ils en ressentent les effets en toutes occurrences; et pour cette fin nous mandons à nos amez et féaux conseillers en nos conseils, nos ambassadeurs à Constantinople, consuls et vice-consuls de la nation françoise établis dans les ports et échelles du Levant, présents et à venir, de favoriser de leurs soins, offices et protection, ledit sieur patriarche d'Antioche, et tous lesdits chrétiens maronites du mont Liban, partout où besoin sera, en sorte qu'il ne leur soit fait aucun mauvais traitement, et qu'ils puissent au contraire continuer librement leurs exercices et fonctions spirituelles; car tel est notre plaisir.

» Prions et requérons le grand empereur des musulmans, notre très-cher et parfait ami, et les illustres bachas et officiers de Sa Hautesse, de favoriser et assister de leur protection ledit sieur patriarche d'Antioche et tous lesdits chrétiens maronites, offrant de faire le semblable pour tous ceux qui nous seront recommandez de leur part. En témoin de quoi nous avons fait mettre notre scel à cesdites présentes.

» Donné à notre château impérial de Versailles, le douzième jour d'avril l'an de grâce mil sept cent trente-sept, et de notre règne le vingt-deuxième.

» *Signé* Louis.

» Par l'empereur roy :

» *Signé* Amelot. »

Dans tous leurs désastres, les Maronites n'ont pas cessé de recourir à la France. Voici la lettre adressée au roi Louis-Philippe Iⁿ par les principales familles du Liban, pour obtenir, par son intervention, la restauration de la noble famille de Cheab.

PÉTITION A LA PORTE SUBLIME DU TRÈS-HAUT GOUVERNEMENT DE FRANCE.
QUE DIEU RENDE SA GLOIRE ÉTERNELLE !

« Nous, chrétiens du mont Liban, vos serviteurs, nous venons vous exposer l'état déplorable où nous sommes réduits, nos affreuses misères, nos inexprimables calamités; comment tout repos nous a été ravi, comment tous les malheurs et toutes les ruines nous accablent.

» Et d'abord, nous chrétiens qui habitions au milieu des Druzes, nous avons été pillés par eux, nos maisons ont été incendiées; et, dispersés aujourd'hui hors de notre pays, nous sommes en proie aux amertumes d'une cruelle absence, n'ayant plus rien au monde que l'espoir de recouvrer ce qui nous a été pris. Quoiqu'il ait été ordonné de nous en rendre quelque chose, jusqu'à présent rien n'a paru, et nous n'avons encore aucun indice de restitution.

» En second lieu, non-seulement nous ne parvenons pas à obtenir de réponse à nos nombreuses sollicitations pour être placés sous la direction d'un chef chrétien qui prenne en main le soin de nous administrer, comme cela a été statué à Constantinople; mais, contrairement à nos vœux, des ordres ont été rendus par le gouverneur général de l'Eïalet de Seïde pour que les chrétiens qui habitent dans les mêmes lieux que les Druzes, ou dans leur voisinage, soient mis sous la domination de ces Druzes impitoyables, qui regardent comme une chose licite de nous ravir la vie et l'honneur, et de s'emparer de nos fortunes. C'est ainsi qu'ils ont pillé nos couvents et nos églises, auxquels ils ont ensuite mis le feu, qu'ils ont fait ruisseler le sang des prêtres et des moines, et qu'après avoir profané les autels, souillé d'ordures les images des saints et jusqu'au saint sacrement, ils les ont lacérés et foulés aux pieds ; c'est ainsi qu'ils ont brisé les croix et les cloches, et pour insulter aux habits sacerdotaux et les tourner en dérision, qu'ils en ont revêtu des femmes! Qui pourrait souffrir ces outrages, dont la violence dépasse tout ce qu'il est donné aux forces de la nature humaine de supporter? et qui n'aimerait pas mieux perdre la vie, que de soumettre son existence à ces barbares ennemis? Ah! si nos gémissements pénètrent jusqu'au plus haut des cieux, comment ne parviendraient-ils pas à émouvoir pour nous la compassion de votre gouvernement sublime, et à le porter à s'employer pour nous donner le repos, nous qui sommes ses serviteurs et ses sujets?

» Pour ne pas désespérer de notre vie de malheur, pour ne pas assiéger continuellement de nos supplications la Porte derrière laquelle se trouvent notre salut et le salut de tous les peuples, la Porte de votre gouvernement généreux, il faut que, le cœur navré et brisé, et les yeux en larmes, nous présentions cette pétition au seuil de votre humanité, par la main du serviteur de votre puissance, le très-pieux et illustre archevêque Nicolas Murad, notre vicaire patriarcal, très-honoré et très-vénéré, à qui sont délégués les pleins pouvoirs de tout le peuple du mont Liban ; il faut que, par son entremise, nous recourions aux sources de la compassion de ce gouvernement dont la renommée remplit le monde entier ; il faut que le susdit archevêque, votre serviteur, profite de l'occasion la plus favorable qu'il pourra trouver pour vous exposer toutes nos affaires et nos justes plaintes, et pour vous faire connaître principalement la perte de notre repos par le fait même du gouverneur auquel a été donnée la mission de nous conduire et de nous administrer. Si les sources de la faveur royale ne se déversent pas sur la noble famille Cheab, et en particulier sur l'émir Béchir ou sur son fils l'émir Émin, pour permettre son retour et lui confier le soin de nous gouverner, il nous sera impossible de parvenir à recouvrer notre repos avec tout autre gouverneur ; c'est là une chose que l'expérience a démontrée. Enfin, le susdit archevêque fera connaître ces faits et tout le reste ; car votre gouvernement est bien informé qu'il est le représentant du peuple du Liban, et qu'il est instruit de toutes nos affaires. Comme il est distingué par sa droiture et ses vertus, tout ce qu'il affirmera sera la vérité même ; et puisque votre générosité embrasse le monde, puisque votre miséricorde s'étend jusqu'à tous les horizons, nous avons doublement droit d'y participer en quelque chose.

» Ainsi, nous prosternons notre front sur le seuil de votre Porte, pour que vous preniez en pitié notre position et notre misère ; pour que vous portiez sur nous un œil de compassion ; pour que vous entendiez la voix de notre fondé de pouvoirs, notre seigneur l'archevêque, en accueillant avec bonté ce qu'il vous exposera à notre sujet ; pour que vous étendiez sur nous tous les regards de votre bienfaisance si célèbre ; pour que vous guérissiez nos cœurs brisés en nous délivrant des mains des Druzes, nos ennemis et nos spoliateurs, et que vous les obligiez à nous rendre ce qu'ils nous ont pris; pour que nous obtenions d'être de nouveau placés sous la direction de notre ancien gouverneur, de la famille Cheab, dont nous venons de parler; et enfin pour que nous soyons remis en possession de notre tranquillité. En retour, notre pauvre nation vous consacrera ses prières, et nous supplierons Dieu Très-Haut d'élever la splendeur de votre illustre gouvernement, de protéger la gloire de son trône royal, et de rendre éternelle la majesté de sa puissance par de nombreux succès et d'éclatantes victoires, tant que dureront les siècles et les temps!

» 28 mars 1844.

» Vos serviteurs les émirs de *Métin*.
» Vos serviteurs les scheiks de la famille *Habaïh*.
» Vos serviteurs les scheiks de la famille *Buhen*.
» Vos serviteurs les scheiks de la famille *Abou-sa-Ab*.
» Vos serviteurs les scheiks de la famille *Khazin*.
» Vos serviteurs les scheiks de la famille *Bahdah*.
» Vos serviteurs les scheiks de la famille *Khouri*.
» Vos serviteurs *tous les habitants du mont Liban.* »

(*Suivent 217 empreintes de cachets.*)

Traduit de l'arabe par le premier secrétaire interprète du roi pour les langues orientales, professeur de turc au collége royal de France, et pour traduction conforme:

ALIX DESGRANGES.

Paris, ce 14 mai 1844.

Enfin les lettres suivantes, quoique n'ayant pas un rapport aussi direct avec les Maronites, prouvent encore que la sollicitude des rois de France s'est toujours étendue sur les églises et sur les chrétiens de la Palestine et du Liban.

LETTRE DU ROI HENRI IV.

M. de Brèves, ambassadeur au Levant, ayant, à son retour de Jérusalem, donné avis au roi de la prochaine ruine des églises du Saint-Sépulcre et de Bethléem, s'il n'y était promptement pourvu, Sa Majesté écrivit aux évêques de France la lettre suivante :

« De par le roy.

» Nostre amé et féal, la prochaine ruine des bastiments des églises du Saint-Sépulchre, mont de Calvaire, et de Bethléem, s'il n'y est remédié, jointe à la discontinuation des services accoutumez y estre faits, peu ou point d'ornements, et la réception des pèlerins, qui cesse par l'extrême nécessité de ces lieux, nous a fait vous envoyer cy-devant nos lettres closes, afin que, tout ainsi que de nostre part nous y voulons contribuer comme héritiers du zèle, sang et couronne de nos prédécesseurs, nos sujets y fissent leurs aumosnes, comme yssus de ceux qui y ont cy-devant apporté leurs vies et commoditez. Mais tant s'en faut que, par les moyens spirituels accoustumez, vous les ayez fait inviter à ce bon œuvre, ainsi que nous vous avions mandé, que vous ne nous avez seulement donné aucun avis de la réception des nostres. C'est pourquoy nous vous avons fait encore ceste-cy, à ce que, continuant la mesme affection que vous avez tousjours eue à la gloire de Dieu en ce qui est de vostre charge, vous ayez à faire entendre, par tout vostre diocèze, l'état et pauvreté desdits lieux, où ont esté faits les principaux mystères de nostre rédemption, le besoin qu'il y a d'y estre prontement pourveu ; et faire admonnester nostre peuple, aux prosnes et prédications qui se feront jusqu'à la prochaine feste de Pasques, qu'ils départent de leurs facultez, faisant non-seulement dresser les trons ès églises que nous vous avons cy-devant ordonnez à cest effect, si ja n'y a esté procédé ; mais, de plus, députer et eslire deux des plus pieux et notables personnages de chacune paroisse de vostre évesché, pour aller faire queste ès maisons particulières, et recueillir les aumosnes des gens de bien. Et afin que nous puissions sçavoir de quelle somme l'on pourra faire estat, vous nous advertirez, icelle feste de Pasques passée, de ce qui aura esté recueilly ; et nous vous ferons entendre là-dessus nostre volonté, car tel est nostre plaisir.

» Donné à Paris, le 29 avril 1608.

» *Signé* Henry.

» Plus bas :

» De Loménie. »

LETTRE DU CARDINAL DU PERRON, GRAND AUMONIER DE FRANCE.

Le cardinal Du Perron, par ordre du roi Henri IV, écrivit aux évêques de France la lettre suivante :

« Monsieur, la relation faitte au roy par M. de Brèves, naguères son ambassadeur en Levant, de la prochaine ruine des bastiments des églises du Sainct-Sépulchre et de Bethléem, s'il n'y est promptement remédié, a tellement touché la piété de Sa Majesté, qu'outre les aumosnes que de sa part elle veut contribuer à ceste réparation, elle y désire encore celle de tous les gents de bien de son royaume. Sur quoy vous écrivant elle-mesme son intention et l'ordre qu'elle desire estre tenu là-dessus, elle m'a commandé de vous faire ce mot pour accompagner ses lettres, et vous prier, comme je fay, par tous les respects qui rendent ceste cause considérable, d'y vouloir apporter autant de soin et d'affection qu'elle se promet de vous en l'exécution de sa volonté. Je m'asseure que les bonnes et sainctes exhortions que vous ferez faire par toutes les églises de nostre diocèse ne seront point infructueuses, et que Sa Majesté aura tout sujet de s'en contenter : aussi est-ce chose qu'elle embrasse avec beaucoup de zèle et de passion, et où elle désire estre imitée. Elle m'a chargé encore de vous dire particulièrement que vous addressiez les deniers qui proviendront de ceste dévotion à M. de Marillac, conseiller d'État et maistre des requestes de son hostel, et à M. de Berulle, personnage d'éminente doctrine et piété, lesquels elle a commis en ceste ville pour les recevoir. Je prie Dieu vous assister en un œuvre si plein de mérite, et vous donner, Monsieur, très-heureuse et longue vie.

» De Paris, ce premier jour de mars 1608.

» Votre plus affectionné confrère à vous faire service,

» *Signé* J. cardinal Du Perron. »

LETTRE DE L'ARCHEVÊQUE DES MARONITES AU CARDINAL DU PERRON.

L'archevêque des Maronites écrivit au cardinal Du Perron pour le remercier des secours accordés par le roi de France. (Cette lettre est écrite en italien, et nous en donnons la traduction littérale.)

« Au très-illustre et très-révérend seigneur cardinal Du Perron, salut en celui qui est notre véritable salut.

» J'écris respectueusement cette lettre à votre très-illustre seigneurie, comme au bienfaiteur et au consolateur de ma nation, après que, avec grande allégresse et contentement, nous avons reçu notre missel. Nous y avons vu et il y est prouvé que le nom de notre nation vient du bienheureux Maron, abbé; au nom duquel nous supplions la Majesté divine de daigner accorder à votre illustre seigneurie toutes sortes de consolations dans ce monde par la grâce, et dans l'autre vie par la gloire, à cause de toutes les consolations que vous vous êtes plu à nous donner. Très-illustre seigneur, nous avons trouvé ici une tradition qui indique que notre peuple des Maronites descend originairement de l'armée de votre très-glorieux roi saint Louis, lorsqu'elle vint pour délivrer la terre sainte : c'est ainsi que *laborasti pro gente tua*. Il reste encore ceci à faire : c'est que votre très-illustre seigneurie daigne, par les saintes plaies de Notre-Seigneur, nous donner quelques milliers d'écus pour imprimer notre bréviaire, faisant compte de rapporter le tout à Christ, notre Seigneur, qui vous a donné la commodité de faire une si grande œuvre, si digne de l'état et de la vertu de votre très-illustre seigneurie, qui suivra saint Martin à la vie éternelle, *plenus bonis operibus atque oneratus. Quam igitur panis simplicis petimus buccellam, hanc noli denegare nobis Christi pauperibus*; car, en vérité, sous l'impie domination du Turc, et au milieu des hérétiques, nous vivons dans la vraie et vive foi catholique, comme le voient et l'expérimentent journellement tous les consuls et les marchands de votre pays qui se trouvent chez nous dans ces contrées, etc. Je finis, très-illustre seigneur, en vous baisant humblement les mains, et en vous souhaitant un accroissement de bonheur.

» Donné à Alep, le 6 de mai 1613.

» De votre très-illustre seigneurie

» Le très-humble et très-dévoué serviteur,

» Frère JEAN-BAPTISTE,

» De l'ordre de Saint-Dominique, archevêque des Maronites. »

ÉPILOGUE

DU

VOYAGE EN ORIENT

ÉPILOGUE

DU

VOYAGE EN ORIENT

1849

Nous avons complété ce voyage par différentes notes, adjonctions et traductions inédites, de nature à en accroître l'intérêt. Le récit de Fatalla Sayeghir, ce premier Arabe voyageur parmi les tribus wahabites du désert, a été terminé par lui, et apporté à Paris. J'en ai fait acheter le manuscrit, en 1844, par la Bibliothèque nationale. Le gouvernement français a récompensé les services rendus pa Fatalla Sayeghir à la géographie et à l'histoire des mœurs, en le nommant agent consulaire de France à Alep. Je lui ai donné à Paris l'hospitalité qu'il a si souvent reçue sous les tentes du désert, et que j'avais reçue moi-même de ses amis d'Arabie. Il vit maintenant de la générosité de la France, dans son propre pays, entre sa femme et ses fils. Lorsque la république sera consolidée et paisible, j'espère le revoir moi-même dans cet Orient qui attire l'imagination des poëtes et des philosophes, comme le soleil couchant attire le regard des voyageurs à qui il reste peu de jours pour achever leur chemin.

J'ai rectifié, ou plutôt les événements ont rectifié pour moi, quelques-uns des aperçus de ce livre. Tout a changé sur ce théâtre mobile de la politique occidentale et orientale. Ce qui était vrai en 1834 serait contre-sens en 1850. Dieu a soufflé sur ces déserts, et a imprimé d'autres formes et d'autres ondulations à la surface de l'Orient.

Ibrahim-Pacha est mort; et son sabre, qui menaçait à la fois les Maronites dans le Liban et l'empire ottoman à Smyrne et à Constantinople, est couché avec lui dans son tombeau.

Méhémet-Ali est mort; et ses projets d'asservir ou de diviser l'islamisme pour le concentrer et le rajeunir à Alexandrie sont morts avec lui.

Mahmoud, le vainqueur des janissaires, est mort à Constantinople après avoir accompli son œuvre, l'affranchissement de la puissance impériale du joug d'une soldatesque tyrannique et indisciplinée. L'histoire l'appellera le Pierre le Grand de l'empire ottoman. Comme Pierre le Grand, il a abattu les Strélitz.

Son fils *Abdul Mejid* a trouvé, à la mort de son père, l'empire libre, les préjugés domptés, des instruments tout formés autour de lui pour continuer l'œuvre civilisatrice de son père. Sa tolérance, servie par des ministres habiles, libéraux, élevés en Europe, accomplit l'œuvre de fusion des races, qui doit seule régénérer l'Orient.

Les cabinets de Londres et de Paris ont conçu pour ce jeune prince l'intérêt qu'on a pour la jeunesse d'un homme et d'un peuple à la fois. L'Europe a compris de plus en plus, par les événements de Hongrie, de Valachie, de Moldavie, que l'empire ottoman, civilisé, éclairé, armé, protégé, devenait un poids nécessaire à l'équilibre du monde, et que le Bosphore et les Dardanelles seraient avant peu les Thermopyles de la liberté des mers, et peut-être les Thermopyles de la liberté du continent contre de nouveaux débordements de Xerxès. La république française s'est retrouvée à l'instant alliée, sans traité, avec la Turquie : les deux peuples l'ont compris sans qu'il fût besoin de discours ou de négociations pour le leur faire comprendre. L'instinct est le plus sûr des diplomates. Le lendemain de la révolution de Février, la république envoyait, dans la personne du général Aupick, un ambassadeur conciliant et modéré, ami de la paix, mais capable d'inspirations énergiques au besoin, et de rappeler, aux violateurs de l'indépendance ottomane, que la France avait encore des *Sébastiani* dans ses négociateurs et dans ses généraux.

Abdul Mejid a montré, dans ces dernières circonstances, que sa douceur dans le gouvernement de ses provinces ne serait jamais un lâche abandon de sa dignité devant les exigences de ses voisins : il fait désormais partie intégrante de la triple alliance qui doit faire face à la mer Noire et aux Balkans. Son empire est l'avant-garde de la civilisation en Orient, et, à ce titre, il est condamné à se civiliser de plus en plus lui-même.

Heureuse nécessité qui rendra Abdul Mejid cher à ses peuples mieux gouvernés, et qui fera de Constantinople une frontière de l'Europe défendue par l'Europe, au lieu d'un camp de la barbarie, suivant l'expression de M. de Bonald. Il y a quelque chose de supérieur aux antipathies des races, des souvenirs, des religions; c'est la sympathie de civilisation, qui tend à réaliser de plus en plus la grande unité de la race humaine, sous le symbole de la lumière et de la liberté.

NOTE POST-SCRIPTUM

NOTE POST-SCRIPTUM

1ᵉʳ décembre 1849.

La mémoire des peuples primitifs est inaltérable comme le ciel de l'Orient; ils conservent longtemps la trace des voyageurs qui ont habité parmi leurs tribus; ils font un événement d'un homme qui passe, un poëme traditionnel du récit des jours qu'il a vécu sous leurs tentes. Dans un pays où les changements de gouvernement sont rares, où les changements de mœurs sont inconnus; où les tribunes, les journaux n'existent pas; où tout est uniforme, silencieux et monotone dans l'existence des peuples, il faut peu de chose pour occuper longtemps l'esprit public.

L'Orient est aussi le pays de l'imagination, la terre du merveilleux : les traditions orales y grossissent tout; rien n'y est naturel, tout y est prestige : tout étranger qui traverse la terre est un sage ou un héros. Ce peuple, qui a attendu le Messie, qui a attendu l'hégire, qui a attendu Bonaparte, attend toujours quelque chose et quelqu'un, même quand ce quelqu'un n'est qu'un pauvre voyageur promenant son ombre par désœuvrement sur le sable du désert ou sur les colonnes renversées de Balbeck.

C'est là tout le secret de l'accueil que j'ai reçu des Arabes, et surtout des *Maronites* du mont Liban. On a répandu en Europe, à mon retour, que j'avais dépensé des trésors pendant ces deux années de pérégrinations en Orient; que j'avais prodigué, en présents sur toute ma route, l'or, les étoffes précieuses, les armes de prix, les perles et les diamants; que là était l'origine de ma fortune détruite, et de la nécessité où j'étais de vendre les foyers de ma famille dans mon propre pays.

Tout cela est un chapitre de plus de ces *mille et une nuits* fantastiques qu'on invente sur tous les hommes qui ont la sottise de laisser prononcer leur nom par la foule. La vérité, c'est que j'ai voyagé en Orient comme on y voyage avec sa famille, avec quelques amis, avec un certain nombre de serviteurs, avec une caravane d'ânes, de mulets, de chameaux et de chevaux arabes; caravane indispensable quand on parcourt des contrées désertes et qu'on a pour demeure des tentes; la vérité, c'est que j'ai répondu bien modestement par quelques présents de peu de valeur, monnaie du pays, aux hospitalités et aux présents des Arabes; la vérité enfin, c'est que ce voyage de deux ans par terre et par mer ne m'a coûté en totalité que cent mille francs : cent mille francs, sur lesquels j'ai rapporté encore en Europe des armes, des tapis, des harnais et des chevaux pour plus de vingt mille francs de valeur. A mon retour, un éditeur illustre me paya quatre-vingt mille francs environ les notes que je n'avais pas écrites à son intention. Il en résulte qu'en réalité ce voyage ruineux ne m'a rien coûté, et que j'ai vécu convenablement deux ans sans toucher même aux revenus de mes terres en France. Il faut donc chercher ailleurs les causes de cette décadence de ma fortune, qui me force avec tant de douleur à me séparer de souvenirs chers à mon cœur, et à retourner peut-être en Orient, pour réparer, par le travail agricole, la condition de ceux qui vivront de moi après moi. La vie politique est plus chère que la vie nomade et poétique : voilà le secret.

Lady Esther Stanhope m'avait prédit qu'après avoir été mêlé involontairement à de grands événements dans mon pays, je retournerais en Orient pour d'autres pensées. Je mentirais si je disais que ces pensées sont de faire pousser seulement un peu plus d'orge, de froment, ou de soie ou de coton, aux vieux sillons de cette terre. J'ai d'autres pensées, je ne m'en cache pas, je les dirai tout haut à leur heure. Je ne crois pas que ce soient les prédictions de lady Stanhope qui aient fait éclore d'un accident la république française de 1848, et qui, après m'avoir élevé par hasard et précipité par caprice, m'entraînent aujourd'hui en Orient. Non, la véritable prédiction de la destinée d'un homme, c'est la pente de son esprit. Je l'ai dit en commençant ces volumes, la pente de mon esprit a toujours été vers ces climats. Mon imagination est de la même eau que cette mer et ce ciel ; ma philosophie est de la même source que ces rayons. Dieu est plus visible là-bas qu'ici : c'est pourquoi je désire y vieillir et y mourir. Cela ne veut pas dire, comme quelques journaux l'avancent, que je quitte dès à présent mon pays, et que je secoue avec colère et avec ingratitude la poussière de mes pieds d'un pays qui m'a méconnu : cela veut dire simplement que je vais coloniser un coin de champ au soleil d'Asie, me construire un foyer dans une terre étrangère où l'on vit de peu, et où le travail agricole est récompensé au centuple; que je resterai dans mon pays natal tant qu'il aura besoin d'un citoyen dévoué de plus; que j'y reviendrai à son moindre appel, tant que je pourrai le servir au titre le plus humble : mais qu'après ma journée finie, j'irai chercher ma vie et mon repos dans l'asile que l'hospitalité orientale n'a jamais refusé aux solitaires ou aux expatriés.

J'y retrouverai fraîches et vivaces encore les amitiés que j'ai contractées avec les hommes simples et héroïques de ces races du Liban. J'en ai pour garant les lettres qu'ils n'ont cessé de m'écrire pendant leurs malheurs, et depuis que le jeune *Abdul Mejid* a poursuivi l'œuvre des réformes administratives qui rendront aux *Maronites* la sécurité et la liberté de leur race. C'est à l'époque de ces troubles du Liban, fomentés par l'ambition du pacha d'Égypte et par la fausse politique de la France en 1840, que les chefs du Liban m'envoyèrent à Paris, par une députation, un sabre d'honneur que je leur reporterai, si j'ai la joie de les revoir. —Voici la lettre que je leur répondis :

« Chers et vénérables scheiks des Maronites,

» J'ai reçu le sabre que vous m'adressez. Je le conserverai pendant que je vivrai, et je le ferai conserver après moi dans ma famille, comme un témoignage éclatant de votre amitié et de celle de la nation maronite pour la France.

» Depuis que j'ai quitté vos montagnes, mon plus ardent désir est de retourner vivre parmi vous. Aussitôt que les affaires publiques me permettront de quitter pour quelques années mon pays, je m'embarquerai de nouveau pour aller vous visiter. Vous m'avez donné l'hospitalité comme à un frère; j'en ai les sentiments pour vous. Dieu a élargi la famille humaine, quand il a élargi le cœur de l'homme par la charité chrétienne. Je me glorifie de ce que vous voulez bien me compter au nombre de vos enfants.

» Tant que la nation française se souviendra de sa gloire en Égypte et en Syrie, elle aura souvenir et protection pour la nation maronite. J'ai communiqué aux chefs qui nous gouvernent les assurances de votre attachement; ils vous le rendent par mon organe, et lorsque je retournerai près de vous, je vous porterai les marques et les preuves de leur éternelle amitié.

» Que Dieu vous donne de longs jours comme aux patriarches dont vous occupez la terre, et qu'il bénisse vos saintes montagnes des deux plus beaux dons qu'il ait faits aux hommes : la religion et la liberté!

» LAMARTINE. »

LE DÉSERT

ou

L'IMMATÉRIALITÉ DE DIEU

MÉDITATION POÉTIQUE

LE DÉSERT

ou

L'IMMATÉRIALITÉ DE DIEU

MÉDITATION POÉTIQUE

I

Il est nuit... Qui respire?... Ah! c'est la longue haleine,
La respiration nocturne de la plaine!
Elle semble, ô désert! craindre de t'éveiller.

Accoudé sur ce sable, immuable oreiller,
J'écoute, en retenant l'haleine intérieure,
La brise du dehors, qui passe, chante et pleure;

Langue sans mots de l'air, dont seul je sais le sens,
Dont aucun verbe humain n'explique les accents,
Mais que tant d'autres nuits sous l'étoile passées
M'ont appris, dès l'enfance, à traduire en pensées.
Oui, je comprends, ô vent! ta confidence aux nuits :
Tu n'as pas de secret pour mon âme, depuis
Tes hurlements d'hiver dans le mât qui se brise,
Jusqu'à la demi-voix de l'impalpable brise
Qui sème, en imitant des bruissements d'eau,
L'écume du granit en grains sur mon manteau.

. . . .
. . . .
. . . .
. . . .

Quel charme de sentir la voile palpitante
Incliner, redresser le piquet de ma tente,
En donnant aux sillons qui nous creusent nos lits
D'une mer aux longs flots l'insensible roulis!
Nulle autre voix que toi, voix d'en haut descendue,
Ne parle à ce désert muet sous l'étendue.
Qui donc en oserait troubler le grand repos?
Pour nos balbutiements aurait-il des échos?
Non; le tonnerre et toi, quand ton *simoun* y vole,
Vous avez seuls le droit d'y prendre la parole,
Et le lion, peut-être, aux narines de feu,
Et Job, lion humain, quand il rugit à Dieu!...

. . . .
. . . .
. . . .
. . . .

Comme on voit l'infini dans son miroir, l'espace!
A cette heure où, d'un ciel poli comme une glace,
Sur l'horizon doré la lune au plein contour
De son disque rougi réverbère un faux jour,
Je vois à sa lueur, d'assises en assises,
Monter du noir Liban les cimes indécises,
D'où l'étoile, émergeant des bords jusqu'au milieu,
Semble un cygne baigné dans les jardins de Dieu.

. . . .
. . . .

II

Sur l'océan de sable où navigue la lune,
Mon œil partout ailleurs flotte de dune en dune;
Le sol, mal aplani sous ces vastes niveaux,
Imite les grands flux et les reflux des eaux.
A peine la poussière, en vague amoncelée,
Y trace-t-elle en creux le lit d'une vallée,
Où le soir, comme un sel que le bouc vient lécher,
La caravane boit la sueur du rocher.

L'œil, trompé par l'aspect au faux jour des étoiles,
Croit que, si le navire, ouvrant ici ses voiles,
Cinglait sur l'élément où la gazelle a fui,
Ces flots pétrifiés s'amolliraient sous lui,
Et donneraient aux mâts courbés sur leurs sillages
Des lames du désert les sublimes tangages!

. . . .

. . . .

Mais le chameau pensif, au roulis de son dos,
Navire intelligent, berce seul sur ces flots;
Dieu le fit, ô désert! pour arpenter ta face,
Lent comme un jour qui vient après un jour qui passe,
Patient comme un but qui ne s'approche pas,
Long comme un infini traversé pas à pas,
Prudent comme la soif quarante jours trompée,
Qui mesure la goutte à sa langue trempée;
Nu comme l'indigent, sobre comme la faim,
Ensanglantant sa bouche aux ronces du chemin;
Sûr comme un serviteur, humble comme un esclave,
Déposant son fardeau pour chausser son entrave,
Trouvant le poids léger, l'homme bon, le frein doux,
Et pour grandir l'enfant pliant ses deux genoux!

. . . .

. . . .

III

Les miens, couchés en file au fond de la ravine,
Ruminent sourdement l'herbe morte ou l'épine;
Leurs longs cous sur le sol rampent comme un serpent;
Aux flancs maigres de lait leur petit se suspend,
Et, s'épuisant d'amour, la plaintive chamelle
Les lèche en leur livrant le suc de sa mamelle.
Semblables à l'escadre à l'ancre dans un port,
Dont l'antenne pliée attend le vent qui dort,
Ils attendent soumis qu'au réveil de la plaine
Le chant du chamelier leur cadence leur peine,
Arrivant chaque soir pour repartir demain,
Et comme nous, mortels, mourant tous en chemin!

. . . .
. . . .

IV

D'une bande de feu l'horizon se colore,
L'obscurité renvoie un reflet à l'aurore;
Sous cette pourpre d'air, qui pleut du firmament,
Le sable s'illumine en mer de diamant.

Hâtons-nous!... replions, après ce léger somme,
La tente d'une nuit semblable aux jours de l'homme,
Et, sur cet océan qui recouvre les pas,
Recommençons la route où l'on n'arrive pas!

Eh! ne vaut-elle pas celles où l'on arrive?
Car, en quelque climat que l'homme marche ou vive,
Au but de ses désirs, pensé, voulu, rêvé,
Depuis qu'on est parti qui donc est arrivé?...

. . . .
. . . .

Sans doute le désert, comme toute la terre,
Est rude aux pieds meurtris du marcheur solitaire,
Qui plante au jour le jour la tente de Jacob,
Ou qui creuse en son cœur les abîmes de Job!

Entre l'Arabe et nous le sort tient l'équilibre ;
Nos malheurs sont égaux... mais son malheur est libre !
Des deux séjours humains, la tente ou la maison,
L'un est un pan du ciel, l'autre un pan de prison ;
Aux pierres du foyer l'homme des murs s'enchaîne,
Il prend dans ses sillons racine comme un chêne :
L'homme dont le désert est la vaste cité
N'a d'ombre que la sienne en son immensité.
La tyrannie en vain se fatigue à l'y suivre.
Être seul, c'est régner ; être libre, c'est vivre.
Par la faim et la soif il achète ses biens ;
Il sait que nos trésors ne sont que des liens.
Sur les flancs calcinés de cette arène avare
Le pain est graveleux, l'eau tiède, l'ombre rare ;
Mais, fier de s'y tracer un sentier non frayé,
Il regarde son ciel et dit : Je l'ai payé !...

Sous un soleil de plomb la terre ici fondue
Pour unique ornement n'a que son étendue ;
On n'y voit pas bleuir, jusqu'au fond d'un ciel noir,
Ces neiges où nos yeux montent avec le soir ;
On n'y voit pas au loin serpenter dans les plaines
Ces artères des eaux d'où divergent les veines
Qui portent aux vallons par les moissons dorés
L'ondoîment des épis ou la graisse des prés ;
On n'y voit pas blanchir, couchés dans l'herbe molle,
Ces gras troupeaux que l'homme à ses festins immole ;
On n'y voit pas les mers dans leur bassin changeant
Franger les noirs écueils d'une écume d'argent,
Ni les sombres forêts à l'ondoyante robe
Vêtir de leur velours la nudité du globe,

Ni le pinceau divers que tient chaque saison
Des couleurs de l'année y peindre l'horizon;
On n'y voit pas enfin, près du grand lit des fleuves,
Des vieux murs des cités sortir des cités neuves,
Dont la vaste ceinture éclate chaque nuit
Comme celle d'un sein qui porte un double fruit!
Mers humaines d'où monte avec des bruits de houles
L'innombrable rumeur du grand roulis des foules!

. . . .
. . . .
. . . .
. . . .

V

Rien de ces vêtements, dont notre globe est vert,
N'y revêt sous ses pas la lèpre du désert;
De ses flancs décharnés la nudité sans germe
Laisse les os du globe en percer l'épiderme;
Et l'homme, sur ce sol d'où l'oiseau même a fui,
Y charge l'animal d'y mendier pour lui!
Plier avant le jour la tente solitaire,
Rassembler le troupeau qui lèche à nu la terre;
Autour du puits creusé par l'errante tribu
Faire boire l'esclave où la jument a bu;
Aux flancs de l'animal, qui s'agenouille et brame,
Suspendre à poids égaux les enfants et la femme;

Voguer jusqu'à la nuit sur ces vagues sans bords,
En laissant le coursier brouter à jeun son mors;
Boire à la fin du jour, pour toute nourriture,
Le lait que la chamelle à votre soif mesure,
Ou des fruits du dattier ronger les maigres os;
Recommencer sans fin des haltes sans repos
Pour épargner la source où la lèvre s'étanche;
Partir et repartir jusqu'à la barbe blanche...
Dans des milliers de jours, à tous vos jours pareils,
Ne mesurer le temps qu'au nombre des soleils;
Puis de ses os blanchis, sur l'herbe des savanes,
Tracer après sa mort la route aux caravanes...
Voilà l'homme!... Et cet homme a ses félicités!
Ah! c'est que le désert est vide des cités;
C'est qu'en voguant au large, au gré des solitudes,
On y respire un air vierge des multitudes!
C'est que l'esprit y plane indépendant du lieu;
C'est que l'homme est plus homme et Dieu même plus Dieu.

Moi-même, de mon âme y déposant la rouille,
Je sens que j'y grandis de ce que j'y dépouille,
Et que mon esprit, libre et clair comme les cieux,
Y prend la solitude et la grandeur des lieux!

VI

Tel que le nageur nu, qui plonge dans les ondes,
Dépose au bord des mers ses vêtements immondes,
Et, changeant de nature en changeant d'élément,
Retrempe sa vigueur dans le flot écumant,
Il ne se souvient plus, sur ces lames énormes,
Des tissus dont la maille emprisonnait ses formes;
Des sandales de cuir, entraves de ses piés,
De la ceinture étroite où ses flancs sont liés,
Des uniformes plis, des couleurs convenues
Du manteau rejeté de ses épaules nues;
Il nage, et, jusqu'au ciel par la vague emporté,
Il jette à l'Océan son cri de liberté!...
Demandez-lui s'il pense, immergé dans l'eau vive,
Ce qu'il pensait naguère accroupi sur la rive!
Non, ce n'est plus en lui l'homme de ses habits,
C'est l'homme de l'air vierge et de tous les pays.
En quittant le rivage, il recouvre son âme :
Roi de sa volonté, libre comme la lame!...

. . . .
. . . .
. . . .
. . . .

VII

Le désert donne à l'homme un affranchissement
Tout pareil à celui de ce fier élément;
A chaque pas qu'il fait sur sa route plus large,
D'un de ses poids d'esprit l'espace le décharge;
Il soulève en marchant, à chaque station,
Les serviles anneaux de l'imitation;
Il sème, en s'échappant de cette Égypte humaine,
Avec chaque habitude, un débris de sa chaîne...

. . . .
. . . .
. . . .
. . . .

Ces murs de servitude, en marbre édifiés,
Ces Balbeks tout remplis de dieux pétrifiés,
Pagodes, minarets, panthéons, acropoles,
N'y chargent pas le sol du poids de leurs coupoles;
La foi n'y parle pas les langues de Babel;
L'homme n'y porte pas, comme une autre Rachel,
Cachés sous son chameau, dans les plis de sa robe,
Les dieux de sa tribu que le voleur dérobe!
L'espace ouvre l'esprit à l'immatériel.
Quand Moïse au désert pensait pour Israël,

A ceux qui portaient Dieu, de Memphis en Judée,
L'Arche ne pesait pas... car Dieu n'est qu'une idée!

VIII

Et j'ai vogué déjà, depuis soixante jours,
Vers ce vague horizon qui recule toujours;
Et mon âme, oubliant ses pas dans sa carrière,
Sans espoir en avant, sans espoir en arrière,
Respirant à plein souffle un air illimité,
De son isolement se fait sa volupté.
La liberté d'esprit, c'est ma terre promise!
Marcher seul affranchit, penser seul divinise!...

La lune, cette nuit, visitait le désert;
D'un brouillard sablonneux son disque recouvert

Par le vent du *simoun*, qui soulève sa brume,
De l'océan de sable en transperçant l'écume,
Rougissait comme un fer de la forge tiré;
Le sol lui renvoyait ce feu réverbéré;
D'une pourpre de sang l'atmosphère était teinte,
La poussière brûlait cendre au pied mal éteinte;
Ma tente, aux coups du vent, sur mon front s'écroula,
Ma bouche sans haleine au sable se colla;
Je crus qu'un pas de Dieu faisait trembler la terre,
Et, pensant l'entrevoir à travers le mystère,
Je dis au tourbillon : — O Très-Haut! si c'est toi,
Comme autrefois à Job, en chair apparais-moi!...

. . . .
. . . .

IX

Mais son esprit en moi répondit : « Fils du doute,
» Dis donc à l'Océan d'apparaître à la goutte!
» Dis à l'éternité d'apparaître au moment!
» Dis au soleil voilé par l'éblouissement,
» D'apparaître en clin d'œil à la pâle étincelle
» Que le ver lumineux ou le caillou recèle!
» Dis à l'immensité, qui ne me contient pas,
» D'apparaître à l'espace inscrit dans tes deux pas!

» Et par quel mot pour toi veux-tu que je me nomme?
» Et par quel sens veux-tu que j'apparaisse à l'homme?
» Est-ce l'œil, ou l'oreille, ou la bouche, ou la main?
» Qu'est-il en toi de Dieu? Qu'est-il en moi d'humain?
» L'œil n'est qu'un faux cristal voilé d'une paupière
» Qu'un éclair éblouit, qu'aveugle une poussière;
» L'oreille, qu'un tympan sur un nerf étendu,
» Que frappe un son charnel par l'esprit entendu;
» La bouche, qu'un conduit par où le ver de terre
» De la terre et de l'eau vit ou se désaltère;
» La main, qu'un muscle adroit, doué d'un tact subtil;
» Mais quand il ne tient pas, ce muscle, que sait-il?...
» Peux-tu voir l'invisible ou palper l'impalpable?
» Fouler aux pieds l'esprit comme l'herbe ou le sable?
» Saisir l'âme? embrasser l'idée avec les bras?
» Ou respirer Celui qui ne s'aspire pas?...

. . . .
. . . .
. . . .
. . . .
. . . .
. . . .
. . . .

. . . .
. . . .

» Dans quel espace enfin des abîmes des cieux
» Voudrais-tu que ma gloire apparût à tes yeux?

» Est-ce sur cette terre où dans la nuit tu rampes?
» Terre, dernier degré de ces milliers de rampes
» Qui toujours finissant recommencent toujours,
» Et dont le calcul même est trop long pour tes jours?
» Petit charbon tombé d'un foyer de comète
» Que sa rotation arrondit en planète,
» Qui du choc imprimé continue à flotter,
» Que mon œil oublîrait aux confins de l'éther
» Si, des sables de feu dont je sème ma nue,
» Un seul grain de poussière échappait à ma vue?

» Est-ce dans mes soleils? ou dans quelque autre feu
» De ces foyers du ciel, dont le grand doigt de Dieu
» Pourrait seul mesurer le diamètre immense?
» Mais, quelque grand qu'il soit, il finit, il commence.
» On calculerait donc mon orbite inconnu?
» Celui qui contient tout serait donc contenu?
» Les pointes du compas, inscrites sur ma face,
» Pourraient donc en s'ouvrant mesurer ma surface?
» Un espace des cieux, par d'autres limité,
» Emprisonnerait donc ma propre immensité?

. . . .
. . . .
. . . .
. . . .

» Du jour où de l'Éden la clarté s'éteignit,
» L'antiquité menteuse en songe me peignit;
» Chaque peuple à son tour, idolâtre d'emblème,
» Me fit semblable à lui pour m'adorer lui-même.

» Le Gange le premier, fleuve ivre de pavots,
» Où les songes sacrés roulent avec les flots,
» De mon être intangible en voulant palper l'ombre,
» De ma sainte unité multiplia le nombre,
» De ma métamorphose éblouit ses autels,
» Fit diverger l'encens sur mille dieux mortels;
» De l'éléphant lui-même adorant les épaules,
» Lui fit porter sur rien le monde et ses deux pôles,
» Éleva ses tréteaux dans le temple indien,
» Transforma l'Éternel en vil comédien,
» Qui, changeant à sa voix de rôle et de figure,
» Jouait le Créateur devant sa créature !

» La Perse, rougissant de cet ignoble jeu,
» Avec plus de respect m'incarna dans le feu;
» Pontife du soleil, le pieux Zoroastre
» Pour me faire éclater me revêtit d'un astre.

» Chacun me confondit avec son élément :
» La Chine astronomique avec le firmament;
» L'Égypte moissonneuse avec la terre immonde
» Que le *dieu-Nil* arrose et le *dieu-bœuf* féconde;
» La Grèce maritime avec l'onde ou l'éther
» Que gourmandait pour moi Neptune ou Jupiter,
» Et, se forgeant un ciel aussi vain qu'elle-même,
» Dans la Divinité ne vit qu'un grand poëme !

» Mais le temps soufflera sur ce qu'ils ont rêvé,
» Et sur ces sombres nuits mon astre s'est levé.

X

» Insectes bourdonnants, assembleurs de nuages,
» Vous prendrez-vous toujours au piége des images?
» Me croyez-vous semblable aux dieux de vos tribus?
» J'apparais à l'esprit, mais par mes attributs!
» C'est dans l'entendement que vous me verrez luire,
» Tout œil me rétrécit qui croit me reproduire.
» Ne mesurez jamais votre espace et le mien,
» Si je n'étais pas tout je ne serais plus rien!

» Non, ce second chaos qu'un panthéiste adore
» Où dans l'immensité Dieu même s'évapore,
» D'éléments confondus pêle-mêle brutal
» Où le bien n'est plus bien, où le mal n'est plus mal;
» Mais ce tout, *centre-Dieu* de l'âme universelle,
» Subsistant dans son œuvre et subsistant sans elle :
» Beauté, puissance, amour, intelligence et loi,
» Et n'enfantant de lui que pour jouir de soi!...

» N'est point un miroir où je puisse t'apparaître!
» Je ne suis pas un être, ô mon fils! Je suis l'Être!
» Plonge dans ma hauteur et dans ma profondeur,
» Et conclus ma sagesse en pensant ma grandeur!
» Tu creuseras en vain le ciel, la mer, la terre,
» Pour m'y trouver un nom; je n'en ai qu'un... Mystère.

. . . .
. . . .

» — O Mystère! lui dis-je, eh bien! sois donc ma foi...
» Mystère, ô saint rapport du Créateur à moi!
» Plus tes gouffres sont noirs, moins ils me sont funèbres,
» J'en relève mon front ébloui de ténèbres!
» Quand l'astre à l'horizon retire sa splendeur,
» L'immensité de l'ombre atteste sa grandeur!
» A cette obscurité notre foi se mesure,
» Plus l'objet est divin, plus l'image est obscure.
» Je renonce à chercher des yeux, des mains, des bras,
» Et je dis : C'est bien toi, car je ne te vois pas! »

. . . .
. . . .

XI

Ainsi dans son silence et dans sa solitude,
Le désert me parlait mieux que la multitude.
O désert! ô grand vide où l'écho vient du ciel!
Parle à l'esprit humain, cet immense Israël!
Et moi puissé-je, au bout de l'uniforme plaine
Où j'ai suivi longtemps la caravane humaine,
Sans trouver dans le sable élevé sur ses pas
Celui qui l'enveloppe et qu'elle ne voit pas,
Puissé-je, avant le soir, las des *Babels* du doute,
Laisser mes compagnons serpenter dans leur route,
M'asseoir au puits de Job, le front dans mes deux mains,
Fermer enfin l'oreille à tous verbes humains,
Dans ce morne désert converser face à face
Avec l'éternité, la puissance et l'espace :
Trois prophètes muets, silences pleins de foi,
Qui ne sont pas tes noms, Seigneur! mais qui sont toi,
Évidences d'esprit qui parlent sans paroles,
Qui ne te taillent pas dans le bloc des idoles,
Mais qui font luire au fond de nos obscurités
Ta substance elle-même en trois vives clartés.
Père et mère à toi seul, et seul né sans ancêtre,
D'où sort sans t'épuiser la mer sans fond de l'Être,

Et dans qui rentre en toi jamais moins, toujours plus,
L'Être au flux éternel, à l'éternel reflux!

TABLE

DES MATIÈRES CONTENUES DANS CE VOLUME

SOUVENIRS, IMPRESSIONS, PENSÉES ET PAYSAGES

PENDANT UN

VOYAGE EN ORIENT

1832—1833

	Pages.
Notes sur la Servie....................................	3

CHANTS SERVIENS

Le Couteau d'or....................................	37
L'Enlèvement de la belle Ikonia...............	45
Stojan Jankowitsch................................	51
Marko, fils de roi, et la Wila...................	69
Marko, fils de roi, et le More...................	77

	Pages.
L'ANNEAU VRAI GAGE DE FOI	97
L'ÉPREUVE	101
LE ROSSIGNOL CAPTIF	107

RÉCIT DU SÉJOUR DE FATALLA SAYEGHIR

CHEZ LES ARABES DU GRAND DÉSERT

AVANT-PROPOS	111
RÉCIT	121
APPENDICE	307

FRAGMENTS DU POËME D'ANTAR

PREMIER FRAGMENT	325
DEUXIÈME FRAGMENT	357
PENSÉES D'ANTAR	361
NOUVEAU FRAGMENT DU POËME D'ANTAR	371

LETTRES DES ROIS DE FRANCE

DE SAINT LOUIS	406
DE LOUIS XIV	408
DE LOUIS XV	410
PÉTITION DES CHRÉTIENS DU LIBAN	412
LETTRE DU ROI HENRI IV	416
LETTRE DU CARDINAL DU PERRON, grand aumônier de France	418

TABLE DES MATIÈRES.

Pages.

Lettre de l'archevêque des Maronites 419
Épilogue du Voyage en Orient. 423
Note post-scriptum. 429

LE DÉSERT, ou l'Immatérialité de Dieu (Méditation poétique). 437

FIN DU HUITIÈME VOLUME.

PARIS. — TYP. DE COSSON ET COMP., RUE DU FOUR-SAINT-GERMAIN, 43.